高等职业教育公共课精品教材



# 心灵领航

## ——大学生心理健康教育

主　编◎刘　敏
副主编◎龚伟志　周　灿　周明娜
主　审◎刘建军

中国轻工业出版社

**图书在版编目（CIP）数据**

心灵领航：大学生心理健康教育 / 刘敏主编. —北京：中国轻工业出版社，2021.8

高等职业教育公共课精品教材

ISBN 978-7-5184-1484-0

Ⅰ. ①心… Ⅱ. ①刘… Ⅲ. ①大学生—心理健康—健康教育—高等职业教育—教材 Ⅳ. ①G444

中国版本图书馆CIP数据核字（2021）第124926号

责任编辑：张文佳　　责任终审：李建华

整体设计：锋尚设计　　责任校对：晋　洁　　责任监印：张　可

出版发行：中国轻工业出版社（北京东长安街6号，邮编：100740）

印　　刷：三河市国英印务有限公司

经　　销：各地新华书店

版　　次：2021年8月第1版第1次印刷

开　　本：787×1092　1/16　印张：11.75

字　　数：300千字

书　　号：ISBN 978-7-5184-1484-0　定价：39.80元

邮购电话：010-65241695

发行电话：010-85119835　传真：85113293

网　　址：http://www.chlip.com.cn

Email：club@chlip.com.cn

如发现图书残缺请与我社邮购联系调换

201486J1X101ZBW

# 前 言

当前社会正在快速发展，经济格局的变动、思想文化的激荡、价值观念多元化等对整体社会心态形成了多方面的影响，社会心态对社会健康稳步前进极其重要。在党的十九大报告中，习近平总书记明确提出要“加强社会心理服务体系建设，培育自尊自信、理性平和、积极向上的社会心态”。高校作为社会心理体系建设的重要组成部分，承担着培育大学生群体心理健康，人际关系和谐，进而推动培育塑造积极社会心态，形成良好社会氛围的重要任务。在全国高校思想政治工作会上，习近平总书记强调指出，要培育理性平和的健康心态，加强人文关怀和心理疏导，在推进知识教育方面，明确提出心理健康教育课程要纳入学校整体教学计划，加强心理健康辅导和教育。

为大学生提供心理健康指导，普及心理健康知识，树立良好的心理健康观、培养良好的心理素质，使大学生的人生发展道路更顺畅是本教材编写的出发点。本教材以教育部制定的《高等学校学生心理健康教育指导纲要》为指导，紧密结合当代高校大学生的心理特点与实际情况，编写者均有着较为丰富的心理健康教育工作经验，收集与整理了大量一手教学资料。教材内容涵盖了大学生情绪管理、恋爱心理、适应与发展、人际交往等8个专题，每个专题分为“知识素养”“探索应用”“体验拓展”三个模块，注重知识性，避免过于理论化，侧重体验、实践、应用，通过学生心理案例、生活事件、社会调查等翔实内容，使学生结合自身、他人与社会进行深入思考，也增加了心理健康教育的吸引力和感染力。

本教材由刘敏担任主编，龚伟志、周灿、周明娜为副主编。全书分为8个专题，具体分工如下：专题一、专题八由刘敏编写；专题二、专题七由周灿编写；专题三、专题四由周明娜编写；专题五、专题六由龚伟志编写。全书由广东工贸职业技术学院学生处处长刘建军负责审阅，刘敏负责统稿。

在本教材编写过程中，编者参阅了大量的文献资料，广泛借鉴了国内外众多专家、学者的研究成果，也得到了不少专家和老师的指导，在此表示衷心的感谢！由于编者的水平所限，书中难免有疏漏和不足之处，敬请有关专家和各位读者提出宝贵意见，以便及时修订和完善。

编　者

# 目 录

# 专题一

# 护航人生　行稳致远——心理健康

小胡最近持续失眠，每晚十一点半前准备入睡，往往辗转到凌晨两三点才能睡着，而且睡得很不安稳，严重影响了白天的精神状态。她还发现自己集中不了注意力，课堂上常常走神，听不进内容；想要认真学习，但面对书本或资料时脑子似乎一片混乱，甚至看了后面忘了前面，知识要点完全没有记住；越是想要集中精神越是没法控制。令她更不安的是，一贯记忆不错的自己会记不住某些事件。另外，对学业很重要的证书考试将一个月之后来临，小胡想起自己以往每逢重要考试都会生病，更是倍感压力。对最近自己的状态，小胡感到焦虑不安甚至有点恐慌。

小方是一名学生会干部，刚加入学生会时，在处理相关工作任务、主持部门活动项目等方面展现出不俗的能力，得到了大家的肯定。但是逐渐小方在工作推进上遇到了难题，他察觉到有的同学不配合，甚至似乎在与他作对。为了完成既定任务，小方常常花费不少时间在学生会的工作上，影响了自己的学业与生活，同时疲惫与“孤立无援”的感觉让他窒息。学生会主要负责人进行了一番情况了解后告诉小方，其他同学觉得小方固执己见，一味坚持自己的想法、方案，听不进别人的意见与建议，总是认为别人做得不好。小方不是很能接受，认为自己都是为了做好工作，认为有的同学“妒忌”自己，故意使绊，他也不知道该如何面对与处理这样的“困境”。

你或你周围的同学有没有出现过类似情况：个人有着不错的潜力，或者表现出不错的实力，但是遇到一些来自自身或外界的阻碍，产生心理冲突，产生挫折感，又不能很好地进行调整时，实际能力的发挥就会受到影响，甚至会带来其他影响更广泛的问题，使得个人整体呈现出消极的状态。因此，现代社会观念除了注重人的能力发展水平外，还特别关注人的健康尤其是心理健康的发展水平。

## 主题1　守护你我——健康与心理健康

### 知识素养

#### 一、有关健康

##### （一）发展演变的健康观念

健康是人类生存的基础及重要资源，有关健康的观念会在不同层面上改变人们：生活方式的改变、人生的追求、社会的发展变革等。

对于健康，以往人们一般理解为人的身体结构与生理功能处于正常状态。相对应地，疾病通常被看成是机体受到干扰或损伤，导致生理功能下降，生活质量受损或丧失生命。“健康就是没有病”，这种传统的健康观念是属于生物医学模式的，也即是身体健康或生理健康是健康概念的全部。

社会经济文化不断繁荣发展，生活水平日益提高，人们的健康观也在不断地发生变化，开始更关注多种形式的自我提升健康观念，对健康的理解从传统的医学尺度走向生物医学、心理、社会综合模式，趋向于“整体健康观”，健康的概念出现了新的转变。

### （二）健康新概念

世界卫生组织的宪章《世界卫生组织组织法》中指出：“健康不仅为疾病或羸弱之消除，而系体格、精神与社会之完全健康状态。”

这个健康定义，把人的健康从生物学的意义，扩展到了精神和社会两个方面的健康状态，体现了现代关于健康的较为完整的科学概念，同时指出了衡量健康的三个层面：

身体层面：身体发育是否良好，是否有生理疾病或生理缺陷等。

心理状态：是否有心理疾病，是否有持续的、积极的心理状态等。

社会功能：对生活知识和技能的掌握，是否有正确的生活目标，能否遵守社会生活规则、顺利融入社会群体、承担社会角色、适应社会生活等。

2000年，世界卫生组织又提出“合理膳食、戒烟限酒、心理平衡、体育锻炼”的健康促进新准则，将健康概念进一步细化，并提出十条可供对照的具体衡量标准：

（1）精力充沛，能从容不迫地应付日常生活和工作的压力。

（2）精神状态正常，情绪稳定，没有抑郁、焦虑、恐惧发作等症状。

（3）合理饮食，善于休息，睡眠良好，精神饱满。

（4）能适应外界环境的各种变化，应变能力强。

（5）能够抵抗一般的感冒和传染病。

（6）体重适当，身材均匀。

（7）眼睛明亮，眼肌轻松，眼睑不发炎，反应敏锐。

（8）牙齿清洁，无空洞，无痛感。

（9）头发有光泽，无头屑。

（10）肌肉、皮肤富有弹性，步态轻松自如。

## 二、心理健康

### （一）心理健康的含义

心理健康是相对生理健康而言的。心理健康可以从广义和狭义上进行理解。从广义上讲，心理健康是指一种高效而满意的、持续的心理状态；从狭义上讲，心理健康是指人的基本心理活动的过程内容完整、协调一致，即认知、情感、意志、行为、人格完整和协调，能适应社会，与社会保持同步。

与身体健康因受到干扰或损害而产生生理疾病一样，个体的心理健康也可能会有心理功能方面的受损，即心理疾病。心理疾病也被定义为“在认知、情感或是行为上的特点影响其社交及情绪上的健康幸福，也影响其生活及生产力”。它可能造成个人心智功能暂时或永久的严重损害。

随着社会文化的发展，现代人越来越重视人的生命质量和生活质量，对健康观念的认识在转变，心理健康成为健康不可缺少的组成部分。许多科学事实和实践经验也都表明生理健康与心理健康的相互影响作用。正常情况下，生理健康是心理健康的基础，心理健康反过来又促进生理健康。比如，躯体的疾病或损伤常常导致心理活动的缺失或障碍，而不良的情绪和恶劣的心境又常常影响躯体健康，一些临床医学研究发现，肠胃疾病与情绪和性格有着很大的关系。

现代心理健康的意义显得越来越重要。世界卫生组织在对健康的定义里强调了心理健康的积极作用，认为良好的精神或心理状态是“每个人能够认识到自己的潜力，能够应付正常的生活压力，能够有成效地从事工作，并能够对其社区做贡献”。

### （二）心理健康的标准

对于心理健康的衡量，世界卫生组织及相关专家从不同角度提出了自己的评定标准。

#### 1. 世界心理卫生联合会提出的心理健康的四个标志

（1）身体、智力、情绪协调。

（2）适应环境，人际交往中能彼此谦让。

（3）有幸福感。

（4）在工作和职业中能充分发挥自己的能力，过着高效率的生活。

#### 2. 马斯洛的心理健康标准

美国心理学家、人本主义创始人马斯洛基于“自我实现”理论提出了14条心理健康标准：

（1）现实知觉良好，即能如实看待世界，而不是按自己的欲望和需要来看待世界。

（2）接纳自然、他人与自己，即能接受别人、自身及自然的不足与缺憾，而不会为之困扰。

（3）自发、坦率、真实，没有隐藏或伪装自己的企图，除非这种直率的表现会伤害别人。

（4）以自身热爱的工作为中心，即热爱自己所从事的工作，工作起来刻苦、专注。

（5）有自立和独处的需要，即不靠别人来求得安全和满足，遇到问题时喜欢冷静、独立地思考，把解决问题的希望寄托在自己身上。

（6）在自然与社会文化环境中能保持相对的独立性，即无论在什么样的环境中都能独立地发挥思考的功能，并具有自制的能力。即使在碰到挫折、受到打击的情况下，也是如此。

（7）有持久的欣赏力，即对于某些体验，特别是审美体验，有着奇特而经久不衰的欣赏力，不会因事物的重复出现而为之烦恼。相反，却为能保留和享受这些美好回忆而欣慰不已。

（8）具有难以形容的高峰体验，即在人生中存在这样的体验：感受到强烈的醉心、狂喜和敬畏情绪，感觉到极大的力量、自信和决断意向，甚至连平凡的日常活动也被他们夸大为压倒一切、无限美好、不可言喻。

（9）关注社会道德，即把帮助穷困受苦的人视为自己的天职，具有同世间所有的人同甘苦、共患难的强烈意识，能够千方百计为他人利益着想。

（10）注重友谊和爱心，但交友的数目一般不多，同伴圈子较小。

（11）具有民主的性格结构，即谦虚待人，不存偏见，尊重别人的权利和个性，善于倾听不同意见。

（12）富于创造性，具有独创、发明和追求革新的特点。

（13）处事幽默、风趣，即善于观察人世间的荒诞和不协调现象，并能以一种诙谐、风趣的方式将其恰当地表现出来，但绝不会把之用在有缺陷的人身上，对不幸者总是抱以同情。

（14）反对盲目遵从，即对随意附和他人的观点和行为的人或事十分反感，有自己的主见，认定的事情就坚持去做，而不顾及传统的力量或舆论的压力。

实际上，对心理健康的标准还没有一个公认的尺度，而且对它的评价还受很多因素如种族、社会、文化、宗教信仰的影响。但大家都达成了一种共识：心理健康是一种能够表现出良好个性和良好人际关系的心理特质结构。需要知道的是，应当将心理健康的标准看作一个努力追求的人生目标，不应过分约束苛责，使其成为桎梏。这些标准是辅助工具，帮助人们消除心理健康隐患，调整自我、提升自我以更好地达到心理健康的目的。

## 探索应用

### 大学生心理健康状况

心理研究者及相关机构团体对大学生团体的心理健康状况做了大量的研究及跟踪调查，整体情况表明多数大学生拥有健康的心理。同时相关调查也发现，随着社会对心理健康观念的日益重视，越来越多的大学生关注心理健康，主动寻找解决健康困扰的手段。在对待健康的态度上，相比于身体健康评分7.1分（满分10分），大学生给自己的心理健康评分更高，近三分之一的大学生认为自己心理健康状态非常好，评分高于9分（数据源于《2020中国大学生健康调查报告》）。

但在社会格局迅变、经济快速转型、人才竞争激烈的时代背景下，处于青年期的大学生承担着不少压力。《2020中国大学生健康调查报告》显示，大学生心理困扰来自学业压力、人际关系、性格、就业规划、恋爱、家庭关系等方面。面对压力与心理困扰，大多数人会采取主动方式，尝试解决问题，跨越障碍；但有相当一部分大学生心理上存在着各种不良反应和适应障碍，甚至产生一些心理危机事件，引起了社会关注。

下面是几种大学生常见的心理健康困扰。

#### 一、环境适应问题

大学新生在入学后可能遇到一些困惑。在宿舍里："大家的生活作息、习惯爱好不一样，是该改掉我的作息习惯，试图融入他们吗？""假如我不跟大家保持一致，他们会不会觉得我不合群?”“假如融入不了集体，什么都是我一个人，那将会多难受。”……

学习方面:“报考大学时对这个专业不了解，现在稍微了解后，发现自己根本不感兴趣。”“大学的上课形式跟中学很不一样，老师上课讲得特别快，一节课的内容很多，有时还不按教材讲，或者讲很多课外内容。”“感觉跟不上老师的节奏，有时甚至一节课下来没听懂多少。”……

人际关系与人际交往:“家里人、朋友都不在自己身边，遇到烦心事或者伤心事找不到人倾诉。”“大学里的人际关系觉得很陌生，大家有很多不同的地方，感觉在大学里找不到知心的好友，有时会感到很孤独。”……

还有其他关于日常生活、集体活动的困惑，让人感到迷茫、不知所措……

环境适应问题在新生中比较常见。进入大学后，校园环境、生活环境、学习环境、人际环境等有着较大的变化，大学新生需要经历一个从不适应到逐步适应的过程。大多数学生是初次离家过集体生活，离开依赖的家庭、熟悉的亲朋好友与熟悉的环境，更多地需要自己面对及解决各类问题，生活上及心理上都需要更多的独立性；学业方面，大学的专业性质、学习模式与中学有着较大的差异，需要大学新生做出调整，找到适合大学的学习方法，客观地面对所学专业、学习兴趣、学业成绩等相关的问题；人际关系是陌生全新的，需要重新建立朋友圈……这些问题可能导致新生在入学后一段时间内出现“心理失衡”，感到苦闷、焦虑、迷茫和孤独，甚至会出现失眠、食欲不振、注意力不集中等症状。

## 二、学业问题

学业是大学生的主要任务，但有的学生进入大学后在学业方面遇到了不少困扰。有的缺乏明确的学习目标、学习动机；有的学习动力不足、对所学专业不感兴趣；有的仍沿用中学的学习模式，学习方法不适当，对老师的授课方式不习惯、被动应付学习。学习倦怠、学习成绩滞后，甚至面临挂科、休学等情况，这些都给大学生心理上带来一定的压力，带来苦恼，有的甚至出现焦虑、紧张等情绪反应，产生自我否定、失去自信等心理问题。

还有一部分大学生在入学前曾是当地学习的尖子，是老师、家长、同学关注的焦点，自信心很高，觉得有强烈的自我优势。但在来自各地学生的新环境中，可能遇到比自己更优秀的学生，或者因为自己没能适时调整学习模式，不能适应大学的学习，学习表现不再像中学般成为众人瞩目的焦点。假如对此不能适当地接受和对待，就可能会有强烈的心理落差，自信心降低，产生自卑感，甚至会产生嫉妒心理和攻击行为，难以适应现实。

## 三、人际关系的问题

良好的人际关系能使人获得安全感和归属感，给人精神上的愉悦和满足，是心理健康发展与获取积极社会支持的重要条件。大学环境在一定程度上给大学生创造了一个模拟社会的环境，一方面提供了展示自我的平台，提高人际交往能力的空间与机会；另一方面比起中学较为单一的人际交往模式，大学的人际环境给大学生带来了新的挑战：来自不同地域的崭新的人际群体、不同的习惯和思想观念相碰撞、多种人际关系的处理与平衡。

大学生人际交往的需求比较高，渴望交往，希望不断扩大交往范围，通过人际交往获取信息、认识他人、收获友谊、尊重和理解，对人际关系的期望相对来说也比较高。另外，部分大学生由于交往能力和交往条件的局限性，不能完全适应日益复杂的交往情境，在日常活动人际交往遇到挫败后，产生退缩、否定自我、自卑等心态；又或者是对人际关系有不正确的认知，害怕与人交往，担心会受到欺骗或者伤害，不愿开放自我，与人坦诚相处，或者只愿待在熟悉的小圈子小团体内，逃避过多交往。既渴望与他人真诚、平等地进行交往，又害怕失败，抱有猜忌、戒备、封闭的态度，这种心理矛盾和冲突使得一些大学生在人际交往中表现退缩，感觉失落，内心充满了孤独感，非但不利于良好人际关系的形成，甚至还影响心理健康，个别严重的还会出现封闭自我，不愿交往乃至社交恐惧症。

## 四、恋爱与性问题

大学生处于生理成熟期，加上人际圈子的宽松与扩大及周围群体的影响，恋爱问题已越来越普遍。在恋爱问题上，存在各种情感迷茫，“朋友都恋爱了，我还没有对象”“我很喜欢他/她，该不该表白”“我被他/她拒绝了”“我们吵架/冷战了，关系出现了问题”“异地恋如何维系感情”“分手/失恋了，非常痛苦”……大学生的恋爱困扰里，以“失恋”这类感情受挫的影响最为突出，部分大学生把失恋看成是极端严重的生活事件，感受到极大的打击，对情绪、认知、自我评估等心理功能产生了不同程度的负面影响，继而在人际交往、学习、生活规律等方面出现了不良反应，造成诸多心理问题。

大学生除了恋爱观和恋爱心理方面的困惑，还可能伴随有性生理和性心理方面的问题。青春期性生理的成熟，必然带来个体相应的心理变化。渴望获得异性的好感与认同，有时产生性幻想、性冲动等。由于良好性教育的缺失，以及社会上一些有关“性”的不良思想、观念的影响，一些学生缺乏科学的性知识，不能正确地认识与对待性生理和性心理发展过程中出现的各种生理心理现象，不能以坦然客观的态度面对性问题，难免受到忧郁、焦虑、恐惧等不良情绪的干扰；产生性意识困扰，如把性与不洁联系起来，有堕落感、耻辱感与自责自罪感，或产生如边缘性行为、性变态行为等各类性行为心理障碍。

## 五、网络问题

随着科技的发展，智能通信工具的普遍，网络已然作为现代社会生活的重要组成之一。网络的便利性、平等性、开放性、匿名性、共享性，给大学生的学习方式、交往方式、消费方式、休闲方式带来了重大的改变，也必然给大学生带来了心理方面的影响。

丰富而精彩的网络世界深深吸引着人们，不少大学生沉湎于网络的虚幻世界里不能自拔，一部分的大学生还因为在现实生活中交际困难而在网络中寻找心理满足。所以，对网络的依赖性越来越强，没有节制、花大量时间在网络上，甚至形成了网瘾，以至于个体荒废学业、生活混乱，丧失奋发向上、积极进取的前进动力；与现实生活产生隔阂，不愿与人面对面交往，自我封闭，淡漠了友情和亲情，在现实中更加孤独，甚至可能会出现情绪问题、自我认同问题、行为异常、人格障碍等。

## 六、择业就业的困扰

随着社会的发展，我国的人才竞争越来越激烈，就业形势也越来越严峻，很多大学生对未来和前途充满困惑。大学高年级学生在面对择业就业这一人生重大问题时，往往会出现一系列职业选择的心理冲突，并感受到极大的就业压力。

如今，在“双向选择”的就业体制下，高校招生规模连年扩大，当代大学生比以往任何时代的大学生都面临着更多的职业选择压力，大学生在毕业之前为寻找理想职业四处奔走、绞尽脑汁的现象比比皆是。从主观上来说，社会阅历和经验不足，对社会的认知和自我的认识比较单薄片面等因素也会给大学生的择业就业带来很大的困扰。择业理想与社会现实脱节，没能找到合适的职业岗位而迷茫惶恐；急于求成、渴望竞争却缺乏勇气，失去某些选择机会或挑三拣四而后悔莫及；经受不了挫败，失去信心，否认自己；求职过程中的各种心理矛盾和心理冲突给大学生的求职就业带来了负面影响。

［案例］小姚与小吴

小姚中学时成绩优异，进入大学后明显感到课堂学时少了、学业压力小了，以自己的能力随便都能应对。课余时间宽裕，小姚还花费了不少时间在网络游戏上。随着专业课程的难度增加，小姚渐渐跟不上学习进度，对于小姚来说，失掉学习优越感是一种打击。加上学校生活、人际交往、工作中的各种不顺利，小姚屡受挫折，逐渐对自己失去了信心，产生了迷茫感，经常感到焦虑不安、失眠、难以集中精神，甚至感觉无法再支撑下去，产生休学退学的念头。

小吴中学时期成绩不错，大学考取的专业并不是自己的理想，但他没有抱怨或者消极看待，而是用心向老师、学长们了解，调整学习模式。在大学里积极摸索发展自我：安排利用好时间，课余认真找寻资料充实学习，熟练掌握专业技能；选修自学感兴趣的课程与其他技能；参加集体活动，在此过程中提高了自己处理事情和协调人际关系的能力，还认识了不少新朋友；在假期兼职及工作实习机会中不断地提高，处事能力与工作能力得到大家的一致好评。小吴现在感觉很充实，对毕业后进入社会找到属于自己的位置，并有所发展非常有信心。

［案例分析］小姚和小吴其实和大多数人一样，能力差异并不明显，都有着不错的基础与潜力，但是如何将自己的能力与潜力发挥到最佳状态，要看每个人对人生航海路的把舵。有的“不进则退”，有的畏惧风浪不敢向前，有的掉以轻心偏离航道，有的

汲取经验越行越顺，也有的虽然绕道最终摆正返回。固然驾驶、水文、天文、地理等航行技能技术很重要，但“把舵人”更需要有良好稳固的心态以应对瞬息万变的前路。

小姚没有很好地为“大学前路”做好心理准备，被动地面对各种变化，挫折来临时未能及时地调整心态，负面心理状态压制了他的潜力，限制了他能力的发挥。小姚似乎把船驶进了“旋涡”，一时难以自脱。

小吴则采取了主动，为前行做了各种准备，充实自我技能，积累经验，以良好的信心把舵，稳行前进。

## 体验拓展

### 心理自测：心理健康简易了解

以下题目可以帮助你简单地了解自己的心理健康程度。请根据自己的实际情况，在每题后面括号内填上与自己的情况最接近的选项。

选项A：是；选项B：无法确定；选项C：不是。

1. 心情总是闷闷不乐，情绪善变。(　　)
2. 老是担心门没锁好，电源可能有问题，因而多次检查，甚至走了好远还回来查看。(　　)
3. 虽然未曾患过恶性疾病，却一直担心会不会染上什么严重的病。(　　)
4. 容易脸红，害怕站在高处，害怕当众发言。(　　)
5. 由于关心呼吸和心脏跳动的情况而难以入睡。(　　)
6. 每天总是多次洗手，认为公共事物不干净而不敢使用。(　　)
7. 总是担心“这样做是否顺利?”，以致无法放手去做。(　　)
8. 有些奇怪的观念总是出现在脑海，明知这些念头很无聊，却又无法摆脱。(　　)
9. 离开家门时，如果不从某只脚开始走，心里总是不安。改变床附近的东西就无法入睡。(　　)
10. 尽管四周的人在欢乐兴奋地玩耍吵闹，自己却觉得没有什么意思。(　　)
11. 外界的东西犹如影子一般朦胧，见到的东西无法清晰地回忆出来。(　　)
12. 总觉着父母或亲友最近对自己太冷漠，或者不知为什么总是很反感或产生强烈的孤独感。(　　)
13. 心中无端地产生“这个世界正趋于灭亡，新的世界即将开始”的感觉。(　　)
14. 总觉着有人在注意、凝视自己或追赶自己。(　　)
15. 有时会产生被人左右或身不由己的感觉。(　　)
16. 常自言自语或暗自发笑。(　　)
17. 虽然没人却总觉着有声音，晚上睡觉时总觉着有人进入了房间。(　　)
18. 遭遇失败或与同学不和谐时，会很敏感地觉得“我被人嘲笑”。(　　)

19. 当自己的权利受到侵害时拼死力争。(　　)

20. 当东西不见时，便不由自主地想到“大概是某某偷去的”，当受到老师的批评时，立即会想到“一定是某某告密的”。(　　)

**计分方法及分数解释：**

1. 计分：A—2分、B—1分、C—0分。

2. 分别计算甲类，即1～11题的总分（　　）；乙类，即12～17题的总分（　　）；丙类，即18～20题的总分（　　）。

3. 得分相关解释。

甲类和乙类的得分都在：

4分以下：心理非常健康；

5～7分：你的心理健康情况一般；

8～10分：表明你的精神有些疲倦，最好是设法减轻学习的压力，进行娱乐以调节生活而放松精神。

甲类得分在11分以上：可能会有神经衰弱的倾向，你需要关心一下自己的健康了。

乙类得分在11分以上：有预防心理异常的必要，最好是进行心理咨询，及早预防。

丙类得分在4分以上：有较强的妄想倾向，尽早地进行心理咨询或心理治疗。

## 拓展资源

| | |
|---|---|
| **TED演讲《关注你的心理健康并不可耻》**<br>演讲者SanguDelle是一名企业家，他曾面临巨大的压力，焦虑发作。当医生建议他与心理健康专家谈谈时，他非常抗拒，也不愿意与朋友倾诉。这来源于传统文化观念中对心理健康的偏见态度：避讳、内疚、害怕、羞耻、愤怒等。对心理疾病的污名化还常常导致人们对患者的排斥和妖魔化。<br>他呼吁人们重视心理健康，对心理健康和身体健康一视同仁，停止歧视心理疾病，停止伤害已经饱受折磨的人。<br>“心理斗争并不会削弱我们的力量，也不会消磨我们的意志。”<br>“大胆说出内心的挣扎，直面内心的感受，并不会使我们变得脆弱，反而会使我们成为一个完整的人。” | TED<br>Ideas worth spreading |
| **电影《心灵捕手》**<br>威尔是个叛逆不羁，甚至因滋事斗殴被关入少年看护所的问题少年，但也是名天才少年，解出了一位著名数学教授公开给学生出的难题。数学教授保释了威尔，并安排了心理医生为其做心理辅导。<br>在威尔愚弄了多名心理医生后，心理医生桑恩通过努力不懈的开导与安抚，帮助威尔重新拾回对人的信任，敞开心扉并找回自我，而桑恩自己也在帮助威尔的工作中重新找到了人生的意义。 |  |

# 主题2 阳光前行——积极心理

## 知识素养

### 一、大学生心理健康教育与积极心理策略

健康观念从生物医学模式转向整体健康模式，心理健康的重要性逐渐凸显。随着心理健康观念的进一步发展，心理健康的重点从“治病”——具有心理疾病的特殊对象，转而为“防病”——面向所有的群体。可以通过宣传教育、组织管理、气氛营造等多方面推进整体与个体的心理健康水平，以心理预防为主，治病于未病，防患于未然。

#### （一）大学生心理健康教育

大学生心理健康教育是社会心理健康教育的一部分，主要是根据大学生的群体特点开展实施的心理健康教育。大学生正处在人生发展的重要时期，其心理素质决定着他们将以什么样的面貌步入社会，能否平稳健康地社会化，找到合适的人生角色。

心理素质是全面素质的基础，良好的心理素质对个体思想品德、有效学习、发挥个性能力等素质都有着积极或增强作用，相反其他素质就会成为一句空话。当代大学教育的目标及方向是全面推进素质教育，培养全面发展的高素质人才，心理健康教育发挥了独特的作用。

各高校通过开设心理健康教育课程和形式多元化的宣传普及心理学知识，是大学生心理健康教育的主要形式；开展心理咨询和辅导消除心理困惑，预防心理疾病的产生，转介心理疾病者到心理治疗机构并加以心理辅助；采取多种灵活模式，如成长小组、角色扮演、心理剧、情境分析、人物模拟、综合比赛等开展心理健康教育，营造出积极向上的校园氛围；重视社会实践，了解社会，增长社会经验，增强社会责任感，提高适应社会的能力，拓宽心理健康教育的空间。

#### （二）积极心理策略

心理健康教育的目标是培养个体健康的心理素质，预防心理健康问题的产生，其中重要的策略就是积极心理策略。

心理问题障碍的心理本质是心理冲突，适应心理冲突是预防心理障碍的关键。适应心理冲突的策略有积极与消极两种，消极的适应策略是指个体为逃避冲突引起的消极情绪体验，为求得暂时平衡，缓减心理压力。以非理性办法对待心理冲突的方式，能让陷入心理冲突压力中的人暂时逃脱，但不能从根本上解决心理冲突。

积极适应策略是指不逃避冲突引起的消极情绪的体验，通过理性思维过程从根本上解决心理冲突，以求得心理平衡的方式。采用积极的适应策略，避免消极的适应策略，做好挫折心理准备，理智地对待自己的各种需要，面对困境要积极寻求解决办法并收获教训，提高挫折耐受力，对预防心理障碍有着非常积极的意义。

## 二、积极心理学与积极心理品质

### （一）积极心理学的兴起

自从心理学作为一门独立的科学出现，就肩负了三项使命：治疗心理疾病，让人们生活得更充实完善，发现与培养人类的卓越才能。然而传统心理学的研究重心更偏向于心理疾病的评估与治疗，趋向“病理心理”模式，关注人心理的压抑、脆弱、无能与错位等。这样的定位给心理学的发展与应用带来了一定的局限：预防与治疗心理疾病，只能达成心理健康的最低标准；侧重研究病态心理，不利于推广到全人类身上，也可能会降低对人性的期望，产生消极的人性观。

20世纪末，在人本主义思潮的背景下，美国马丁·塞里格曼（Martin Seligman）教授及其同事们推动产生了新的心理领域——积极心理学，将视角转向人类的幸福生活与积极品质，关注人的心理潜能、力量与能力等，研究领域涉及三个层面：

第一，主观层面。研究积极心理体验，探讨人类的幸福感、满意感、希望与乐观态度，以及流畅与快乐感受。

第二，个体层面。研究积极的心理特质，包括爱的能力、创造的勇气、积极的态度、积极的人际关系、审美体验、坚持的意志、宽容和智慧灵性等，这些特质对个人成长而言有着重要意义。

第三，群体层面。研究积极的社会组织特性，也即作为社会的一分子，个体的社会性，如美德、社会责任感、利他主义、关爱宽容、自制力、职业道德等。

如今，积极心理学的理念、理论与研究被越来越多的人接受与重视，并深入到社会的各个方面，如生活、教育、婚姻家庭、人际交流、工作娱乐等。它紧密结合人的生活实际，重视人性中的积极方面，激发人类的积极因素与优秀品质，促进个体的发展与适应，使人类社会生活获得更多的满足与更多的幸福，促使人类实现价值超越。

### （二）积极的心理品质

积极心理学的一个重要使命是发现人类的优势与才能。因此在研究人格特质时，与传统心理学侧重于消除人格问题不同，积极心理学更强调研究人格的积极因素与优势，更关注人们本身所拥有的积极力量。

积极心理学家将包含了认知、情感、行为等的优秀心理品质重新整合并分为六项，也称作积极心理的六大美德：智慧与知识、勇气、仁慈、正义、自制和超越自我。每个美德中还包含着几个性格优势，一共24种优势品质（表1-1）。积极心理学家认为积极心理品质有利于人们积极面对人生，最大限度地发挥自身潜能，促进自我完善。而且人们能通过后天对积极心理品质的培养与发展，运用自己的长处和优势来充实与完善生活，提高生活满意度，感受幸福。

表1-1　六大美德24项优势品质

| 美德 | 优势品质 | 特征 |
|---|---|---|
| 智慧与知识 | 创造力<br>好奇心<br>开放的思想<br>热爱学习<br>视野 | 用非传统的方式考虑问题和做事情<br>对各种事情都很感兴趣<br>客观理性、多角度思考问题<br>喜欢掌握新知识、新信息、新技能<br>有统揽全局的洞察力和观点见解 |
| 勇气 | 勇敢<br>坚持<br>真实性<br>热情 | 面对困难痛苦、挑战、威胁不畏缩<br>努力、勤奋和坚毅，一旦开始就坚持到底<br>诚实正直，表现真实的自我<br>精力充沛，热情有活力 |
| 仁慈 | 友善<br>爱<br>社会能力 | 有同情心，经常帮助别人<br>重视与珍惜亲密关系<br>了解和理解自我与他人，有良好的社交技巧 |
| 正义 | 公平<br>领导能力<br>团队精神 | 平等地对待任何人<br>组织活动顺利完成，激励组员，维持团队和谐<br>作为团队的一员，努力高效地完成工作 |
| 自制 | 宽恕<br>谦虚<br>谨慎<br>自律 | 宽容他人，不报复<br>不张扬，不追求别人的注视，让成绩说话<br>细心小心，谨言慎行<br>控制自我冲动和需求，调节情绪和行为 |
| 超越自我 | 审美<br>感恩<br>希望<br>幽默<br>信仰 | 欣赏各个领域和情境中的美好<br>表达谢意，欣赏别人，对生命珍惜感激<br>对未来充满期望，并积极努力实现之<br>为自己与别人带来欢笑<br>有精神追求，对人生目标意义有信念 |

## 探索应用

### 主观幸福感

### 一、“幸福”是什么

幸福是人类的重要追求目标，也是人们努力奋进的巨大动力。每个人忙忙碌碌，努力学习、认真生活、成家立业、追求梦想，最后殊途同归，都是希望找寻自己人生的幸福。

在日常生活中，也许每个人都有一套“幸福哲学”，有自己独特的看法与定义，但人类追求的幸福必然有共同的特征。人们总是希望人生是美好的，生活愉快开心、远离烦恼痛苦，那么幸福是否就等于快乐呢？

#### （一）从心理学看“幸福”

实际上，幸福并不能完全等同快乐。从心理学的观点来说，快乐是“满足”——需要、欲望、目标得以实现的体验和反应，有着更多的生理、心理基础；幸福首先是一种高兴愉悦的内在心理体验，还包含了人们的立场与价值观念，对人生的深刻理解和满足感；幸福与快乐的区别还在于对人生重要性的感受大小与时间长短，从另一个角度也可以说，幸福是最大的、持久的快乐，是对人一生具有重大意义的快乐。

心理学家对幸福的研究主要集中在主观幸福感。所谓主观幸福感，是指个人主观感受到的幸福。因为大量的实践调查研究表明，决定是否幸福的并不是客观现实或者人们所经历的事情，而是取决于人们如何看待发生的事情。因此心理学将主观幸福感作为幸福研究的一个核心指标，强调人主观的心理体验，探讨人们对自己的身体状况、心理功能、社会能力以及个人综合状态的主观评价，认为幸福是个人根据自己的标准对自我生活质量的整体评估。

幸福是积极心理状态的标志，积极心理学认为主观幸福感是一个人积极体验的核心，同时也是生活的最高目标。立足于个人的主观感受，尊重个体对自己生活的评价与体验，主观幸福感的研究对深入把握个体的生活状态，提高生活质量，帮助人们获得人生幸福具有重要的价值。

### （二）主观幸福感的特点

#### 1. 主观性

尽管人们是从客观事实中获得幸福的，但同样的事件，不同人的感受差别非常大。幸福没有绝对客观的评价标准，每个人对于幸福有自己的内在评价标准，而不遵循他人或外在的准则。幸福感的主观性还体现在，每个人做出评价的结果可能相同，但所依据的评价指标、评价过程、价值定位、预期目标等各方面的衡量都可能是各不相同的。

#### 2. 稳定性

虽然主观幸福感有时会受到情境和情绪状态的影响，但它具有相对稳定性。主观幸福感是一段时间个体的生活状况的评价和感受，是一种长期的情感反应以及生活满意度，而不是一时的情绪感受。研究证明，主观幸福感有跨情境的一致性，评价和感受一旦形成就比较稳定，并且对每天的日常生活和工作产生影响。

#### 3. 整体性

主观幸福感主要包括情感体验和认知评价两方面，并且具备整体性。

从情感体验方面来说，主观幸福感不仅是指没有消极情感的存在，而且还必须包含积极的情感体验。拥有积极情感并不等于消极情感就少，拥有消极情感并不说明积极情感就少，两者相对独立，影响因素也并不相同。也就是说，没有烦恼、忧愁、悲伤等消极情绪，无时无刻的“幸福”并不存在，单纯地消除痛苦并不代表快乐会自然产生。

从认知评价方面来说，主观幸福感不是人们对某单个领域的评估，人们评价自己是否幸福，是根据自身综合情况进行考虑，是个体对其生活状态的综合整体评价，即生活满意度。认知评价是主观幸福感的关键指标，研究者从人们对生活中各个方面的认知评价出发，对个人及团体的主观幸福感进行研究。

2012年4月，联合国首次发布《全球幸福指数报告》，每年通过复杂的评价标准体系比较全球156个国家和地区人民的幸福程度，包含九大领域：教育、健康、环境、管理、时间、文化多样性和包容性、社区活力、内心幸福感、生活水平。

尽管评价体系未必完全准确，但有关内容也让人们对幸福再思考。报告显示出通常富裕的国家，国民幸福感比较高，但财富并非决定性因素；经济增长带来更多社会问题，财富以外还有其他对幸福非常重要的影响因素，如社会资源、社会支持、良好的精神及身体健康、稳定的家庭和婚姻、工作保障等。

## 二、如何获得"幸福"

### （一）幸福的公式

#### 1. 保罗·萨缪尔森的幸福公式

保罗·萨缪尔森是诺贝尔经济学奖得主，他从经济学的角度分析与解释幸福，并列出了幸福公式：幸福=效用/欲望，标出了幸福的两个决定因素：效用与欲望。效用表示人从消费物品中得到的主观享受或满足，欲望是指人想要达到的目标。效用是人的主观感受，并不等于物品的实际价值或价格，与物品的多少与价格高低并不成比例，因此过度购物、追求名牌、拥有奢侈品、崇尚高消费不一定效用就高。

从保罗·萨缪尔森的幸福公式还可以看出，幸福与效用成正比，与欲望成反比。欲望既定的条件下，效用越大越幸福；效用既定的条件下，欲望越小越幸福。欲望无限大，幸福会趋于零；欲望是零，幸福也是零，没有欲望也不能带来幸福。另一方面，时间对效用有加成作用，即时间越长，人的生命越长，享受就越多，所以健康长寿的人也最幸福。

#### 2. 马丁·塞利格曼的幸福公式

积极心理学家马丁·塞利格曼提出了一个幸福公式：总幸福指数=先天的遗传设定+后天个人状态+你能主动控制的心理力量，也即H=S+C+V。

总幸福指数指的是令你感到持续幸福的、稳定的感觉，是相对于暂时的快乐和幸福而言的。在生活中享受一顿美食、欣赏一场文艺表演、购买获得心仪之物，你都可能体验到开心，感叹"幸福"，这并不是马丁·塞利格曼幸福公式中的H。总幸福指数（H）包括你对自己的现实生活的总体满意度和对自己的生命质量的评价，表现为你对自己生存状态的全面肯定。

总幸福指数有三个影响因素，先天的遗传设定、后天个人状态、主动控制的心理力量。

因素S：人们感受幸福的天赋存在着差异，遗传决定了每个人设定的幸福范围，有的人更易体验到幸福感，有的人则相对更"悲观"。

因素C：人的生活状态，包括年龄、性别、种族、成长环境、财富、婚姻、经历等。人们往往认为主要是这些因素决定了幸福，并常常试图扭转改变C以找到幸福，但有关的研究发现C对幸福的影响贡献并没有想象的大。

因素V：个人主动控制的心理力量。改变先天遗传是不可能的，改变环境可能很难，甚至不切实际，对幸福的总体影响也不高。按照塞利格曼的幸福公式，获得持久幸福的关键就在于改变你能主动控制的因素——你采取的行动及你对生活各个方面的看法。

这个幸福公式侧重表明了幸福就掌握在你的手中，幸福大门的钥匙就是你的心理力量。

## （二）幸福的提升

### 1. 健康生活

“身体是革命的本钱”是句老话，但是在大学校园里，不规律的作息、“报复式熬夜”、缺乏运动等消耗损毁自身健康财富的情况却并不少见。主观心理是以客观生理为基础的，身体亚健康状态会使心理状态受到负面影响，生活满意度必定会受到影响进而下降。

健康是幸福的基础，也是追求幸福的最基本的目标。把握健康，需要关注科学健康的知识，善待自己的身体，积极地实行良好的生活方式。例如，保持合理的膳食结构，为身体提供足够的营养；遵循有序的生物钟、规律作息，保证充足良好的睡眠；适量的运动，大量研究表明运动不但能促进健康和带来活力，也能消除轻微的抑郁和焦虑，哪怕仅仅是低强度的活动也能起到一定的增强积极情绪的作用。因此，离开电脑，放下手机，选择合适的运动方式，让自己积极地动起来。

### 2. 积极改善人际关系

高质量的人际关系，能使人们从信息交流及思想情感沟通中获取心理支持与心理安全感，能够提高个人的主观幸福感。我们可以积极增加与他人的交流，与他人更多地进行信息交流和情感沟通，关注交往的积极作用，提高交往的有效性，增进理解、开阔心胸。与他人相互分享，从中得到启发、疏导和帮助，取得更多的社会支持；感受到充足的社会安全感、信任感和激励感，从而大大地增强生活、学习和工作的信心和力量，最大限度地减少心理应激和心理危机感；提高自己的同理心，主动助人，不但可以使他人的愿望得到满足，体验到幸福感，也可以使自己收获感激，收获幸福。

### 3. 培养个人兴趣爱好

个体如果能够根据自己的性格特点，注意培养和发展兴趣爱好，进行多方面的自我娱乐活动，就可以在寂寞孤独、烦闷抑郁时，通过自我娱乐使身心得到有益的休整和放松，保持愉快的心境，对维护自己的心理健康十分有益。

一个人有所爱好，心灵就会有寄托，并更容易在学习开展兴趣爱好活动过程中获得“沉浸体验”——在专注与自主掌控之下，发挥能力，找到成就感与满足感，并体验到自我的不断丰富，感受到由衷的喜悦。

### 4. 悦纳自己，悦纳生活

假如一个人自我价值感低，经常贬低自己，认为自己不好，很难让人相信他内心能体验到真正的快乐和幸福感，哪怕他拥有物质财富、权势地位。能肯定自己，相信自己，始终抱着自信心去面对生活，才能充分欣赏自己的生活，体验到对生活的满意感，获得真正的幸福。

悦纳自己，欣赏自己，并不代表着盲目地肯定自己，否则容易走向“自负”“自大”的极端。悦纳自我、自信不仅来源于欣赏自己的优势，还包括客观地对待自己的缺点。人无完人，真正的自信者能坦然地面对自己的劣势，努力地提升自己，避免或减少缺点带来的负面影响，真实诚恳地生活。

对待生活与对待自己一样，你怎么看待它，它就会给你带来什么。生活有艰难的时候，人有无法避免情绪低潮的时刻，可能会缺乏动力，甚至事情脱离控制，人们可能会体验到挫败消极，觉得“幸福”离你远去。生活的波折每个人都在所难免，不要排斥和否认“糟糕”的事实，也不要过分自责。允许自己有不快乐的时候，继续坚持有效的方法，将注意力放在生活中积极的一面上，重新寻找到生活的乐趣。

### 5. 行动起来，关注改变

态度固然会影响行为，但行为也对态度有支配作用，要改变自己，可以在行动过程中获得改变。在行动过程中关注自己与周围世界的内在价值，关注事情或方法本身的乐趣，并欣赏肯定自己的努力与微小改变，享受达成的成就感。

有的时候，人们总是对自己的行动无法达成目标，没有改变而产生沮丧感，甚至再也没有动力去行动。一方面，需要给行动的方向设置合理的预期，就如同前面所提的保罗·萨缪尔森的幸福公式：幸福=效用/欲望。分母“欲望”过大，幸福感会减小。另一方面，追求幸福需要一个过程，不要认为有“捷径”，包括简单的方法，较短的时间能令自己的生活满意度马上提高，人生能立刻充满了快乐与乐趣，并会一直稳定地幸福。只有不断重复坚持那些能让自己感觉比从前更好的行动，坚持良好的生活作息、运动锻炼、与朋友分享交流、投入学习、发展爱好、欣赏与感恩等，关注自己一点一滴的进步，积少成多，才能在获得更多幸福的道路上不断前行。

**[案例]“我宁愿回到高三”**

高三对于大多数学生而言都是紧张辛苦的，完成高考考入大学后应该感受到轻松自在多了，然而大一的小杨却渐渐怀念起高三岁月来。高三的课程安排得很紧，大清早起来学习到晚自习结束，有时还挑灯夜读，常常在题海里挣扎，在高考的压力下煎熬。比起高三，大学的课时明显减少，有很多的“空余”时间自由安排个人生活、学习、娱乐。小杨的确“轻松快乐”了一段时间，但之后开始产生了虚度光阴的感觉，似乎浪费了不少时间在睡懒觉、闲聊、沉迷于网络游戏与网络娱乐里，对学习的专注力、把握度也在变差。小杨很不满意这样的自己，宁愿是那个“痛但清晰、充实且满足”的高三的自己。

**[案例分析]**“高三努力拼搏，考入大学就轻松了。”这样的说法常常被用来激励高三学子。进入大学后，一部分新生陷入了“轻松陷阱”中，高考的重担卸下，大学里各类束缚减少，使得他们认为没有必要认真努力，认为就该及时行乐。但是随着不规律生活带来的混沌感，目标及意义感的缺失，个人价值感无法确定，找不到成就感，对未来的迷茫与彷徨等的体验出现，这种表面看上去的“快活”带来的愉悦感越来越少，反而因为无法较好地掌握自我，产生一系列的内在困惑、内心冲突，就会同小杨一样对自己的整体生活质量评价为“不满意”。

## 体验拓展

### 拓展资源

<table>
<tr><td>

**电影《美丽人生》**

纯朴、善良、乐观的犹太青年圭多邂逅心目中的“公主”多拉，经过一番周折后两人喜结连理，并有了个可爱乖巧的儿子，一家人幸福美满地生活着。然而好景不长，法西斯政权下，一家人被强行送进纳粹集中营。

为了保护儿子的童心，圭多告诉儿子他们身处一场游戏当中。儿子在纳粹的阴霾中仍天真快乐地生活着，同时乐天的圭多也在艰苦的集中营里想尽办法为他人带来些许快乐。

纳粹政权即将覆灭，集中营要面临最后的清理，圭多该怎样给儿子结束编造的游戏谎言呢？

在那个黑暗的时代下，残酷的现实中，圭多的积极乐观心态支撑着自己，也如一束温暖的光呵护着儿子，并尽力照亮他人。

</td><td>

</td></tr>
<tr><td>

**书籍《幸福的方法》**

泰勒·本-沙哈尔是哈佛大学最受欢迎的幸福课讲师，他通过本书帮助读者了解幸福，理解到幸福的终极目标是幸福的第四种状态：感悟幸福。

幸福是可以通过学习和练习获得的，而且是需要永不间断追求的过程。幸福的人生态度不但是为了自己的目标努力奋斗，也需要享受当下的每时每刻。

“幸福之路并无捷径。”

“真正的幸福不应该是绝对不掺杂不良的情绪，而是经得起困难和挫折的考验。”

“要想获得真正的幸福，就必须明白无论遇到怎样的悲伤、考验或是波折，我们都应该为活着本身而感到由衷的快乐并感恩。”

</td><td>

</td></tr>
<tr><td>

**书籍《活出最乐观的自己》**

美国著名心理学家马丁·塞利格曼编著的积极心理学“幸福五部曲”之一。

在书中，塞利格曼对悲观者与乐观者的特征风格进行了描述，从而阐述乐观及悲观两种思考习惯带来的不同结果。

“悲观的人的特征是，他相信坏事都是因为自己的错，这件事会毁掉他的一切，会持续很久。乐观的人在遇到同样的厄运时，会认为现在的失败是暂时性的，每个失败都有它的原因，不是自己的错，可能是环境、运气或其他人为原因的后果。这种人不会被失败击倒。在面对恶劣环境时，他们会把它看成是一种挑战，更努力地去克服它。”

“悲观现象的核心是另外一个现象——无助感，所谓无助感是说不论你怎么做都无法改变你的命运。”

“学会去认识并且质疑那些控制你并引起抑郁的假设。”

“学会用不同的解释——重新归因去对抗原有的想法。”

</td><td>

</td></tr>
</table>

## 心理自测：你的幸福是怎样的?

下面的描述中，请根据与自身的相像程度，把最能够描述你当前生活方式的选项号填入相应题号中。

A. 我就是这样的　B. 很大程度上像我　C. 有些像我　D. 只有一点儿像我　E. 非常不像我

1. 我的生活是为了一个更加高尚的目的。(　　)
2. 生命如此短暂，不应该把享受人生的快乐放在次要地位。(　　)
3. 我总是想要寻找那种能够挑战自我能力的环境。(　　)
4. 我会给自己的生活评分。(　　)
5. 无论是在工作还是在玩，我总是深陷其中，甚至觉察不到自我。(　　)
6. 我总是沉浸在我所做的事情当中。(　　)
7. 我很少被周围发生的改变所干扰。(　　)
8. 我有责任让世界变得更美好。(　　)
9. 我的生活是有最终意义的。(　　)
10. 无论正在做什么，赢对我都是很重要的。(　　)
11. 在选择做什么的时候，我总是考虑这件事情是否会让我感到快乐。(　　)
12. 我做的事情对于社会来说很重要。(　　)
13. 我想比别人更成功。(　　)
14. 我同意这句话："生活是短暂的，所以想吃什么就吃什么!"(　　)
15. 我喜欢做让我感到有刺激性的事情。(　　)
16. 我喜欢竞争。(　　)

### 计分及解释：

A=5分，B=4分，C=3分，D=2分，E=1分。

请将相应题号的计分相加，得出四个总分：

2、11、14和15题的总分——追求快乐的取向；

3、5、6和7题的总分——投入的取向；

1、8、9和12题的总分——追求意义的取向；

4、10、13和16题的总分——胜利的取向。

积极心理学家马丁·塞利格曼将幸福划分为四个维度：快乐、投入、意义、胜利，认为我们有达成幸福的四个途径：通过快乐，通过投入，通过意义，通过胜利。上面四个总分得分最高的就是你幸福途径的主导取向。

每一个幸福取向上的得分从原则上来讲应该是4～20分。假如你在四个取向中都得到高分(大于15分)，说明你可能追求的是一种完整的生活，而且极有可能对生活高度地满意。假如四个取向得分都很低(小于9分)，说明你可能生活比较空虚，很有可能对生活感到不满，你应该考虑在生活中做一些不同的事情。如果你在一个或者两个取向中得分较高，虽然你很有可能对你的生活感到满意，但是你可以寻找更多的机会来追求自己的幸福方式。

### 心理体验：3件好事——积极心态练习

每天晚上都请你在睡觉之前花十分钟写下今天发生的三件好事，以及它们发生的原因。这三件事情不一定要惊天动地，比如："已经连续几天雾霾了，今天见到了蓝天白云""今天室友回来的路上帮我取了快递"。也可以是很重要的事情，如"我考上了研究生""我姐姐今天结婚了"。

在每件好事的下面，都写清楚"它为什么会发生"，比如："天气好转""室友很热心""我很努力""姐姐很聪慧、很会规划自己的人生"。

刚开始写的时候可能会很困难，坚持一个星期后就会变得容易。一般来说六个月后，你的焦虑会更少，你会更幸福，并会喜欢上这个练习。

### 心理建议：积极生活心态的培养

- 切断与你过去失败经验的所有联系，消除脑海里影响积极心态的不良因素。
- 找出你一生中最希望得到的东西，并立即着手计划去得到它。
- 确定你需要的资源之后，制订获得这些资源的计划，所订计划必须不要过度，也不要不足。
- 培养每天说或做一些让他人感到舒服的话或事，你可以利用电话、网络或一些简单的善意举动来达到此目的。
- 需要认识到打倒你的不是挫折，而是你面对挫折时所抱的心态，训练自己在每次不如意的处境中去发现与挫折等值的积极面。
- 让自己记得：懒散的心态，很快就会变成消极的心态。
- 当你找不到解决问题的答案时，不妨帮助他人解决问题，并从中寻找你需要的答案。在你帮助他人解决问题的同时，你也正在洞察解决自己问题的方法。
- 每周阅读一次喜欢的书籍，并有所收获。
- 与你曾经以不合理态度冒犯过的人联络，并向他致以最诚挚的歉意。这项任务越困难，你就越能在完成时摆脱掉内心的消极心态。
- 想想我们在这个世界上到底能占有多少空间，能否与我们为他人利益提供服务的质与量以及提供服务时产生的心态成正比。
- 改掉你的坏习惯，连续一个月每天减少一项恶习，并在一周结束时反省一下自己的成果。如果你需要顾问或帮助时，切勿让你的自尊心使你却步。
- 自我可怜是独立精神的毁灭者，请相信你自己才是自己唯一可以随时依靠的人。
- 把你人生中发生的所有事件都看作是激励你上进而发生的事件，即使是最悲伤的经历，也会为你带来财富。

- 放弃想要控制别人的念头，在这个念头摧毁你之前，你先摧毁它，把你的精力转而用来控制你自己。
- 把你的全部思想用来做你想做的事，而不要留有余地给那些胡思乱想的念头。
- 向每天的生活索要合理的回报，而不要光等着回报跑到你的手中，你会因为得到许多你希望的东西而感到惊讶。
- 以适合你生理和心理的方式生活，别浪费时间以免落后于他人。
- 除非有人有足够的证据证明他的建议具有一定的可靠性，否则别接受任何人的建议，你的谨慎将会使你避免被误导或被当成傻瓜。
- 务必了解人的力量并非全部来自物质和地位。
- 多参加各种运动以保持自己身体的健康状态，生理上的疾病很容易造成心理的失调，身体思想一样要保持活动，以维持积极的行动。
- 增加自己的耐性，以开阔的心胸包容所有的一切，同时要与不同族群和不同信仰的人多接触，学习接纳他人。
- “爱”是你心理和生理疾病的最佳良药，爱会改变和调适你体内的化学元素，有助于你表现出积极的心态；爱也会扩展你的包容力，接受爱的最好方式就是付出你自己的爱。
- 以相同或更多的价值回报给你好处的人。
- 记住：当你付出之后，必然会得到等价或更高价值的东西。
- 要相信你可以为所有的问题找到适当的解决方法，但也要注意你找到的解决方法未必都是你想要的方法。
- 参考别人的例子提醒自己，任何不利情况都是可以克服的。
- 对于善意的批评应采取接受的态度，利用这种机会做一番自我反省，并找出应该改善的地方。
- 与其他有志于成功的人组成智囊团，共同讨论你们的进程，并从更宽广的经验中获取好处。
- 分清楚愿望、希望和欲望，只有强烈的欲望才会给你驱动力，而且只有积极心态才能供给产生驱动力所需要的燃料。
- 避免任何具有负面意义的说话形态，尤其应扫除吹毛求疵、闲言碎语或中伤他人名誉的行为。
- 锻炼你的思想，使它能够引导你的命运朝着你希望的方向发展。
- 无论何时何地都应表现出真实的自我。
- 相信无穷智慧的存在，它会使你产生为掌握思想而奋斗所需要的所有力量。
- 信任与你共事的人，并承认如果与你共事的人不值得你信任时，就表示你看错了人。
- 每周读本建议一次，半年后你一定会有所变化。

# 专题二

# 迎接新挑战　规划新人生——大学新生适应及发展

小玲出生在一个农村家庭，中学时唯一的奋斗目标就是考入一所重点大学，因此她学习非常刻苦，成绩一直名列前茅，是同学们学习的榜样。但是高考失误导致成绩不理想，又因为志愿填写不当，她最终被一所专科学校录取。

入学后三周，小玲走进辅导员的办公室，见到辅导员的第一句话就是："我要退学。"辅导员轻轻问道："为什么想要退学？"小玲愣了一下，摇摇头，眼泪顺着脸颊流了下来。辅导员耐心地倾听着，小玲开始讲述她的经历。

"开学后，我感到什么都不如意。首先，我没有和同班的女生分到一个宿舍，班级里的活动，别人都有伴，只有我一个人孤孤单单，不知道找谁。在班级里我是被孤立的，在宿舍里我也是被孤立的。这段时间我过得很压抑。""开学这几周来，我很少见到班主任，都是班级负责人管理。我想在课堂上好好表现，上了几天课，感觉自己什么也没有学到。我已经忧郁很长时间了，也考虑了很长时间，我现在不想待在这个学校里，只想退学，结束这里的一切。"

辅导员耐心地听完小玲的讲述，一边帮她对遇到的问题进行归类整理，一边探讨解决的途径和方法，并分析小玲在个性和认知上存在的偏差，让她重新认识自己。渐渐地，小玲的眉头展开了，原来，事情并没有想象的那么糟糕。当小玲走出辅导员办公室的时候，发现天空并不都是灰色的，阳光依然明媚。

按照辅导员的建议，小玲回到宿舍，试着和室友们交流，发现她们却很好相处，很快她就和室友们建立了良好的关系。慢慢地，她在班里有了几个关系不错的好伙伴。

在为梦想奋斗的过程中，学子们无数次对大学充满了期待和向往，那将是个怎样的地方——没有繁重的学业，没有紧张的步伐，没有巨石般的压力，没有两点一线的生活，有的只是绿树如茵、欢声笑语。然而，当你走进象牙塔之门，如果它并不如你当初所想的模样，既不是你想象的那般轻松，也不是你想象的那般浪漫，那么，你准备好了迎接它吗？现实与理想的落差，环境和生活方式的变化，成为困扰大学新生常见的心理问题。走进大学，尽快了解大学的基本情况，迅速适应大学生活，是大学新生顺利开始大学生活的第一课。

## 主题1　新环境　新视野　新起点——大学新生适应

### 知识素养

适应大学生活，完成大学生作为"社会人"和"文化人"的身份转变，帮助大学生完成社会化，这是大学教育的重要内容。大学新生的家庭环境、受教育环境、成长经历、学习基础等相差很大，到大学后在自我认知、人际交往、环境适应等各方面都面临着全新的适应问题。

进入大学之前，不少学生没有远离过家门，饮食起居多由父母操办，强烈的依赖心理根深蒂固。进入大学后，有的学生因为缺乏独立生活的能力，一时生活不能自理；有的学生开支没有计划，经常出现“经济危机”；有的学生面对新的校园文化生活无所适从；有的学生因缺乏集体生活的习惯，总希望得到他人的照顾和帮助，不知道也不会关心他人；还有的学生不适应学校气候水土、语言环境等。大一新生在遇到这些问题时，常常束手无策，郁郁寡欢，致使有的学生出现烦躁、痛苦、紧张不安等焦虑情绪。

## 一、大学新生心理适应

### （一）大学新生适应的含义

著名心理学家艾夫考认为适应是心理健康的一个重要标志，他将适应定义为：个体与外界环境的一种相互作用的关系。个人在与外界环境互动的过程中不断调整自己的身体状况和心理状况，通过这种方式使得自己的身心能够与外界的现实环境协调一致，从而能够更好地认识和改造环境，达到自我发展的目的。

大学新生心理适应，是指刚进入大学的学生（入学到第一学期结束）脱离原来熟悉的生活环境，进入大学新环境的过程中，根据环境的变化，积极调整自己的心理与行为，顺利进行角色转换，实现与新环境的平衡。

### （二）心理适应的过程

从心理发展的角度看适应的过程，可以总结为以下几个基本环节。

#### 1. 需要（发展的内在动力）

适应的过程始终是从需要的产生开始的，当个体原有发展水平与新的需要之间产生矛盾时，人类各种活动的发展就有了最原始的动力源泉，需要本身的产生也离不开外部环境的刺激和影响作用。实际上，适应本身也是人的需要，是人终其一生都不可或缺的一种基本需要。

#### 2. 阻挠（适应状态的破坏）

阻挠是指人们不能利用已有的行为习惯来满足自己某些需要的情况。这种情况都出现在环境发生了变化，人们遇到了新的问题情境的时候。阻挠出现时，人们一般都会产生不同程度的紧张和焦虑。阻挠的产生实际上意味着主体原有的适应状态已被打破，其原有的行为模式与新的需要之间发生了矛盾，从而产生了新的不适应现象。

#### 3. 尝试（满足需求的努力）

为了改变不适应的被动局面，人们在没有现成模式可以参照的情况下，便会做出各种努力，采取各种方式来进行积极的尝试。在尝试过程中一旦取得了成功，被肯定和巩固下来的就不仅是解决问题的行为本身，而且包括行为背后的理性思考，特别是对事物本质规律的概括与升华。

#### 4. 重新适应（恢复新的平衡）

经过一番尝试，找到了新的解决问题的方式，人们新的需要就可以得到满足，这意味着本次不适应的问题已经解决，主体可以重新回到适应状态之中。只是这种状态仍然是短暂的，很快就会被新的不适应现象重新打破。这种不适应—适应—不适应状态的循环往复，就是适应过程的规律性表现。

### （三）大学新生心理适应与心理健康

学生在学校的适应状况可以被看成是学生心理健康水平的重要指标，良好的心理适应能力是心理健康的重要基础。个体的心理适应能力强在一定程度上表明其心理健康水平高，心理越健康，其行为越符合客观事实和规律，合理、正确的行动结果也符合人们的需要，良好的行动结果反过来可以更好地加强和维护好心理健康。心理适应能力强，则个体更能以积极的态度认识和对待环境改变，积极改变自身认知观念，采取积极的行为方式应对新环境，实现对新环境的良好适应；心理适应能力弱，则个体将不能正确认识和很好地面对环境改变，消极应对或逃避困难，表现出对环境的适应不良。

## 二、大学新生常见心理适应问题及其主要原因

### （一）大学新生常见的适应期心理问题

大一新生从中学进入大学，主要表现出以下几种适应不良现象。

#### 1. 对现实的失落感

学生心中一直将大学设为自己的终极目标，过于理想化，或抱以不切实际的幻想和过高的期望。跨进大学校门之后，许多人感到现实远非自己所想象的那样完美、丰富多彩。由于理想与现实的强烈反差，他们不敢正视现实，也不敢改变自己，一遇到挫折，就会产生苦闷、厌倦、消沉的情绪，直接影响到学习、生活和人际交往，容易失去学习的内在动力和方向。另外，自进入大学后，一些学生发现自己以往的学习优势已不存在，周围很多同学在人际交往能力、组织能力、文艺爱好等方面都强于自己，自己只不过是大学生中普通平凡的一员。他们会因自身优势的丧失而痛苦、羞愧，对自我的认识和评价发生了动摇，甚至自我否定和心理闭锁。

#### 2. 自我意识困惑

刚入大学的学生自我意识的概念还不是很明显，对自我的认识还停留在自我主观想象的阶段。在新的集体里，面对新的环境和新的挑战，原有的优势被削弱，原有的平衡被打破，有些学生自尊心感到严重受挫，导致自我评价失调。

#### 3. 专业学习困惑

高中学习过程中，学生始终处于“考什么—教什么—学什么”的状态。大学里的教学管理模式、学习方式与高中完全两样，不同的教师往往有不同的风格，教学信息量大，课程进度快，并且课堂讲授不再按部就班，不一定完全按照教材进行。面对新的学习内容、教学方

式和学习方法，一些新生一时感到无所适从，方法不当、动力不足、学习目标迷失成为普遍现象。另一方面，正是由于学习目标的迷失，部分学生把大量时间、精力寄托在网络游戏、睡觉、谈恋爱或者其他方面。由于没有掌握大学学习的专业性和自主性的特点，学习显得辛苦且乏味，他们逐渐丧失了学习的兴趣和动力，出现倦怠心理。

#### 4. 人际交往适应不良

大学新生在中学阶段大部分时间都用于应试学习和备考，人际交往能力没有得到足够重视和有效培养。大学里，同学们来自五湖四海，彼此陌生，很多大学新生出现人际关系不和谐，产生了压抑、孤寂和烦闷的抑郁心理。还有较少数新生从小以自我为中心，习惯直截了当，不讲语言艺术，所以常常引起误解，不受周围同学喜欢。

同时新生入学以后，新的生活要求他们必须迅速建立起新的人际关系。由于思想观念、价值标准、兴趣爱好、生活习惯、语言上都有较大差异，这使他们觉得交往困难，再加上人际交往的经验不足，或者是一些连自己也意识不到的因素影响，使得他们在情感上对交往对象或交往关系难以接受，并产生抗拒心理。

#### 5. 对学校管理方式的不适应

中学阶段主要是通过班主任对学生进行外部控制式管理，学生在校的大部分事情都由教师包办。大学里教师在学生管理过程中只起指导作用，日常的管理主要依靠学生干部和学生本人的自我约束。

上大学以前，大学新生们都是学习上的佼佼者，且大都担任“一官半职”，形成了强烈的自我意识和好胜心，进入大学后，在“高手云集”的新环境中势必会有部分人显示不出自己的优势来，如果不及时调整自己的心态，自然会有“自己并不比别人差，凭什么要他来管”的想法。

#### 6. 财务管理意识模糊

过度消费问题已经是大学生中的一个普遍问题。暂时没有经济自给自足能力的大学生在消费上已经逐渐向奢华的成年人靠拢，部分男生每个月有固定的烟酒消费，甚至常常出入酒吧这样的消费场所；女生在服装、美容上花费的资金也为数不少。另外大学生生活还有聚会、节日派对和集体旅游等花销，使还没有稳定经济收入的大学生提前成为“月光族”，有的甚至通过网络贷款满足当前消费。另外大学生家庭情况的不同，消费习惯的不同，带来了攀比和歧视等不良现象，部分贫困学生的心灵因此受到伤害和扭曲。

### （二）适应期心理问题的原因

#### 1. 面对生活变化的自然反应

生活就是适应，人生就是一个不断适应的过程。人们在面对每一个人生的转折，面对每一种新的生活时，都会有一个适应期来实现人与环境间新的平衡。从中学到大学，是人生中一个重大的转折期。适应性问题是由于适应环境中产生的不适感带来的，是人不能很好适应环境的一种自然反应，也是人本身安全的需要在行为上的一种自然表现。

### 2. 年龄特征带来的适应困难

大学生这一年龄段的心理处于成熟与不成熟并存的状态。大学生处于成人初期，就一般的心理发展水平而言，该年龄段的个体身心发展应达到基本成熟的水平，但是大学生是一个特殊的群体：一是实践阅历少；二是学校教育在培养学生独立能力方面还做得不够；三是在求学期间经济上、情感上、生活上的不独立。这些都使得大学生心理发展水平仍有不成熟性。

### 3. 教育失误造成的适应能力不足

适应能力是一种基本的生存能力，是人的一种固有的潜能。但是，“00后”大学生在父母的百般呵护和唯成绩的追求下，许多潜在的适应性没有更好地被挖掘出来，导致许多大学生缺乏独立生活的经验，有强烈的依赖心理，自理能力、自立能力及人际交往能力较差，难以适应大学的独立生活。

### 4. 对大学生活认知失调导致的适应困难

大学生来自四面八方，各有特长，相互比较的群体和范围都有扩大，大学新生面对这种“相对平庸化现象”，看到自己原本的优势不复存在，很容易产生强烈的自卑感和失落感，从而导致各方面的适应性问题。如果这种冲突不能调和，就可能出现对大学生活的无所适从，从而产生心理危机。

### 5. 自我评价偏差导致的适应困难

大学生的自我评价偏差主要有两种表现形式：第一种表现是理想自我与现实自我的不协调，如果学生的理想自我建立在现实自我的基础上，二者基本能够协调一致，这样的学生往往生活比较和谐。但有些学生在理想自我中对自己的能力评估过高，甚至是完全不切实际的幻想，这样，当过高的期望在现实中碰壁时，个体很容易就出现障碍。

第二种表现是自我意识不恰当，由于心理发展的不成熟性、缺少社会经验和人生阅历，使得相当一部分大学生不能准确地评价自我。一部分个体高估自己，自以为是，在人际交往中骄傲自大、以自我为中心，强求别人的认可和尊重；另一部分自我意识偏低，容易滋生自卑感、羞辱感，增加个体的心理压力，在人际交往中由于过分地倾向于自我防护而陷入孤立的境地。

## 探索应用

### 大学新生适应期心理问题解决途径

## 一、认清大学与中学的区别，改变观念

### （一）学习方式方法、学习内容、学习目标的比较

中学学习的每一门课都有标准的大纲，各种考试的题目都会在这个大纲的范围之内。学习内容突出基础性和知识性，主要目标是为升学做准备。

大学的学习是一种自主性学习。除了正常上课有老师在场，其余时间大多数由学生自由支配。上课时，老师很少用单一的教材，课后学生需结合参考书，就某个问题深入研究。这种学习方式要求学生充分体现出学习的主动性，并不断探索和总结出适合自己的学习方法。

大学课程以专业知识和基础课为主，突出专业性。

学校开设有公共课和大量具有个性特色的选修课以及实验、实训、社会实践等课程来培养学生的综合素质，突出综合性；为培养学生的创新意识和创新才能，传播最新的科学知识，教师会通过课堂和专业讲座，介绍学科和专业发展的最新动态，开阔学生的视野，引导学生思考和探索，具有一定的前沿性。大学的学习目标是以专业知识和专业技能为主，为把学生培养成各领域和各行业的高级专业人才做准备。

［案例］大一新生小梅，对大学生活的盼望是出于大学里没人管，可以彻底放飞自我。没有父母的约束，可以实现真正的自由。等到了大学，发现大学里没有类似高中班主任那样的人，会天天督促学习任务和学习课程，需要辅导时班主任或者各科教师也随时能提供帮助。

到了大学小梅发现学习均要靠自主把握，大学老师上完课就下课，有时候一节课要讲很多知识，课堂上根本没办法完全消化和吸收。从小到大都有老师和家长监督学习的她不适应这种学习方式，不知道如何开始自己的大学学习生活，上课也出现了无法集中注意力的情况。

为了改善自己的这种学习不适应情况，她向学校心理咨询中心的老师求助。

［案例分析］相信案例中的小梅遇到的问题是很多大一新生都会遇到的。因为刚到大学，来到陌生的环境，遇见陌生的同学，远离了自己原来熟悉的一切，如果适应能力不强很容易出现环境适应不良的问题，进而引发各种人际关系、学习问题等。

心理咨询老师通过详细地分析大学与高中的学习方式、学习内容、学习目标的不一致，让她对大学学习有了充分的了解和认识，帮助她立足于专业基础上寻找到适合她的学习方法。

### （二）学习生活氛围和管理方式的比较

大多数中学生都是以家庭居住地为中心就近入学，即便离家住校，绝大部分也是来自同一个城市或地区，文化差异小，生活习惯基本相同，语言沟通没有障碍，学习、生活环境相对单纯。教师和家长给予具体指导和呵护，衣食住行时时有依靠。

大学生来自四面八方，每一个学生都有其原有的生活背景，不同的文化习俗、生活经验、认知方式、兴趣爱好、经济状况等，这些构成了大学独特的人际环境，这就需要大学生在朝夕相处中不断面对冲突，在相互交融中学习接纳。同时，随着生理、心理的成熟，大学生的人际交往范围不断扩大，与异性的交往日益频繁，使大学生的学习和生活环境相对复杂多样。大学强调“自我教育、自我管理、自我服务”，大学的辅导员、班主任的职责是通过组织各种活动来培养学生的自主、自立和自理能力，因此自我管理能力是大学生应掌握的基本生存本领。

### （三）校园文化环境的比较

在我国基础教育的体制下，中学生的主要任务是学科学习，即便是在大力提倡素质教育和创新教育的今天，考试分数仍然是选拔考试中重要的衡量标准。学生的课程被安排得很满，除了必要的体育锻炼，学生很难有自主活动的时间。

大学的课程安排相对轻松，留给学生自主安排的时间增多，丰富多彩的社团活动、体育活动、文艺活动、社会实践活动层出不穷，形成了丰富多彩的校园文化。

## 二、全面提高个人素质

联合国教科文组织对大学的学习和生活提出了四个要求：

学会做人：建构符合道德的价值体系，并承担个体的社会责任，热爱生命并感激生活的给予。学会做人还意味着除关注自己之外，还指对亲情和友情的看重，与亲朋好友之间的密切联系，对父母的关心和体贴，并承担应尽的义务，是“做人”本来的含义。

学会做事：用一种善始善终的态度认真地对待和处理各种事务，坚持不懈并力求完善。很多学生做事只注重其中的某些“有意思”的环节，而不太注意那些需要默默无闻地工作的环节，殊不知这样是做不好事情的。

学会如何与人相处：为了更好地发挥自己的潜能，人们需要得到周围环境的支持和帮助，至少不应该受到别人有意地阻挠。而良好的人际关系是营造个人工作和生活环境的必要前提。即使彼此不能成为朋友，也至少需要有一种相互尊重的关系，这是成人的人际关系的最大特点。

学会学习：是当今时代的总体要求，也是大学学习的改变所在。大量的知识需要在实际工作中不断学习和掌握，因此大学中对知识的掌握只是学习的一部分，更重要的是要学会学习的方法。学会如何学习不仅是大学学习的目标，也是将来胜任工作的关键。

## 三、正确认识自我

成功的前提是要对自己有客观清楚的认识，一个敢于剖析自己的人常常会赢得人们的赞赏并取得成功。正确认识自我有四层含义：

一是对自我的了解、关怀、接受和尊重。接受自己有很不错的才能，也接受自己很多方面的不足，甚至有些方面不如别人。在了解到自己还有很多弱点的时候能够尊重自己，能够很客观地接受自己，这是能够成为成功人士非常重要的条件。

二是在承认与别人有差距的时候，还能够保持对自己的信心。

三是对自己的行为要负责任，包括对自己做得好的事情负责，也对自己做得不好的事情负责。

四是保持开放的心态。开放的心态就是发觉自己的能力跟原来的期望不一致时，及时调整对自己的看法，只有这样，对待自己才会越来越客观，才能够真正建立起自信心。

## 四、养成积极的生活方式

一个人的生活方式决定着他的思维方式。对绝大多数新生来说，进入大学是真正意义上独立生活的开始。要学会独立生活，一是要学会饮食起居自己料理；二是要学会理财，理性有计划地合理开支；三是要了解学校各项规章制度，明确什么是该做的，什么是不该做的，安排好自己的课余生活；四是要迅速熟悉学校的教学及辅导设施，如图书馆、教学办公楼的地点，有问题要多向老师和高年级的同学请教，加强与老师、同学的接触，掌握各方面的信息，尽快适应新生活。

## 五、建立科学有效的学习方式

大学新生要逐步学会主动学习并加强自我管理能力。一是要确定好学习目标，自己制订学习计划，自己检查学习效果，主动向专业老师征询意见，请教老师问题，变“要我学”为“我要学”。二是要端正学习态度，努力提高自己的综合学习能力，积极的学习态度才能促进学生更好地进入新的学习阶段。三是掌握正确的学习方法，把握住重要的学习环节。进入大学后，转变学习方式是大学生当前的重要任务，掌握和运用当代信息技术所创造的各种新的学习方法与学习技能，纠正和改变各种不良的学习习惯与学习行为，形成符合自己的学习方式，提高学习效率和学习能力，最终成为主动的学习者。

## 六、调整人际交往方式

大学是走向社会生活的演练场，大学期间要学会与新同学互相关心和帮助，相互信赖和理解，有助于减轻心理压力，减少孤独和寂寞，减少对父母的依赖感，较快地熟悉新的学习环境和生活环境。同时，要学会对他人的了解，熟悉彼此的生活习惯个性，也为今后的社会生活打下基础。

在交往过程中首先要注意倾听他人的讲话，适当表达自己的意见，态度诚恳，切忌以自我为中心。其次要积极参加集体组织的各项活动，克服人际交往中的幼稚心态。调整心态，正确看待自我的优缺点，走出自我闭锁，突破“不愿、不善和不敢”的交际障碍，积极建立新的交际圈。这将有助于促进大学生的人格发展和心理成熟，和谐的人际关系将增强社会适应能力。

### 七、调整思维方式

大学生已经处在成年早期，个体已经形成了一定的思维方式，很容易用过去的标准来衡量现在环境中的问题。大学生到了一个新的环境中，应尽可能地寻找所在新环境中的合理成分，淡化跟过去的环境相比“不合理”的成分，多去看新环境合理的一面，时间长了就会发现，一些看似不是非常好的事情，也会有其合理性。

现实生活中，心理适应能力的差异决定了人们的心理状态和生活状态，心理适应能力强则能以平和心态应对、分析和处理问题和矛盾，最终实现与环境的和谐统一。大学生应当积极提升自我的心理适应能力，并解决适应期遇到的心理问题，逐步适应环境变化，为今后自我的学业和社会发展奠定良好的成长基础。

## 体验拓展

### 心理自测：心理适应能力水平

下面的问题能帮助你进行心理适应能力的自我判别。请认真阅读，并决定其与你实际情况的符合程度，然后从每个项目后面所附的三个备选答案中选出一个来。

1. 我最怕转学或转班级，每到一个新环境，我总要经过很长一段时间才能适应：
   是。　无法肯定。　不是。
2. 每到一个新的地方，我很容易同别人接近：
   是。　无法肯定。　不是。
3. 在陌生人面前，我常无话可说，以致感到尴尬：
   是。　无法肯定。　不是。
4. 我最喜欢学习新知识或新学科，它给我一种新鲜感，能调动我的积极性：
   是。　无法肯定。　不是。
5. 每到一个新地方，我第一天总是睡不好，就是在家里，只要换一张床，有时也会失眠：
   是。　无法肯定。　不是。

6. 不管生活条件有多大变化，我也能很快习惯：
是。 无法肯定。 不是。
7. 越是人多的地方，我越感到紧张：
是。 无法肯定。 不是。
8. 我的成绩多半不会比平时练习差：
是。 无法肯定。 不是。
9. 全班同学都看着我，心都快跳出来了：
是。 无法肯定。 不是。
10. 对他（她）有看法，我仍能同他（她）交往：
是。 无法肯定。 不是。
11. 我做事情总有些不自在：
是。 无法肯定。 不是。
12. 我很少固执己见，常常乐于采纳别人的观点：
是。 无法肯定。 不是。
13. 同别人争论时，我常常感到语塞，事后才想起怎样反驳对方，可惜已经太迟了：
是。 无法肯定。 不是。
14. 我对生活条件要求不高，即使生活条件很艰苦，我也能过得很愉快：
是。 无法肯定。 不是。
15. 有时自己明明把课文背得滚瓜烂熟，可在课堂上背的时候，还是会出差错：
是。 无法肯定。 不是。
16. 在决定胜负成败的关键时刻，我虽然很紧张，但总能很快使自己镇定下来：
是。 无法肯定。 不是。
17. 我不喜欢的东西，不管怎么学也学不会：
是。 无法肯定。 不是。
18. 在嘈杂混乱的环境里，我仍能集中精力学习，并且效率较高：
是。 无法肯定。 不是。
19. 我不喜欢陌生人来家里做客，每逢这种情况，我就有意回避：
是。 无法肯定。 不是。
20. 我很喜欢参加社交活动，我感到这是交朋友的好机会：
是。 无法肯定。 不是。

**评分规则及得分解释：**

奇数号的题，选“是”得-2分，选“无法确定”得0分，选“不是”得2分。

偶数号的题，选“是”得-2分，选“无法确定”得0分，选“不是”得2分。

35～40分：心理适应能力很强，能很快地适应新的学习、生活环境，与人交往轻松、大方。给人的印象极好，无论进入什么样的环境，都能应付自如，左右逢源。

29~34分：心理适应能力良好。

17~28分：心理适应能力一般，当进入一个新的环境，经过一段时间的努力，基本上能适应。

6~16分：心理适应能力较差，依赖于较好的学习、生活环境，一旦遇到困难则易怨天尤人，甚至消沉。

5分以下：心理适应能力很差，在各种新环境中，即使经过相当长一段时间的努力，也不一定能够适应，常常困惑，因与周围事物格格不入而十分苦恼。在与他人的交往中，总是显得拘谨、羞怯，手足无措。

如果你在这个测试中得高分，说明你的心理适应能力较强。但是，如果你得分较低，也不必忧心忡忡，因为一个人的心理适应能力是随着年龄的增长、知识经验的丰富而不断增强的。只要充满信心、刻苦学习、虚心求教、加强锻炼，你的心理适应能力一定会增强的。

## 拓展资源

**书籍《不抱怨的世界》**

什么是“21天不抱怨”活动？美国深受尊崇的心灵导师威尔·鲍温发起了一项不抱怨活动，邀请每位参加者戴上一个特制的紫手环，只要一察觉自己抱怨，就将手环换到另一只手上，以此类推，直到这个手环能持续戴在同一只手上21天为止。

觉得很难吗？到目前为止，世界上已有106个国家和地区、上千万人参与了这项活动，学习为自己创造美好的生活，让这个世界充满平静喜乐、活力四射的正能量。而你也可以成为其中的一分子，戴上紫手环，接受21天的挑战，为自己创造心想事成的无怨人生。

这是一本震惊世界的心灵励志书，它用一只手环向我们传递了“抱怨不如改变”的生活理念，书中提醒我们：世界上唯一能做到的建设性永久改变，就是自我的改变。

**电影《三傻大闹宝莱坞》**

《三傻大闹宝莱坞》改编自奇坦·巴哈特的小说《五点人》，是一部喜剧电影。

影片讲述了三位主人公法罕、拉加与兰彻间的大学故事。兰彻是一个与众不同的大学生，他的特立独行引起模范学生查尔图的不满，他们约定十年后再一决高下，然而毕业时兰彻却选择了不告而别。

十年之后，查尔图找来法罕、拉加，一同踏上寻找兰彻的旅程，一路上，他们回忆起大学生活的点点滴滴，也发掘出兰彻不为人知的秘密。

# 主题2　我的未来我做主——大学规划

小安的专业是工商管理，专业知识多而杂，缺乏准确的就业方向。小安当初的想法只是想当管理层，但是听毕业了的学长学姐们说得多了，知道刚毕业的学生不可能一工作就做管理层，必须从基层做起。但是这个基层的范围太广，很多人做了很多基层岗位工作还是升不到管理层。自己现在已经大二了，很快就要毕业了，很多同学都开始找实习单位了。那么自己该怎么选择呢？自己现在学的知识出去后能帮自己就业吗？现在该做些什么事情呢？很迷茫！

小安目前的迷茫是很多大学生都会遇到的，他学的是工商管理专业，主修企业管理，专业基础知识涉及管理学、经济学、财务学、法学等方面的内容，多而不专。那么这个时候就必须根据自己的实际情况特点，结合主客观条件以及职场行业岗位的相关联性以及发展趋势做出正确选择。小安确定好适合他的职业发展路线后，必须规划好在校的就业准备工作，包括知识的再学习以及相关实习活动，增强自己的核心竞争力，并在简历面试中参加相关辅导，为其顺利就业做好前期准备。

很多在校大学生认为只有走出校园，开始工作了，才需要职业规划。其实最早的职业规划应该是高考选择专业时就应该有明确的方向。否则的话，选择了不适合自己的专业，在学校里或者进入职场后，需要付出比别人多几倍的时间精力以及财力成本。而已经进入大学校园，虽然晚了一步，但是比起已经踏入职场的人来说又是早很多步。把握时间，确保自己少走弯路。

有一些大学生没有充分认识到职业生涯规划的意义与重要性，认为职业生涯规划纯属纸上谈兵，只有屡屡碰壁了才会再想起。实际上磨刀不误砍柴工，做好职业生涯规划，对自我以及职场有更清晰的认识与明确的目标，做好前期准备工作，更科学、更经济，也更实际。

在当前的社会经济中，大学生的出路越来越多元化。在学校期间，学习好职业生涯规划，提高对自己优劣势的认识，加强对专业发展和自身能力的把握，掌握理性的、科学的、客观的就业和创业知识，从而指导在校期间的就业实践活动，是每个在校大学生应该完成的功课。只有这样，才能逐步清晰个人的定位，端正就业态度，以积极的心态面对走向社会的压力，为开拓未来事业做好准备。

## 知识素养

### 一、大学生职业规划——生涯发展

#### （一）什么是职业生涯规划

职业生涯规划简称生涯规划，又叫职业生涯设计，是指个人在选定的职业领域内未来要达到的具体目标。根据个人的性格、兴趣、专业、能力特点和价值观以及社会环境来确定自己的长期目标，然后对长期目标进行分化，根据个人的经历和所处的环境制定相应的中期目标和短期目标。

### （二）大学生进行职业生涯规划的意义

大学生首先要认识到职业生涯规划的重要意义，职业生涯活动将伴随我们的大半生，拥有成功的职业生涯才能实现完美人生。因此，职业生涯规划具有特别重要的意义。

（1）职业生涯规划可以发掘自我潜能，增强个人实力。

（2）职业生涯规划可以增强发展的目的性与计划性，提升成功的机会。生涯发展要有计划、有目的，不可盲目地“撞大运”，很多时候我们的职业生涯受挫就是由于生涯规划没有做好。好的计划是成功的开始，“凡事预则立，不预则废”，就是这个道理。

### （三）高职院校大学生职业生涯规划发展三阶段

从生涯发展的角度可以把大学分为生涯适应期、生涯探索期和生涯决定期三个阶段，每个阶段都有生涯规划和个人成长两部分的任务。

#### 1. 生涯适应期

大学一年级是生涯适应期。大学生经历了从对大学生活的梦想到真正面对大学生活的过程，在这个阶段，大学生的主要任务是“适应”，注重培养对大学生活和所学专业的认识以及对未来职业的设想。具体任务包括以下几个方面：

（1）学习方面。

①了解专业发展（通过所学专业教师、学长学姐等的介绍、通过网络信息平台进行资源查找等途径）。

②改变学习策略（高中和大学的学习内容和学习方式有很大的变化，针对专业学习制订适合自己的学习计划）。

③学习使用学校资源（大学图书馆、实验室、实训楼、教学楼等都是你可以利用的学校资源）。

④社团工作（加入自己感兴趣的社团协会，发展与人交往和团队合作的能力）。

⑤转专业（入学后通过衡量自己的兴趣和能力做出选择）。

（2）个人成长方面。

①探索个人兴趣爱好（发现自己的兴趣）。

②自我适应（适应大学的学习方式和人际交往方式，培养独立自主能力和自理能力）。

#### 2. 生涯探索期

大学二年级是生涯探索期。大学生对自己的专业和兴趣有更进一步的了解，开始进行职业的探索，需要经历从学业到工作的尝试过程。大学生在这一阶段的主要任务是“尝试”，注重职业生涯的实践。具体任务主要包括以下几个方面：

（1）专业发展方面。

①专业学习（注重基本能力的培养和学习）。

②了解职业（了解从事的职业所需要的能力和应该掌握的专业知识）。

③辅修、选修（根据自己的能力需求和知识需求进行选择）。

④职业目标确定与规划（探索职业目标的实际要求，并与自己的兴趣特点相匹配）。

⑤缩小与职业目标的差距（通过开展与职业目标相关的实践活动加深对职业目标的认识）。

（2）个人成长方面。

①进一步了解自我兴趣。

②发展与职业目标相关的能力（注重在活动或兼职中发展自己的能力，特别是工作责任心、团队合作等能力）。

③培养创新意识（在职业探索期中发现自己的独特价值，提高自己的创新能力）。

### 3. 生涯决定期

大学三年级是生涯决定期。大学生无论是工作还是学历深造都要在这一阶段做出决策。大学生要能够根据自己的需求以及社会的形势做出适合自己的生涯决定，同时理解这次生涯决定是人生众多决定中的一次，重要但不唯一。具体任务包括以下几个方面：

（1）生涯决定方面。

①求职技巧（收集、使用信息，写简历，学习着装礼仪，面试准备，面试后的行动）。

②了解就业相关信息（相关的求职、学历深造等信息）。

③专业可能的发展前景。

④职业选择（理性选择并对选择负责）。

⑤学历深造的准备（包括专业知识复习、心理和考试的准备）。

（2）个人成长方面。

①理解工作或者深造对恋爱关系和生活的影响（学会处理事业与爱情的关系）。

②适应工作（提高工作适应能力，适应工作时间）。

③规划生涯发展。

## 二、大学生职业规划——自我探索

大学生在进行职业规划前都需要先探索自己，发现自己的优势和能力。

### （一）自我探索的内容

关于自我探索的内容，大学生需要面对一个实际的问题，自我涵盖的内容太多了，我到底该探索哪方面呢？一般来说，在思考与职业相关的问题时，往往会聚焦以下几个问题：

①我喜欢什么职业？

②我想过怎样的生活？

③我能做什么样的工作？

④我愿意在什么环境下工作？

以上问题的回答反映的是自我对兴趣、价值观、能力、潜力以及性格等的看法。大学生在进行职业探索分析时，可以从以下四个方面来进行分析：

（1）兴趣。兴趣是最好的动力源泉，能帮助自己进行职业聚焦。

（2）性格。个人的性格（个人特质）一定程度上会影响自己所选择的职业。

（3）能力。个人的能力决定了自己适合的职业范围，是否符合职业的要求。

（4）价值观。个人的价值观可以帮助自己明确到底看重职业的何种价值。

### （二）自我探索的途径

自我探索需要大学生从各种渠道全面了解自己，具体可以通过以下途径来实现。

#### 1. 自我察觉

通过自我的认知对自己的职业兴趣和职业生涯进行探索。

#### 2. 他人评价

通过家人、朋友、老师等熟悉你的人表达对你的职业选择的真实看法，你可以通过当面提问、发送邮件和信件、电话或在线聊天等多种方式来获取他人的评价。

#### 3. 专业测评与咨询

许多书籍和网络中会提供一些问卷和量表，通过测试你可以获得相关信息，这通常能为你的兴趣、价值观提供一些线索。但对待这些问卷测试结果需要谨慎，它只能是一种参考。你也可以通过专业的职业咨询和心理咨询机构获得专业的测评和咨询，以便更好地了解自己。

#### 4. 自身成就

你所做过的你认为成功的事情，很可能是你的兴趣所在，符合你的职业兴趣和价值观。

#### 5. 实践活动

你可以通过社团活动、兼职、实习等活动领域来获得更全面的信息，通过这些领域的实践活动获得不同寻常的对自我职业的探索。

## 探索应用

### 职业规划——职业生涯设计

做好职业生涯规划就必须按照职业生涯设计的流程，认真做好每个环节。职业生涯设计的具体步骤概括起来主要有以下几个方面。

### 一、自我评价

也就是要全面了解自己。一个有效的职业生涯设计必须是在充分且正确认识自身条件与相关环境的基础上进行的。要审视自己、认识自己、了解自己，做好自我评估，包括自己的兴趣、特长、性格、学识、技能、智商、情商、思维方式等。即要弄清楚我想干什么、我能干什么、我应该干什么，在众多的职业面前我会选择什么等问题。

## 二、确立目标

确立目标是制定职业生涯规划的关键，目标通常有短期目标、中期目标、长期目标和人生目标之分。长远目标需要个人经过长期艰苦努力、不懈奋斗才有可能实现，确立长远目标时要立足现实、慎重选择、全面考虑，使之既有现实性又有前瞻性。短期目标更具体，对人的影响也更直接，也是长远目标的组成部分。

## 三、环境评价

职业生涯规划还要充分认识与了解相关的环境，评估环境因素对自己职业生涯发展的影响，分析环境条件的特点、发展变化情况，把握环境因素的优势与限制。了解本专业、本行业的地位、形势以及发展趋势。

## 四、职业定位

职业定位是指为职业目标与自己的潜能以及主客观条件谋求最佳匹配。良好的职业定位是以自己的最佳才能、最优性格、最大兴趣、最有利的环境等信息为依据的。职业定位过程中要考虑性格与职业的匹配、兴趣与职业的匹配、特长与职业的匹配、专业与职业的匹配等。

## 五、实施策略

就是要制定实现职业生涯目标的行动方案，要有具体的行为措施来保证。没有行动，职业目标只能是一种梦想。要制定周详的行动方案，更要注意去落实这一行动方案。

## 六、评估与反馈

整个职业生涯规划要在实施中去检验，看效果如何，及时诊断生涯规划各个环节出现的问题，找出相应对策，对规划进行调整与完善。

由此可以看出，整个规划流程中正确的自我评价是最为基础、最为核心的环节，这一环做不好或出现偏差，就会导致整个职业生涯规划各个环节出现问题。

[案例] 小卫是一家高职院校的专科学生，今年大二，进学校时因为分数偏低，被调剂到了生物学专业。在上完大一的基础课以及大二的专业课后，发现自己对这个专业一点也不感兴趣，了解了就业方向后更是失望。如果毕业后去从事本专业工作，那么自己将要一辈子忍受下去。如果不从事本专业工作，那么自己到底要去做什么工作呢？在剩余的一年里，自己不知道该顺其自然还是应该做哪些准备。

[案例分析] 学生求职所学专业相关工作困难，表现在一方面是不清楚自己适合切入哪个起点会有发展；另外一方面是不知道自己能力在什么位置，能找到什么样的工作。小卫因为对自己的专业不感兴趣，那么以后毕业就业也很自然不想再从事这个方面的工作。但是现在大学生就业困难，求职偏离专业方向竞争力更是比不上专业对口的学生。

所以在剩下的一年时间里，可以根据职业生涯的主客观条件进行测定、分析、总结，对自己的兴趣、爱好、能力、特点进行综合分析与权衡，结合职场现实环境因素，根据职业倾向以及价值观确定最佳的职业发展方向，明确毕业后适合且能切入的有发展的工作平台在什么行业岗位，并为实现这一就业目标规划好在校行之有效的安排，做好就业准备工作，针对性地增强自己的竞争力。

## 大学规划建议

高职学生首先要明确的是将来想从事怎样的工作，如果本身就是要学习技术，那就把学习的重点放到专业的学习上。如果是被迫进入高职，想要在日后提高自己的学历的话，也要早做打算。

### 一、注重动手实践能力的培养

不要因为进入高职院校就妄自菲薄，大学本身就是一个平台，能否利用好这个平台提升取决于自己的努力。进入社会后，学历只是敲门砖，日后的发展还是更看重能力的。

对于技术型人才一定要具备动手实践能力，这样才会突出自己相对于本科生的优势。如果想要在众多的职业学校学生中脱颖而出，就不能仅仅完成日常的任务，要对自己严格要求。像大国工匠，都是经过反复的练习，将自己的专业学精，日后才会更具竞争力。

#### 1. 时光短暂，请珍惜；目标清晰，望坚定

高职学生的大学学习时间往往只有两年到两年半，在本科生真正适应了大学时，这一批高职学生就直接闯进了就业市场，进行校外实习，或去厂里，或去加工地，或去柜台，或是

其他的工作，但往往都是非常一线的工作。模模糊糊刚觉得应该好好学习专业知识，就已经进入直接岗位，这无疑是冲击。

建议：

（1）大学不要逃课，所有课程都尽量认真听，做笔记或者看教材。

（2）高出勤率和认真学习是你大学期间最大的收获。

（3）专业课一定要课后打磨，每一次的实训和课堂训练都尽量做到自己的极限，争取达到职业要求的入门水平。职业的入门水平要求可以通过咨询老师或者网络搜索来知晓。

（4）既然希望人生有发展，就不要瞻前顾后，坚定走自己的路，不要学习了两天被人一鼓动就组队彻夜打游戏了。

### 2. 专业技能是核心，围着它打转

对于高职学生而言，专业技能是重点，学什么就要会什么，大学三年的时光都是围绕着专业技能的培养展开的。

建议：

（1）专业课认真学习，积极和老师互动，尽量掌握所有的专业知识点。

（2）积极和专业课老师聊天，谈一谈你对专业的想法，老师会给你一些提点。

（3）如果找兼职，就找和你专业相关的兼职，能够累积你工作经验的。

（4）专业课一般很多任务是小组完成的，一定要认真选择你的小组伙伴，不要怕得罪人，和能干的小伙伴一起做事。

（5）不会的请自学。学会运用网络。

## 二、专升本，提高学历

如果不想让学历限制自己的发展，可以考虑专升本。如果确定了目标，就要在这三年好好准备，将大部分时间用于学习相关课程，将精力集中于毕业后的统考，考上后就是本科学历，继续深造。

### 1. 该考的证，一个都不要跑

高职学生的大学学习重点之一就是考取各种各样的资格证书，这些资格证书能够帮助你在毕业之后顺利进入一些需要准入门槛的单位。在校的时候学不进去、考不了，毕业了上班了更是难以拿下了，所以要抓住在校的黄金时间。

建议：

（1）英语过级。

（2）专业资格证书，从能报名的时候就去考，万万不可以不做准备就去考试。

（3）普通话证书。

（4）办公软件一定要会。

### 2. 专升本还是自（成）考本科，这不是个难题

自（成）考本科是成人本科自学的证，专升本是专升本的本科证。

这两个证有非常大的差异，但是在私企的话区别不大，国企、事业单位这就是天差地别。是拿哪一个证要根据你未来的职业定位来，如果要进大单位建议专升本，如果只是想有个本科证，可以自（成）考本科。自（成）考本科大一就可以报名，专升本要到大三学期末的时候参加各个学校的统一考试。

建议：

（1）如果很想要本科的证，建议大学里选择自（成）考本科或者专升本，不要想着工作两年后再考。

（2）如果觉得专升本很难，可以考虑自（成）考本科。

（3）如果家里不催你工作，你暂时不想离开校园，选择专升本。

（4）一旦要考试，就要努力学习。

## 三、注重自控能力的培养

专科与本科很大的一个差距就是本科院校的学习氛围会更加浓厚，这就要求专科院校的同学具有更强的自控能力，不要随波逐流，坚定自己的目标，用这三年来丰富自己。

## 四、注重知识结构的培养

技术型人才并不意味着不需要学习一些理论知识，虽然理论知识对于专科学生并不是最主要的，但也并不意味着理论知识不重要。如果想要将来有更大的发展空间，也要不断地学习一些基本技能，如外语、计算机等。随着越来越多的企业开始进行国际化布局，外语的应用会越来越广泛。

## 五、注重社交

参加学生社团或者竞选班委，能力都是在潜移默化中锻炼出来的，不要逃避这些活动。学会与他人相处，到了社会无论做什么，都要与人打交道。较强的人际交往能力会对你将来的发展有很大的帮助。

## 体验拓展

### 霍兰德职业兴趣理论及测试

约翰·霍兰德（John Holland）是美国约翰·霍普金斯大学心理学教授，美国著名的职业指导专家。他于1959年提出了具有广泛社会影响的职业兴趣理论，认为人的人格类型、兴趣与职业密切相关，兴趣是人们活动的巨大动力，凡是具有兴趣的职业，都可以提高人们的积极性，促使人们积极地、愉快地从事该职业，职业兴趣与人格之间存在很高的相关性。霍兰德认为人格可分为现实型、研究型、艺术型、社会型、企业型和常规型六种。

#### 霍兰德职业兴趣测试题

本问卷共90道题目，每道题目是一个陈述，请你根据自己的真实情况对这些陈述进行评价，如果符合实际情况就在相应的题目前打“√”，否则打“×”，不要漏答。

| | |
|---|---|
| 1. 强壮而敏捷的身体对我很重要 | 22. 我常能体会到某人想要和他人沟通的需要 |
| 2. 我必须彻底地了解事情的真相 | 23. 我喜欢帮助别人不断改进 |
| 3. 我的心情受音乐、色彩和美丽事物的影响极大 | 24. 我在决策时，通常不愿冒险 |
| 4. 和他人的关系丰富了我的生命并使它有意义 | 25. 我喜欢购买小零件，做成成品 |
| 5. 我自信会成功 | 26. 有时我长时间阅读，玩拼图游戏，冥想生命本质 |
| 6. 我做事必须有清楚的指引 | 27. 我有很强的想象力 |
| 7. 我擅长于自己制作、修理东西 | 28. 我喜欢帮助别人发挥天赋和才能 |
| 8. 我可以花很长的时间去想通事情的道理 | 29. 我喜欢监督事情直至完工 |
| 9. 我重视美丽的环境 | 30. 如果我面对一个新情景，会在事前做充分的准备 |
| 10. 我愿意花时间帮别人解决个人危机 | 31. 我喜欢独立完成一项任务 |
| 11. 我喜欢竞争 | 32. 我渴望阅读或思考任何可以引发我好奇心的东西 |
| 12. 我在开始一个计划前会花很多时间去计划 | 33. 我喜欢尝试创新的概念 |
| 13. 我喜欢使用双手做事 | 34. 如果我和别人发生摩擦，我会不断尝试化干戈为玉帛 |
| 14. 探索新构思使我满意 | 35. 要成功就必须定高目标 |
| 15. 我总是寻求新方法来发挥我的创造力 | 36. 我喜欢为重大决策负责 |
| 16. 我认为能把自己的焦虑和别人分担是很重要的 | 37. 我喜欢直言不讳，不喜欢转弯抹角 |
| 17. 成为群体中的关键任务执行者，对我很重要 | 38. 我在解决问题前，必须把问题进行彻底分析 |
| 18. 我对于自己能重视工作中的所有细节感到骄傲 | 39. 我喜欢重新布置我的环境，使它们与众不同 |
| 19. 我不在乎工作把手弄脏 | 40. 我经常借着和别人交谈来解决自己的问题 |
| 20. 我认为教育是个发展及磨炼脑力的终身学习过程 | 41. 我常想起草一个计划，而由别人完成细节 |
| 21. 我喜欢非正式的穿着，尝试新颜色和款式 | 42. 准时对我来说非常重要 |

续表

| | |
|---|---|
| 43. 从事户外活动令我神清气爽 | 67. 我选车时，最先注意的是好的引擎 |
| 44. 我不断地问：为什么？ | 68. 我喜欢能刺激我思考的话 |
| 45. 我喜欢自己的工作能够抒发我的情绪和感觉 | 69. 当我从事创造性的事时，我会忘掉一切旧经验 |
| 46. 我喜欢帮助别人找可以和他人相互关注的办法 | 70. 我对社会上有许多人需要帮助感到关注 |
| 47. 能够参与重大决策是件令人兴奋的事情 | 71. 说服别人依计划行事是件有趣的事情 |
| 48. 我经常保持清洁，喜欢有条不紊 | 72. 我擅长于检查细节 |
| 49. 我喜欢周边环境简单而实际 | 73. 我通常知道如何应付紧急事件 |
| 50. 我会不断地思索一个问题，直到找出答案为止 | 74. 阅读新发现的书是件令人兴奋的事情 |
| 51. 大自然的美深深地触动我的灵魂 | 75. 我喜欢美丽、不平凡的东西 |
| 52. 亲密的人际关系对我很重要 | 76. 我经常关心孤独、不友善的人 |
| 53. 升迁和进步对我极重要 | 77. 我喜欢讨价还价 |
| 54. 当我把每日工作计划好时，我会较有安全感 | 78. 我花钱时小心翼翼 |
| 55. 我不害怕过重工作负荷，且知道工作的重点 | 79. 我用运动来保持强壮的身体 |
| 56. 我喜欢能使我思考、给我新观念的书 | 80. 我经常对大自然的奥秘感到好奇 |
| 57. 我希望能看到艺术表演、戏剧及好的电影 | 81. 尝试不平凡的新事物是件相当有趣的事情 |
| 58. 我对别人的情绪低潮相当敏感 | 82. 当别人向我诉说他的困难时，我是个好听众 |
| 59. 能影响别人使我感到兴奋 | 83. 做事失败了，我会再接再厉 |
| 60. 当我答应一件事时，我会竭尽监督所有细节 | 84. 我需要确切地知道别人对我的要求是什么 |
| 61. 我希望粗重的肢体工作不会伤害任何人 | 85. 我喜欢把东西拆开，看看能否修理它们 |
| 62. 我希望能学习所有使我感兴趣的科目 | 86. 我喜欢研读所有的事实，再有逻辑地做出决定 |
| 63. 我希望能做些与众不同的事 | 87. 没有美丽事物的生活，对我而言是不可思议的 |
| 64. 我对别人的困难乐于伸出援手 | 88. 人们经常告诉我他们的问题 |
| 65. 我愿意冒一点险以求进步 | 89. 我常能借着资讯网络和别人取得联系 |
| 66. 当我遵循成规时，我感到安全 | 90. 小心谨慎地完成一件事是件有成就感的事情 |

评分：下表中的数字代表上列兴趣测验中的题号

| | | | | | | | | | | | | | | | |
|---|---|---|---|---|---|---|---|---|---|---|---|---|---|---|---|
| **现实型** | 1 | 7 | 13 | 19 | 25 | 31 | 37 | 43 | 49 | 55 | 61 | 67 | 73 | 79 | 85 |
| **研究型** | 2 | 8 | 14 | 20 | 26 | 32 | 38 | 44 | 50 | 56 | 62 | 68 | 74 | 80 | 86 |
| **艺术型** | 3 | 9 | 15 | 21 | 27 | 33 | 39 | 45 | 51 | 57 | 63 | 69 | 75 | 81 | 87 |
| **社会型** | 4 | 10 | 16 | 22 | 28 | 34 | 40 | 46 | 52 | 58 | 64 | 70 | 76 | 82 | 88 |
| **企业型** | 5 | 11 | 17 | 23 | 29 | 35 | 41 | 47 | 53 | 59 | 65 | 71 | 77 | 83 | 89 |
| **常规型** | 6 | 12 | 18 | 24 | 30 | 36 | 42 | 48 | 54 | 60 | 66 | 72 | 78 | 84 | 90 |

请算出每种类型打“√”的数目，并填在下面：

现实型______研究型______艺术型______社会型______企业型______常规型______

将上述分数从高到低依次排好，并填在下面：

第一位__________第二位__________第三位__________

第四位__________第五位__________第六位__________

六种类型内容如下。

1. 社会型（S）

共同特征：喜欢与人交往、不断结交新的朋友、善言谈、愿意教导别人；关心社会问题、渴望发挥自己的社会作用；寻求广泛的人际关系，比较看重社会义务和社会道德。

典型职业：喜欢要求与人打交道的工作，能够不断结交新的朋友，从事提供信息、启迪、帮助、培训、开发或治疗等事务，并具备相应能力，如教育工作者（教师、教育行政人员），社会工作者（咨询人员、公关人员）。

2. 企业型（E）

共同特征：追求权力、权威和物质财富，具有领导才能；喜欢竞争、敢冒风险、有野心、抱负；为人务实，习惯以利益得失，权力、地位、金钱等来衡量做事的价值，做事有较强的目的性。

典型职业：喜欢要求具备经营、管理、劝服、监督和领导才能，以实现机构、政治、社会及经济目标的工作，并具备相应的能力，如项目经理、销售人员、营销管理人员、政府官员、企业领导、法官、律师。

3. 常规型（C）

共同特点：尊重权威和规章制度，喜欢按计划办事，细心、有条理，习惯接受他人的指挥和领导，自己不谋求领导职务；喜欢关注实际和细节情况，通常较为谨慎和保守，缺乏创造性，不喜欢冒险和竞争，富有自我牺牲精神。

典型职业：喜欢要求注意细节、精确度、有系统、有条理，具有记录、归档、据特定要求或程序组织数据和文字信息的职业，并具备相应能力，如秘书、办公室人员、记事员、会计、行政助理、图书馆管理员、出纳员、打字员、投资分析员。

4. 现实型（R）

共同特点：愿意使用工具从事操作性工作，动手能力强，做事手脚灵活，动作协调；偏好于具体任务，不善言辞，做事保守，较为谦虚；缺乏社交能力，通常喜欢独立做事。

典型职业：喜欢使用工具、机器，需要基本操作技能的工作。对要求具备机械方面才能、体力或从事与物件、机器、工具、运动器材、植物、动物相关的职业有兴趣，并具备相应能力，如技术性职业（计算机硬件人员、摄影师、制图员、机械装配工），技能性职业（木匠、厨师、技工、修理工、农民、一般劳动）。

5. 研究型（I）

共同特点：思想家而非实干家，抽象思维能力强，求知欲强，肯动脑，善思考，不愿动手；喜欢独立的和富有创造性的工作；知识渊博，有学识和才能，不善于领导他人；考虑问题理性，做事喜欢精确，喜欢逻辑分析和推理，不断探讨未知的领域。

典型职业：喜欢智力的、抽象的、分析的、独立的定向任务，要求具备智力或分析才能，并将其用于观察、估测、衡量、形成理论、最终解决问题的工作，并具备相应的能力，如科学研究人员、教师、工程师、电脑编程人员、医生、系统分析员。

6. 艺术型（A）

共同特点：有创造力，乐于创造新颖、与众不同的成果，渴望表现自己的个性，实现自身的价值；做事理想化，追求完美，不重实际；具有一定的艺术才能和个性；善于表达、怀旧、心态较为复杂。

典型职业：喜欢的工作要求具备艺术修养、创造力、表达能力和直觉，并将其用于语言、行为、声音、颜色和形式的审美、思索和感受，具备相应的能力，不善于事务性工作，如艺术方面（演员、导演、艺术设计师、雕刻家、建筑师、摄影家、广告制作人），音乐方面（歌唱家、作曲家、乐队指挥），文学方面（小说家、诗人、剧作家）。

各种类型之间存在着一致、相近、排斥和中性四种关系，如下图所示。

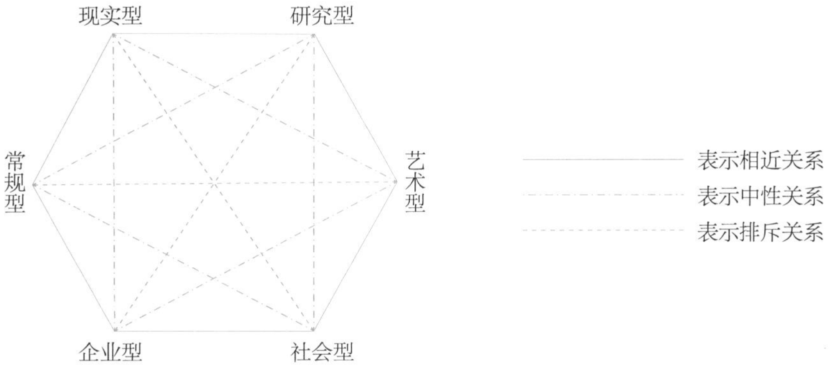


测评结果中，最高分数的类型即第一位是主要类型，排在后两位类型可按照上表进行一定的推断与验证。如第一位是艺术型，第二位是社会型或研究型的职业兴趣也是可以考虑用来求职的，若是常规型则说明兴趣类型方面有一定的冲突，需要其他的测评或指导。

## 拓展资源

<table>
<tr>
<td>

**书籍《现在，发现你的职业优势》**

作者马库斯·白金汉在书中对一个核心问题做出回答，即如何真正利用自身优势更大化地实现职业成功。

本书旨在通过一个6步训练6周体验改变这一现状。告诉你，如何牢牢控制、利用自身优势这一财富。你将学到：为什么你的优势并非“你所擅长的事”，你的弱势亦并非“你不拿手的事”；如何运用四大标志（SIGN），发现自身优势；每周采取哪些简单步骤，把工作时间更多地用于你的优势领域，远离弱势地带；在与老板、同事进行交谈时如何拿捏分寸，说到优势时不觉得你在吹嘘，说到弱势时亦不觉得你在抱怨。

</td>
<td>

</td>
</tr>
<tr>
<td>

**书籍《我的生涯手册》**

我是一个什么样的人？我喜欢什么？我擅长做些什么？我适合从事什么样的职业？在选择与被选择之间我该如何抉择，做最好的自己？如果你还年轻，这本书将引导你认真规划一生。

本书涵盖了自我探索、工作世界探索、家庭期待与沟通、生涯选择与决定、生涯愿景与规划、生涯准备与行动等与个人生涯发展息息相关的重要议题，旨在借由循序渐进的个别或团体活动，以辅助青少年或大专学生的自我学习。

</td>
<td>

</td>
</tr>
</table>

# 专题三

# 莫愁前路无知己——人际关系与交往技巧

小兰是大一新生，她性格直率，说话快，最近她感觉一切都不顺，感觉大家都针对她，总是发生一些不开心的事，前来寻求咨询的帮助。

小兰说，自己参加了舞蹈社团，最近有几次重大活动，一起练舞的同学每人都参加了一个活动，唯独自己没有。一起练舞的其中一位同学，跳得水平一般，加入得也比较晚，却因为嘴甜和负责挑选的学姐关系好被选上了。小兰很生气，感到不公平，对平时的排练开始敷衍，结果被负责的学姐发现，批评了一番。小兰控制不住情绪，朝学姐发脾气："我练得好不好有什么用!"两人关系闹僵。小兰开始回避排练，想放弃喜欢了很久的舞蹈。

此外，上周小兰还与舍友发生了矛盾。某天不舒服没去上课，关系很好的舍友问起"为什么没来？大家等你呢。"小兰想起之前对好友的不满，在微信群说："你就跟别人一起咯，谁要你等!"为此朋友一周都没理小兰，另外两个舍友也跟着不搭理她了。

小兰最近几天感到非常难受，感觉被所有人讨厌、孤立和排挤。待在学校就感到压抑，甚至想到了退学，就想一个人待着，感觉与人相处好难。

大学是一个小社会，同学之间、师生之间、老乡之间、室友之间、个人与班级以及和学校之间等错综复杂的社会交往，构成了大学生人际交往的网络系统。一个人的个性和习惯会引起别人的反应，当行为习惯中有让人不适的部分，这迟早会造成影响，反馈到自己身上，引发人际关系冲突，影响心理健康。和谐的人际关系既是大学生心理健康不可缺少的条件，也是大学生获得心理健康的重要途径。因此，大学生必须掌握人际交往的知识及技巧。

## 主题1　同学你我他——人际交往

### 知识素养

#### 一、大学生人际交往的基本概述

心理学家认为，人除了睡眠时间以外，其余时间的70%将花在人际间的各种直接、间接的沟通上。而在一般的人际交往沟通中，9%以书面写作形式进行，16%以阅读形式进行，其余的75%则以听取别人及自己说话的交谈方式进行。美国卡耐基工业大学心理研究所对10000人的个案记录进行了分析，结果发现：智慧、专门技术和经验只占成功因素的15%，其余的85%取决于良好的人际交往能力。美国哈佛大学就业指导小组对数千名被解雇的男女进行了综合调查，最终发现：因人际关系不好而被解雇的人，比起因为不称职而被解雇的人高出两倍多。由以上种种具体数据，我们不难看出人际交往的重要性。

那么，什么是人际交往呢？

## （一）人际交往概述

### 1. 人际交往的含义

人际交往是指人们在社会生活中交流信息、沟通感情、相互作用和相互知觉的过程，人际交往具有两个最基本的特征，即沟通和相互作用。

### 2. 人际交往的基本过程

人际交往是由信息交流、动作交换和相互理解三个过程构成的复杂活动。

（1）信息交流。信息交流也叫人际沟通，指的是社会中人与人之间在共同活动中彼此交流思想、感情和知识等信息的过程。人们在交往中总要把自己的所见所闻告诉其他人，把自己的想法和感受告诉别人，同时也了解到交往对象的观点和态度。

（2）动作交换。人们在交往中除了运用各种手段进行信息交流外，还伴随着必要的动作。例如，朋友相聚时的“抱成一团”，亲密接触时的“勾肩搭背”“手挽手”等，都是交往中的动作交换。

（3）相互理解。交往中的相互理解是交往成败的关键。如果一番信息交流和动作交换以后，双方都在思忖“他这是什么意思？”那这样的交往就未达到预期效果。正如俄国戏剧理论大师斯坦尼斯拉夫斯基所说：“在和一个人交往时，首先要探寻他的心灵，他的内心世界。”

## （二）人际交往中的心理效应

### 1. 首因效应与近因效应

首因效应又称第一印象（理解为“一见钟情”）。素不相识的人在首次交往时会形成初始印象，这一初始印象在人际认知、人际印象形成过程中会产生“先入为主”的作用，它奠定了对人际印象的基础，即人际交往中给人留下的第一印象至关重要，对人际印象的形成影响很大。而在人际交往中，由交往对象的最近信息所形成的印象，称为最近印象，其产生的心理影响称为近因效应。

### 2. 泛化印象与光环效应

在人际认知中，人们往往因为认知对象某个特点较为突出而将它泛化到其他方面，形成一种夸大的现象，这就是泛化印象。它所产生的心理效应，即是晕轮效应，也叫光环效应。对一个人进行印象形成时，往往会因对他的某一品质特征的强烈、清晰的感知，而掩盖了其他方面的品质。例如，追星的人，因为偶像美丽，唱歌好，就觉得偶像什么都好，其他的缺点都看不见。

### 3. 刻板印象与定式效应

刻板印象是指社会上对于某类人或事物形成的一种比较固定、概括而笼统的看法，也叫社会刻板印象。如常见的刻板印象，想起科学工作者就觉得他们严谨但缺乏情调，说起从事体育运动者，则想到“四肢发达，头脑简单”，西方人开朗而东方人含蓄等。刻板印象在人际认知过程中会产生心理定式效应，即人的心理存在着某些固定化的想法会影响对他人的认知和评价。

#### 4. 投射效应

投射效应是指在人际交往中，当事人把自己的情感、意志、特征投射到他人身上，并强加于人的一种认知偏差。通俗地说，就是“以己之心，度人之腹”。例如敏感多疑的人，经常怀疑别人不怀好意。准确的投射，可以让我们更好地共情他人；不准确的投射，容易导致误会和冲突。

### （三）大学生人际交往中的意义和作用

从心理发展的角度看，人际交往对大学生的成长与成才都具有十分重要的意义。

#### 1. 生存与安全的需要

根据马斯洛的需要层次理论，在个体发展过程中，生理需要、安全需要、归属和爱的需要、尊重的需要、自我实现的需要是人们赖以生存的五种基本的需要。它们构成了不同的等级或水平，并成为激励和指引个体行为的力量。每个人都需要别人的关怀、帮助、爱护和同情，需要一种稳定的安全感，它表现为人们追求稳定、安全的环境，希望得到保护，能够免除恐惧和焦虑心理等。这种需要是一种精神上的需要，如果一个人没有亲人、朋友，他会感到孤独、寂寞、焦虑、恐惧；如果他有亲人、朋友，他会感到充实、快乐、安全。因此，大学生人际交往的需要是人的一种基本的精神需要。

#### 2. 人际交往促进大学生心理健康

积极的人际交往，良好的人际关系，可以使人心情愉快，情绪饱满，充满信心，保持乐观的人生态度。一般来说，具有良好人际关系的学生，大都能保持开朗的性格，热情乐观的品质，从而正确认识、对待各种现实问题，化解学习、生活中的各种矛盾，形成积极向上的优秀品质，迅速适应大学生活。相反，如果缺乏积极的人际交往，不能正确地对待自己和别人，心胸狭隘，目光短浅，则容易形成精神上、心理上的巨大压力，难以化解心理矛盾。严重的还可能导致病态心理。如果得不到及时的疏导，可能形成恶性循环而严重影响身心健康。

#### 3. 人际交往是大学生成长成才的重要保证

（1）人际交往是交流信息、获取知识的重要途径。现代社会是信息社会，信息量之大，信息价值之高，是前所未有的。人们对拥有各种信息和利用信息的要求，随着信息量的扩大，也在不断地增长。通过人际交往，我们可以相互传递、交流信息、成果，使自己丰富经验、增长见识、开阔视野、活跃思维、启迪思想。

（2）人际交往是个体认识自我、完善自我的重要手段。孔子曾说过：“独学而无友，则孤陋而寡闻。”人际交往，可以帮助我们提高对自己的认识以及自己对别人的认识。在人际交往的过程中，彼此从对方的言谈举止中认识了对方。同时，又从对方对自己的反应和评价中认识了自己。交往面越宽，交往越深，对对方的认识越完整，对自己的认识也就越深刻。

只有对他人认识全面，对自己认识深刻，才能得到别人的理解、同情、关怀和帮助，自我完善才可能实现。

（3）人际交往是一个集体成长和社会发展的需要。人际交往是协调一个集体关系、形成集体合力的纽带，而一个良好的集体，能促进青年学生优良个性品质的形成，如正义感、同情心、乐观向上等都是在民主、和睦、友爱的人际关系中成长起来的。良好的人际关系还能够增进学生集体的凝聚力，成为集体中最重要的教育力量。

### （四）大学生人际交往的类型与特点

#### 1. 大学生人际交往的类型

师生关系和同学关系是学生人际关系的主要关系。大学生的人际关系的基本特点就在这两种关系中表现出来。

（1）师生关系。老师与学生是大学校园里两大基本群体。老师是学生人际交往的重要对象，师生关系是大学生人际关系的重要内容。师生关系如何，直接影响到大学生在学校的学习、成长与心理健康，并在很大程度上决定了学校能不能对学生施加符合社会需求的影响。

（2）同学关系。同学是大学生人际交往的基本关系，也是大学生人际交往的主要对象。大学校园里的同学关系总的来说是和谐的、友好的，同学之间的关系有亲情化、家庭化的趋势，即在日常生活、学习中建立一种如同亲属一般和谐稳固的同学关系。大学生与同学之间的交往最普遍，也最微妙、最复杂：一方面，大学生之间年龄相仿，经历相同，兴趣爱好相近，又共同生活在一个集体，学习相同专业，沟通与交往容易；另一方面，大学生来自不同地域、不同家庭背景，生活习惯、个性气质有差异，再加上相互之间空间距离小，交往密度高而自我空间相对狭小，造成人际交往的期望值较高，一旦得不到满足，容易采取消极退避的态度。

#### 2. 大学生人际交往的特点

（1）人际交往的迫切性。很多大学生远离故土和亲人、老朋友，容易产生失落感、孤独感，渴求得到周围同学的关心体贴、爱护、信任和理解。特别是那些年龄小、独立生活能力差的学生尤其渴望结交朋友。

（2）人际交往的平等性。随着自我意识的逐渐增强，独立和自尊的要求越来越明显，这就使得大学生对人际交往过程中的平等性要求较高。他们既对他人平等相待，也希望他人对自己一视同仁，所以大学生更多地选择与同辈交往而远离父母，经常回避居高临下的说教。

（3）人际交往的理想性。大学生对人际关系的追求往往带有较浓的理想化色彩，无论是对待同龄同学，还是对待师长，常常是以理想色彩来看待交往，希望交往不带任何杂质，也以理想标准要求对方，一旦发现对方某些不好的品质就深感失望。

（4）异性交往的好奇和敏感性。青年大学生正处于性心理成熟时期，希望了解异性，得到异性的理解、尊重和爱慕。而大学生的班集体生活和丰富多彩的课外活动又为异性之间的交往提供了许多机会，更强化了与异性交往的愿望。

（5）交往过程注重效率。随着市场经济的发展，“时间就是金钱，效率就是生命”的时效观已经被越来越多的人所接受，并成为行为准则。这种时效观反映到大学生人际关系中，必然要求提高交际时间的利用率和高效能。

（6）人际交往的不成熟性。处于青年时期的大学生虽已具备了成年人的体格及种种生理功能，但其在家长的过度保护下，涉世未深，心智尚未成熟。

## 二、大学生人际吸引与人际交往技巧

大学生一般远离父母，独立生活，特殊的生活环境增强了他们对人际交往的需求，他们比中学时代更渴望友谊，更期盼在新的环境中获得心理的归属感和安全感。

处理各种人际关系是大学生生活适应中的一个重要课题，人际交往障碍与矛盾恰恰是大学生在心理咨询时反映较多的问题，大学生常常感叹："做人太难了""同学之间关系太复杂了""宿舍真待不下去，再待下去我可能要发疯了"，很多同学甚至以到校外租房单独居住的行为来逃避难处的同学关系。因此帮助大学生减少人际困惑、障碍，积累人际经验，提高人际交往技能，增强人际吸引力，是大学生心理健康教育的当务之急。

### （一）大学生的人际吸引

人与人之间相互形成的积极态度，彼此注意、欣赏、仰慕等，或喜爱的情感，就是人际吸引，它是形成和发展人际关系的心理条件。

心理学家们经过广泛的调查研究后认为，人际吸引的主要条件是熟悉、个人特征、相似性与互补性等。

#### 1. 熟悉

心理学研究结果表明，熟悉引起喜欢，熟悉本身就可以增加一个人对某种对象的喜欢，人际关系的由浅入深，多半是由相互接触与初步交往形成的。走进大学以后，大学生最初的人际交往都是从宿舍与老乡开始的，相比之下，由于安排在同一宿舍，彼此的熟悉程度显然高于非本宿舍成员，大学生最好的朋友往往在同一宿舍；而老乡由于地缘关系，在陌生的环境中自然会产生心理上的亲近感。这提示我们，与想要结交的人，多接触，增加熟悉度，进而，带来人际关系的相互吸引。

#### 2. 个人特征

（1）外貌。大量的研究表明，人们对于外貌美的人有很强的刻板印象，即"美就是好"，人们一般觉得外貌好的人聪明、有趣、独立、会交际、能干等，可见，外貌魅力会引发明显的"辐射效应"，使人们对高魅力者的判断具有明显的倾向性。大学生组织的各种集体活动中，那些最先受到关注的学生总是在同等条件下具有外貌吸引力的同学。

（2）个性品质。美国心理学家安德森做了一项调查，排在序列前面受喜爱程度较高的6个个性品质是真诚、诚实、理解、忠诚、真实、可信；而排在序列最后的消极个性品质包括虚假、不真诚、不老实等，由此可见，在人际交往中，真诚是最关键的品质，大学生要想建立良好的人际关系，真诚必不可少（表3-1）。

表3-1　影响人际关系的主要个性品质

| 最积极的品质 | 中间品质 | 最消极的品质 |
|---|---|---|
| 真诚 | 固执 | 古怪 |
| 诚实 | 刻板 | 不友好 |
| 理解 | 大胆 | 敌意 |
| 忠诚 | 谨慎 | 饶舌 |
| 真实 | 易激动 | 自私 |
| 可信 | 文静 | 粗鲁 |
| 智慧 | 冲动 | 自负 |
| 可信赖 | 好斗 | 贪婪 |
| 有思想 | 腼腆 | 不真诚 |
| 体贴 | 易动情 | 不善良 |
| 热情 | 羞怯 | 不可信 |
| 善良 | 天真 | 恶毒 |
| 友好 | 不明朗 | 虚假 |
| 快乐 | 好动 | 令人讨厌 |
| 不自私 | 空想 | 不老实 |
| 幽默 | 追求物欲 | 冷酷 |

（3）能力。能力与被人喜欢的程度在一定范围内成正比，超出这个范围，可能会产生逃避或拒绝，因为任何一个人，都不愿意选择一个能力远远超出自己，让自己时时感到心理压力的人去喜欢，能力超群但偶尔有点小错误的人比前者更受欢迎。

（4）相似性与互补性。所谓相似性就是指交往双方在交际过程中存在诸多相近点，这些相似性能缩小交往双方的时空距离和心理距离。不太愿意与自己情趣志向不相一致的人相处。

交往活动是一个十分复杂的心理过程。当双方的个性或需要及满足需要的途径正好成为互补关系时，就会产生强烈的吸引力，发生互补效应。因此所谓互补性是指交往双方在交往过程中能获得相互补偿，相得益彰的心理效应。在大学生中，外向型性格的人有时喜欢与内倾性格的人友好相处，相互欣赏；依赖性强的学生更愿意与独立性强的学生交朋友等。

### （二）大学生的人际交往原则

人人都希望得到别人的容纳、承认和重视。这是因为人有爱人以及被爱的归属感的需要。那么怎样做才能让别人喜欢你呢？不妨试着按以下几个法则去做，你将会发现神奇的效果。

1. 平等交往

平等，主要指交往双方态度和地位上的平等，我们每个人都有自己独立的人格、做人的尊严和法律赋予的权利和义务，人与人之间的关系是平等的。在交往的过程中，如果一方居高临下、盛气凌人、发号施令、颐指气使，那么他很快便会遭到碰壁从而导致被其他人孤立。

2. 尊重他人

尊重他人是人际交往中的“绿灯”。每个人都有自己的人格尊严，并期望在各种场合中得到尊重。尊重能够引发他人的信任、坦诚等情感，缩短交往的心理距离。一般来说，大学生的自尊心都比较强，因此，大学生在人际交往中尤其要注意尊重他人的原则，不损害他人的名誉和人格，承认或肯定他人的能力与成绩。

3. 真诚待人

真诚是人与人之间沟通的桥梁，只有以诚相待，才能使交往双方建立信任感，并结成深厚的友谊。坚持真诚的原则，必须做到热情关心、真心帮助他人而不求回报，对朋友的不足和缺点能诚恳批评。对人、对事实事求是，对不同观点能直陈己见而不是口是心非，既不当面奉承，也不在背后诽谤，做到肝胆相照、赤诚待人、襟怀坦荡。

4. 互助互利

人际关系以能否满足交往双方的需要为基础。如果交往双方的心理需要都能获得满足，其关系才会继续发展。因此，交往双方要本着互助互利原则。互助，就是当一方需要帮助时，另一方要力所能及地给对方提供帮助。

5. 讲究信用

信用是成功的伙伴，是无形的资本，是中华民族古老的传统。信用原则要求大学生在人际交往中要说真话，言必行，行必果。答应做到的事情不管有多难，也要千方百计、不遗余力地去办到。坚持信用原则，要做到有约按时到，借物按时还，不乱猜疑，不轻易许诺、信口开河，让人空欢喜。

6. 宽容大度

人际交往中往往会出现误解和矛盾。大学生个性的多样化，感觉的“过敏”，不可避免地会产生一些矛盾。这就要求大学生在交往中不要斤斤计较，而要谦让大度、克制忍让，不计较对方的态度，不计较对方的言辞，并勇于承担自己的行为责任，做到“宰相肚里能撑船”。宽容克制并不是软弱、怯懦的表现。相反，它是有涵养的表现，是建立良好人际关系的润滑剂，能“化干戈为玉帛”，赢得更多的朋友。

7. 保持距离

保持距离感绝不是设置心灵上的屏障或戒备防线，它因人、因场合而异，人与人之间因亲密程度的不同所保持的距离是不相同的。同学之间要处理好人际关系，保持牢固的友谊，就必须像刺猬彼此拥抱着取暖，同时保持适当的距离，这样既能感受到对方的温暖又免于相互之间的伤害。懂得了这一道理，我们学会了尊重和被尊重，就能更好地处理人与人之间的关系。

## 探索应用

### 大学生人际交往的艺术

#### （一）良好的第一印象

**1. 穿戴整洁，仪态端庄**

穿戴要适时合流，仪容举止不能过于随便。一位毕业于北京一所全国著名的重点大学的小伙子，相貌堂堂，成绩突出，就是不注意仪表。到山东省高级法院联系工作时，胡子邋遢，头发凌乱，衬衣领子油迹斑斑。他走出办公室时，几位工作人员议论："这个人不像大学生"，他进了法院系统会影响机关的整体形象，自然法院不会接收那位小伙子。假如那天他头发利落、面容清洁，或许就是另一种结局。犹如历史不能假设一样，做过的事情也不能从头再来。

**2. 提高人格魅力**

良好的人格对建立良好的人际关系有稳定的作用，不良人格特征对建立良好的人际关系有阻碍作用。我们身边人缘最好的一定是那些有特长、有智慧或者诙谐有趣的人。谁愿意跟一个内心苍白、个性乏味的人做朋友呢？因此，人跟人之间的互相认同甚至欣赏的特质，如幽默、机智、博学……这些特质难有千人一面，可以统称人格特质。生活中，一位大学生每逢和人碰面时，"昨天发生了这么一回事吧!"，乐于与周围的人分享有趣的事物，他周围也围绕着风趣的人。如果他像新闻记者似的，每次见到人都劈头就问"最近有没有遇上什么有趣的事啊?"，那必定让人敬而远之，光是和这种人站在一起，自己都会感到神经紧绷。因此，在日常生活中要学会人格的培养。

**3. 交往有度**

人际交往的全部奥秘在于把握分寸感，针对不同的人、不同的事和不同的情况灵活掌握。也许你在某些方面有超人的才华，但在初次相识的人面前也不要锋芒毕露。没有人愿意接受一个目空一切的人。一位外语专业的大学生，掌握的词汇量大，语法基础牢固，而且口语水平也很高。他引以为豪，平常说话时也时常不分场合地冒出几句英语来。他与部门经理谈话，不时冒出几句英语，使那位不懂外语的经理很是尴尬，谈话进行得很不愉快。其实不应责怪别人，只因为他把自己的才华表现得不是地方。掌握好表现的"度"，是交往的一个原则，超过了这个"度"，就有可能聪明反被聪明误。

**4. 不要打断别人的谈话，要听他讲完**

讲话者最讨厌的就是别人打断他的讲话。因为这样，在打断他思路的同时，又让他体会到别人不尊重他。

［小故事］一天，美国知名主持人林克莱特采访一名小朋友，问他道："你长大了以后想干什么呀？"小朋友天真地回答："我要当飞机驾驶员！"林克莱特接着问："如果有一天，你的飞机飞到太平洋上空，所有的引擎都熄灭了，你会怎么办？"小朋友想了想："我会先告诉坐在飞机上的人绑好安全带，然后我挂上我的降落伞先跳出去。"

当现场的观众笑得东倒西歪时，林克莱特继续注视着孩子，想看他是不是自作聪明的小家伙。没想到，孩子的两行热泪夺眶而出。这才使得林克莱特发觉这孩子的悲悯之情远非笔墨所能形容。于是林克莱特问他："为什么要这么做？"孩子的回答透露出一个孩子的真挚想法："我要去拿燃料，我还要回来，我还要回来！"

你在听别人说话时，你真的听懂他的意思了吗？如果不懂，就请你听别人把话说完吧。听话不要听一半，不要把自己的意思投射到别人所说的话上头。

5. 守住讲话人的话题

不管你多么渴望立即开始新的话题，如果对方没有结束话题的意思，一定不要设法转移话题。强行转移话题，必然会使讲话者有一种失落感，而这种失落感的难受程度，有时会甚于丢失了一笔财富。

6. 巧妙引用讲话者的话，表达自己的观点

对方讲完话后，你可配合对方的证据，提出你自己的意见。比如对方说完话时，你可以重复他说话的某个部分，或某个观点，这不仅证明你在注意听他所讲的话，而且可以用下列的答话陈述你的意见。如："正如你指出的意见一样，我认为"或者"我完全赞成你的看法"等。这不仅说明你的确已经认真听了他的话，使他感到欣慰，而且还推出了你的观点，又不会遭到反对，真可谓"一石二鸟"，何乐而不为？

7. 要听出言外之意

一个聪明的倾听者，不能仅仅满足了表层的倾听理解，还要从说话者的言语中听出话中之话，从其语情语势，身体的动作中演绎出隐含的信息，把握说话者的真实意图。只有这样，才能做到真正的交流、沟通。

## （二）加深感情

人际交往中主要涉及的是情感交流，人际吸引就是通过人际情感吸引。因此在与他人培养良好的人际关系时需要我们付出努力，通过人际间的情感吸引，增进双方情感互动，进而促进思想的交流，加深人际关系，升华人际交往。

1. 爱心助人

当一个人遇到坎坷，碰到困难，遭到失败时，往往对人情世故最为敏感，最需要关怀和

帮助，这时哪怕是一个笑脸，一个体贴的眼神，一句温暖的话语，都能让人感到振奋。因此，有人陷入困难时，你能伸出援助之手，帮助困难者，安慰失意者，可以很快赢得别人的心，建立起良好的人际关系。如果对别人漠不关心、麻木不仁、小心吝啬、怕招惹麻烦，交往很可能因此而中止。

[小故事] 这是在英国发生的一个真实的故事。一位孤独的老人，无儿无女，又体弱多病，他决定搬到养老院去。老人宣布出售他漂亮的住宅。购买者闻讯蜂拥而至。住宅底价8万英镑，但人们很快就将它炒到10万英镑了。价钱还在不断攀升。老人深陷在沙发里，满目忧郁。是的，要不是健康情形不行了，他是不会卖掉这栋陪他度过大半生的住宅的。

一个衣着朴素的青年来到老人跟前，弯下腰，诚恳地说："先生，我也好想买这栋住宅，可我，只有1万英镑。""但是，它底价就是8万英镑啊。"老人淡淡地说，"现在它已升到10万英镑了。"青年并不沮丧，真诚地说："如果您把住宅卖给我，我保证会让您依旧生活在这里，和我一起喝茶、读报、散步，天天都快快乐乐的——相信我，我会用整颗心来照料您！"老人颔首微笑，他站起来，挥手示意人们安静下来。"朋友们，这栋住宅的新主人已经产生了，"老人拍着青年的肩膀，"就是这个小伙子！"

完成梦想，不一定非得要冷酷的厮杀和欺诈，有时只要你拥有一颗爱人之心。

### 2. 善用批评和赞美

我们在与人沟通中，既需要真诚的赞美，也需要更中肯的批评。批评和赞美的方式不同，但可以达到相同的人际交往效果，就是加深彼此的感情。有人说赞美如阳光，批评如雨露，二者缺一不可，这话是有道理的。

俗话说：金无足赤，人无完人。人生在世，孰能无过？在我们的沟通活动中，往往会发现别人身上的缺点和过错。一般来说，人都有自知之明。人们发现自己的错误后，会进行一些反思。但是，"当局者迷，旁观者清"，批评他人作为一种技巧，可以加深彼此的感情，但一定要讲究方法：批评别人最好采用婉转间接的方式，你要始终对事而不对人，你要向对方表明，你真心喜欢他也愿意帮助他；批评人要尊重事实，有一就是一，有二就是二，实事求是，以理服人。

心理学家认为，赞扬能释放一个人身上的能量，可调动人的积极性，"赞扬能使羸弱的身体变得强壮，能给恐怖的内心以平静与依赖，能让受伤的神经得到休息和力量，能给身处逆境的人以务求成功的决心"。真心真意，适时适度地表示你对别人的赞扬，能够增进彼此的吸引力。

### 3. 声音要适量

在人际交往中，一般的规律是：大声意味着不满，轻声意味着平和；大庭广众之中说话音量宜大一点，私人拜访交谈音量宜适中，如果是密友、情人间交谈，小声则可以表现亲密无间、情意绵绵的特殊关系，给人一种亲切感。这些都是在社交场合与人交谈应该掌握的技巧。

### 4. 话语数量适度

在《大话西游》里，唐僧有一句著名的台词："悟空，你想要啊？你要是想要的话你就说话嘛！你不说话我怎么知道你想要呢，虽然你很有诚意地看着我，可是你还是要跟我说你想要的，你真的想要吗？那你就拿去吧！你不是真的想要吧？难道你真的想要吗？"相信看过此片的人都会为唐僧的喋喋不休，说话啰唆而会心一笑。因此大学生人际交往中说话要言简意赅，要注意尽量用简单、明白、清楚的语言表达思想，不要绕来绕去，含糊其辞，以免引起不必要的误解。当然，话语过少也不是一件好事情，任何事情都是有限度的，一定要适度。

### 5. 非语言艺术

非语言艺术一般包括眼神、手势、面部表情、姿态、位置、距离等。掌握和运用好这种交往艺术，对大学生搞好人际交往是不可少的。"眼睛是心灵的窗户""眼睛像嘴一样会说话"。面部表情是内心情绪的外在表现，它们均能表达人的态度和情感，如眉飞色舞表示内心高兴，怒目圆睁表示愤怒等。

交往中还可以用身体动作来表达思想，大学生在人际交往中根据谈话的内容和场合，正确运用非语言艺术，巧妙地表达自己的思想感情，有时能起到"此时无声胜有声"的作用。但非语言艺术要运用得恰到好处，不可过于频繁和夸张，以免给人矫揉造作之感。

## 体验拓展

### 心理自测：测测你的人际交往能力

根据自己的实际情况，从所给备选答案中选出最符合自己的一项。

1. 每到一个新的场合，我对那里原来不认识的人，总是____。
   A. 能很快记住他们的姓名，并成为朋友
   B. 尽管也想记住他们的姓名并成为朋友，但很难做到
   C. 喜欢一个人消磨时光，不大想结交朋友，因此不注意他们的姓名
2. 你打算结识人交朋友的动机是____。
   A. 我认为朋友能使我生活愉快
   B. 朋友们喜欢我
   C. 能帮助我解决问题
3. 你和朋友交往时持续的时间多是____。
   A. 很久，时有来往
   B. 有长有短
   C. 根据情况变化，不断弃旧更新
4. 你对曾在精神上、物质上等诸多方面帮助过你的朋友总是____。
   A. 感激在心，永世不忘，并时常向朋友提及此事
   B. 认为朋友间互相帮助是应该的，不必客气

C．时过境迁，抛在脑后

5．生活中发生困难或发生不幸的时候____。

A．了解我情况的朋友，几乎都曾安慰帮助过我

B．只是那些很知己的朋友来安慰、帮助我

C．几乎没有朋友登门

6．你和那些气质、性格、生活方式不同的人相处的时候总是____。

A．适应比较慢

B．几乎很难或不能适应

C．能很快适应

7．对那些异性朋友、同事，我____。

A．只是在十分必要的情况下才会接近他们

B．几乎和他们没有交往

C．能同他们接近，并正常交往

8．你对朋友、同事们的劝告、批评总是____。

A．能接受一部分

B．难以接受

C．很乐意接受

9．在对待朋友的生活、工作诸多方面我喜欢____。

A．只赞扬他（她）的优点

B．只批评他（她）的缺点

C．因为是朋友所以既要赞扬他的优点，也要指出不足或批评他的缺点

10．在我情绪不好、工作很忙的时候，朋友请求我帮他（她），我____。

A．找个借口推辞

B．表现不耐烦，断然拒绝

C．表示有兴趣，尽力而为

11．我在穿针引线编制自己的人际网络时，只希望把这些人编入____。

A．上司、有权势者

B．诚实，心地善良的人

C．与自己社会地位相同或低于自己的人

12．当我生活、工作遇到困难的时候，我____。

A．向来不求助于人，即使无能为力也是如此

B．很少求助于人，只是确实无能为力时，才请朋友帮助

C．事无巨细，都喜欢向朋友求助

13．你结交朋友的途径通常是____。

A．通过朋友介绍

B．在各种场合中接触

C. 只是经过较长时间相处了解而结交

14. 如果你的朋友做了一件使你不愉快的事，你____。

A. 以牙还牙也回敬一下

B. 宽容、原谅

C. 敬而远之

15. 你对朋友们的隐私总是____。

A. 很感兴趣、热心传播

B. 宽容、原谅

C. 敬而远之

**评分方法：根据下面的评分表计算总分。**

| 题号<br>选项 | 1 | 2 | 3 | 4 | 5 | 6 | 7 | 8 | 9 | 10 | 11 | 12 | 13 | 14 | 15 |
|---|---|---|---|---|---|---|---|---|---|---|---|---|---|---|---|
| A | 1 | 1 | 1 | 1 | 1 | 3 | 3 | 3 | 3 | 3 | 5 | 5 | 5 | 5 | 5 |
| B | 3 | 3 | 3 | 3 | 3 | 5 | 5 | 5 | 5 | 5 | 1 | 1 | 1 | 1 | 1 |
| C | 5 | 5 | 5 | 5 | 5 | 1 | 1 | 1 | 1 | 1 | 3 | 3 | 3 | 3 | 3 |

得分分析：

得分为15～29分，人际交往能力强。

得分为30～57分，人际交往能力一般。

得分为58～75分，人际交往能力差。

## 拓展资源

**书籍《卡耐基说话技巧与人际交往》**

戴尔·卡耐基（Dale Carnegie），美国著名人际关系学家，20世纪伟大的心灵导师和成功学大师，美国现代成人教育之父，西方现代人际关系教育的奠基人。

这本书适合于：求职面试、电话沟通、情感交流、推销、演讲、谈判、饭局，等等情景场合。如果你正在为交际无方、沟通无力而发愁，不妨翻阅一下这本书，相信你读后口才和处世能力会有意想不到的提升！

它将教会你如何赢得他人赞同的说话技巧；赢得他人合作的说话技巧；有效说服的说话技巧；当众说话的沟通艺术；如何做一个受人欢迎的说话高手；如何克服恐惧建立自信；如何学会当众讲话让别人相信和接受你……如果获得了这些技巧，你将迎来崭新的人生。

**书籍《沟通的艺术：看入人里，看出人外》**

罗纳德·B. 阿德勒（Ronald B. Adler），以沟通写作为专业。在写作和教学之外，他还帮助专业和商务人士改进他们在职场中的人际沟通技巧。

本书分为“看入人里”“看出人外”和“看人之间”三个部分：“看入人里”主要探讨了与沟通者有关的因素，说明了人际关系的本质，强调自我在沟通中的角色，并分析了知觉与情绪在沟通中的重要性。

“看出人外”聚焦沟通者之外信息的发送与接收，分析了语言的运用和非语言线索的特征，强调了倾听的重要性。

“看人之间”则主要讨论了关系的演变过程，侧重于亲密关系的区辨，提出了改善沟通氛围、处理人际冲突的各种沟通方法。

**电影《遗愿清单》**

该片讲述了两位身患癌症的病人，机缘巧合之下相识结为好友。二人决定在余下的日子里，完成他们内心所想的“遗愿清单”的故事。

黑人汽车修理工卡特·钱伯斯热爱生活而且知识渊博。一场可怕的疾病让他不得不离开自己的工作和家庭搬入医院接受实验性治疗。亿万富翁爱德华·科尔是一家医疗机构的CEO，一贯秉承“一间病房两个床位，没有例外”经营理念的他在获悉自己身患重病之后也不得不与其他人一起共用一间病房。

两个原本八竿子都打不到一起的分属于两个不同世界的陌生病友住到了一起。虽然身份地位悬殊，但两人却有一个共同点，那就是时日无多。

卡特虽非大富大贵，但却拥有深爱他的妻子和家庭。而爱德华虽然富可敌国且时常都有美女相伴，但却缺乏家人的关爱。卡特在纸上记录下自己生命中尚未实现的愿望，无意中得悉情况的爱德华决定帮助卡特达成心愿。

# 主题2　君子和而不同——大学生人际冲突及有效应对

## 知识素养

### 一、人际冲突的含义

人际冲突是指人们之间的一种对立状态，表现为两个或两个以上的相互关联的主体之间的紧张、不和谐、敌视甚至争斗的状态。人际冲突是人际交往中不可避免的现象，可能是因为信息的沟通不畅，造成双方的误解，也可能是因为需要、利益冲突、相互竞争，又或者是因为对问题的看法不同，价值观、宗教信仰上的差异。

## 二、人际冲突的原因

### 1. 信息沟通不良

这是人际冲突的主要原因，人们信息沟通的渠道不同，彼此之间又互不通气而造成冲突。例如，一个人常常受到其他人的挑衅和侵犯，但是由于害怕，忍耐了很长时间。这时候一点细小的批评都会成为导火索，使他对别人的批评大发脾气。那些对他进行善意批评的人对此感到很奇怪，认为对方就为这么细微的善意批评而小题大做，实在太过分了，双方关系陷入紧张。由于人们之间缺乏信息沟通，只看到表面的行为，不了解对方的内心而产生人际的冲突与敌对。

### 2. 不公正

许多人际关系都可以理解为社会交换的关系，如果两个人之中，一个付出得多，一个付出得少，付出多的人就会产生心理失衡，一种关系必须使双方都受益才能得以保持，否则就会出现不公平，最后导致人际冲突。例如，你跟舍友已经相处两年了，尽管有时候相处快乐，但经常发生口角，当你发现矛盾越来越深，快乐远远比不上矛盾，这时人际冲突就难以避免。

### 3. 误解

在很多冲突中，也许真正对立的观点只是核心矛盾的一小部分，而更大的问题来自对对方动机和目标的误解，许多研究证明归因偏差是造成误解的重要原因。人不是完全客观的，不能总是对事件做出冷静的判断，当发生矛盾时，通常我们很容易把责任推给对方。

### 4. 竞争

当人们为了稀缺的职位、住所、荣誉和资源进行竞争时，如果利益相抵触的话，冲突就很容易产生。例如，一年一度的奖学金评选，按照要求一个班只有三个名额，但是有六个同学符合条件，这种情况下如果没有处理妥当，就很容易发生人际冲突。

## 三、人际冲突的应对类型

根据“关注自己”和“关注他人”两个维度，心理学家将冲突分为以下五种类型。

### 1. 对抗型

对抗型的人喜欢通过直接的对质或争论获得权力，迫使对方接受自己的想法，以自己的目标为首要考虑因素。当人们用这种心态面对冲突，常常无法就事论事，变成“我就是要赢”的输赢之争，这种方式常导致关系破裂。

### 2. 迎合型

迎合型的人倾向于忽视或放弃自己的目标，合作性较强。在冲突中，为了避免招致他人的责备或反对，通常选择一味顺从，满足对方要求。这种方式虽然在一定程度上能保持和谐的关系，但自己的需求总是被压抑，长期来看，情绪的积累容易导致心理问题或失控的爆发，最终也不利于人际关系的和谐。

### 3. 回避型

回避型的人在遇到人际冲突时，往往顾左右而言他，不去积极面对问题，俗话说的“和稀泥”就是如此，不果断也不主动与他人合作，让冲突自由发展。他们最常见的方式是保持缄默，不发表任何意见。逃避有时也有积极作用，当双方情绪冲动时，这么做可以让双方冷静下来，恢复理智，或者当关系不重要时，冲突解决与否不重要，此时也可以采用此做法。

### 4. 合作型

合作型的人不但关心自己的目标的达成，同时也关心与他人维持良好的人际关系。他们能够在关注自身需求的基础上满足他人的需求，彼此都愿意用开放、平等、客观的态度来沟通，认清彼此差异，共同思考如何来解决问题，这样往往不仅能找到彼此都满意的解决方法，还能使双方关系更进一步，从长远看它有利于建立合作互助的人际关系。

### 5. 让步型

让步型的人当被问及自我的观点时，情愿给予一个可以让每个人都满意的模糊答复；试图讨每个人的欢喜，试图避免做出不受欢迎的决定，认为与他人发生争执会产生不良的后果。这类人个人合作风格是“妥协”型，是一种折中方式，即冲突的双方各有让步，以求取一个彼此都能接受的决定，结果是半赢半输。

## 探索应用

[案例] 在三年级某男生宿舍，经常出现“光亮冲突”。大林有事没事都喜欢熬夜，同学们送他一个雅号——“夜猫”。德子在二年级时曾经患过神经衰弱，对光亮和声音都很敏感，大家悄悄地叫他“神经佬”。他们两人之间的小冲突不断，舍友们几乎见怪不怪了。一天，大林的高中校友小吴来找大林。他们是同窗三年的挚友，两人很久没见，适逢周末，开心得很。到校外吃了夜宵，十一点多熄灯后才回到宿舍。舍友们都已入睡，有的发出了甜甜的鼾声。大林和小吴还在兴头上，便继续秉烛夜谈。

德子已入睡，大林的动静使他睡得不踏实了。午夜十二点多他起床小解，看见大林和小吴还在热烈交谈，便狠狠地瞪了大林一眼，他发怒了：“喂！‘夜猫’，该睡了！你不睡别人要睡呀！”

大林毫不客气地、狠狠地回敬道：“我不睡关你什么事？真扫兴！我偏不睡你能拿我怎么样！”大林不理会德子的埋怨，继续和小吴聊到凌晨三点，然后两人才入睡。

这一来，德子更睡不着了，起床小解多次。清晨，他按老习惯起床了。看见大林和小吴睡得正酣，想到昨晚自己熬得那么辛苦，真是气不打一处来。他打开收音机，将音量调到最大，还跟着大声唱起来，又敲盆敲碗，热闹极了，外面的人还以为这里在开聚会呢。

“夜猫”终于被吵醒了，他又困又恼，猛地坐起身，对着德子吼叫起来：“‘神经佬’！大清早你就闹翻天，成心不让人睡觉是不是？”德子毫不在乎大声回敬：“你也知道要睡觉？”大林愤怒地大叫起来：“你等着瞧，有你难受的！”德子以牙还牙：“那咱们走着瞧吧！”说着就想把碗扔过去。大林也抄起床边的书……他们之间的冲突还从未如此白热化过。

［案例分析］宿舍是大学生活中的主要场所之一，是一个需要共度几个春秋的地方，是一个家。几个同学涌入这个有限的空间，相互之间的交往距离客观地被压缩得很小，“低头不见抬头见”。因为各人的生活习惯不同，难免会产生这样那样的磕磕碰碰，甚至引发冲突。其实，引发冲突的原因，在多数情况下往往是因为相互之间的沟通不当造成的。

大林的行为显然违反了“宿舍守则”，德子对他不满和谴责是理所应当的。大林在当时的情绪（难得老同学相聚而无比兴奋）支配下不服德子的谴责也情有可原。不过，他俩在沟通时都扮演了消极的角色。表达者德子发怒道：“喂！‘夜猫’，该睡了！你不睡别人要睡呀！”这里德子在情绪之下，失去了理智，不注意表达方式，想到什么就说什么，不顾及也不尊重别人的感受，为了发泄情绪而说话，而非为了达到沟通的目的。

听者大林，听到德子说话间的愤怒和尖锐，失去理智，没能及时保持平和，也无暇思考德子的话中有无合理之处，在情绪激动下回击，为了发泄心中不满，继续和小吴聊天到更晚，矛盾激化。

德子的诉求没得到合理的回应，还被狠狠回击，积累了更强的愤怒情绪，做出后续更激烈的反击，暴力地干扰对方睡觉。

“夜猫”被吵醒后，愤怒到了顶点，两人都在情绪激动之下互不相让，发泄不满，相互攻击，冲突十分激烈，乃至升级为身体冲突。

舍友之间有冲突和不满是正常和不可避免的，但是，我们可以用冲突沟通技巧去解决问题，化解冲突。

例如，在一开始，德子在被打扰之后，感到自己愤怒，可以花几分钟时间调整好情绪，用平和的语气，表达：“大林，你和小吴在深夜说话，声音不小，我好久都没办法睡着，我心里好着急，你们可以明天再聊吗？”

大林在听到德子的话后，即使夜聊被打断，可能会有些许不满，觉察自己的情绪，保持镇静有礼，去思考和理解德子的诉求是否有道理，尊重他的感受和需要。向德子表达“我们聊天在兴头上，一时忘了周围的人，没有考虑到你的感受，影响了你的休息，很抱歉，现在很晚了，该休息了，我和小吴也休息去”。

以上的沟通方式就可以解决问题，化解冲突。

在大学宿舍中，大家之间要多一些理性与理解，自觉地调整自己，互相尊重、互相包容、相互谦让。当遇到矛盾时，试着用冲突沟通技巧来平静而清晰地表达自己的感受和诉求，同时去理解对方的需要和情绪，多进行良好沟通，共同努力，创造出一种新的、和谐的宿舍环境。

## 应对人际冲突的沟通技巧

心理学家经过长期研究人际关系中的沟通，分析沟通中的误会、分歧和争吵，总结出以下几点重要的沟通方法。这些沟通技巧有利于减少误会和争吵，保持通畅、良好的交流，从而保持良好的人际关系。

### 1. 用XYZ陈述句，表达自己的不满

“当你在Y情境下做X时，我感到Z。”

例如：“你怎么这么不为我着想？从来不让我把话说完！”

用XYZ陈述句——“你刚刚打断我讲话的时候，我感到很生气”。这个句型，在表达我们的不满、分歧时尤其适用，能表达清楚自己的想法和感受，最大限度地减少听者的不适感，避免冲突的发生。

### 2. 通过复述的方法，确认对方要表达的真实意思

同学甲：（兴奋）我好高兴，你下周终于要出去实训了。

同学乙：（发怒）你这么期盼我出去，是不想和我相处？（复述求证）

同学甲：（吃惊）不是啊！过两周我就要专升本考试，想抓紧时间复习，我一个人待着效率最高。

同学乙：（松一口气）哦！

很多时候，说话的人没有表达充分，他的话有很多种理解空间，我们听的时候，不急于认定对方的意思，先把自己的理解向对方求证一下，明确对方的意思，避免因误会造成的冲突。

### 3. 守礼而镇定

在自己情绪激动的时候能保持清醒，在开始生气的时候能冷静下来，防止冲动之下言语伤人。

觉察到自己情绪激动，快控制不住的时候，叫暂停，休息片刻——“我太生气了，想不清楚，给我10分钟让我冷静一下。”冷静下来之后，再找对方沟通。

### 4. 尊重和看到他人想法的合理性

沟通中，很多时候不是你对我错，而是彼此想法不同，都有各自的理由。表达你知晓了对方的想法，不急于辩驳或扭转对方的立场，去承认对方观点的合理性，是表达对对方立场的尊重。例如：

赞同：好吧，你说的对，我不会那样做了。

认可：是的，我明白你的感受。你说的有道理，而我的出发点是这样……，希望你也能理解我的感受。

## 学会倾听

生活中人们太喜欢表达，输出自己的想法、观点、感受，渴望得到别人的理解和认同，而十分缺乏倾听，所以，很多人虽然说话，没人听进去，得不到理解，依然感到孤单，封闭。倾听是一个十分稀缺的品质，如果我们学会了倾听，懂得去理解，就能消除人与人之间的很多误会和冲突，拉近人与人之间的距离，增加亲密感。

成为一个优秀的倾听者，可以尝试以下五个策略：

**（1）不要独占说话时间。**只有你少说话，别人才有机会说，你才能增加倾听的时间，去了解他人。

**（2）密切关注说话者。**全神贯注地倾听，目光注视对方，身体倾向对方，会让说话者感受到你对他的尊重和关注，让对方觉得你对他说的话感兴趣。

**（3）使用反馈技巧。**在倾听中，我们需要有所表示，反馈给对方，我们听到了什么，把我们听到的对方话语中的事实部分和情感部分，反馈出来给对方。

丽丽：“我就是不知道自己该做什么，或许我应该把大部分时间花在社团上，但是我无法就这样放弃我的学习，我喜欢学习，我还是个学生。”

小李：“似乎你现在很纠结，一方面你很喜欢社团工作，但是你还是个学生，你需要花更多的时间在学习上，是这样吗?”

丽丽：“你说的对，就是这样……”

**（4）听了一段时间后，做一个总结。**说话者表达的内容，有时是零乱的、顺序颠倒、细碎的。我们可以定期将说话者表达的主题、情感串联起来，就像做语文题目中的总结。

“我听了半天，你刚才似乎想要说的是……”

**（5）就听到的内容，随时保持反馈和修正。**我们听对方说话，会用我们的经验和思维方式去理解，不一定能准确把握对方的意思。这时候，保持反馈，询问对方理解得是否准确。如果不准确，再听一遍对方的补充和修正。如此进行几次，全面准确地听懂对方。

## 体验拓展

### 心理体验：学习使用XYZ句型表达

（1）当你看到男朋友夸其他女生不错时，用XYZ句型表达你的想法和感受。

______________________________________________

______________________________________________

______________________________________________

（2）你平时较为独立，经常独自活动，但也渴望友谊，当舍友出门活动，几次没有叫你，你感到难过时，请用XYZ句型表达。

______________________________________________

______________________________________________

______________________________________________

（3）你有个好朋友，她认为跟你关系好，经常来问你借东西，没有还，也没有表达感谢，你感觉不舒服，用XYZ句型，你会如何表达？

______________________________________________

______________________________________________

______________________________________________

## 拓展资源

**书籍《非暴力沟通》**

马歇尔·卢森堡博士发现了神奇而平和的非暴力沟通方式，这是一本解决言语暴力，避免发生冲突，更好沟通的书。

我们日常交流中，用心去体会的话，会发现有些话非常伤人。言语上的指责、嘲讽、否定、说教以及任意打断、拒不回应、随意出口的评价和结论会给我们带来情感和精神上的创伤，这些无心或有意的言语暴力让人与人变得冷漠、隔阂、敌视。

运用非暴力沟通方式来谈话和聆听，能使人们情意相通，突破那些引发愤怒、沮丧、焦虑等负面情绪的思维方式；用不带伤害的方式化解人际间的冲突；建立和谐的人际关系。

**书籍《社交尴尬症》**

泰·田代是明尼苏达大学博士，他在本书中追溯了尴尬的先天和后天原因，思考了尴尬者看待世界的方式。书中富含练习、小测试和各种合理建议，内容务实，用精彩的例子阐述了他的观点，即作者坚信尴尬是一份独特的礼物，并相信人们会喜欢这份馈赠。

本书探讨了社交尴尬者在面临尴尬情境时应该如何应对，以及我们如何才能接纳自己的尴尬，做好自己。

**电影《触不可及》**

一个是行动不便、需要坐轮椅的大富豪菲利浦，另外一个则是刑满释放人员德瑞斯，一个相当懂得察言观色的小伙子，如今他是菲利浦的“保姆”，负责照顾他的一切饮食起居。

从表面上看，菲利浦和德瑞斯之间可以说没有一点相似之处，无论是他们的生活背景还是身份地位，基本上是两个完全相反的极端。可即便如此，这两个人还是建立了一种不太稳定但持续上升的朋友关系，而且全部是以真诚、坦白和幽默作为根基的。

在相处过程中，他们都将经受一次前所未有的情感洗礼，同时也逼迫着他们重新审视生命与爱的意义。

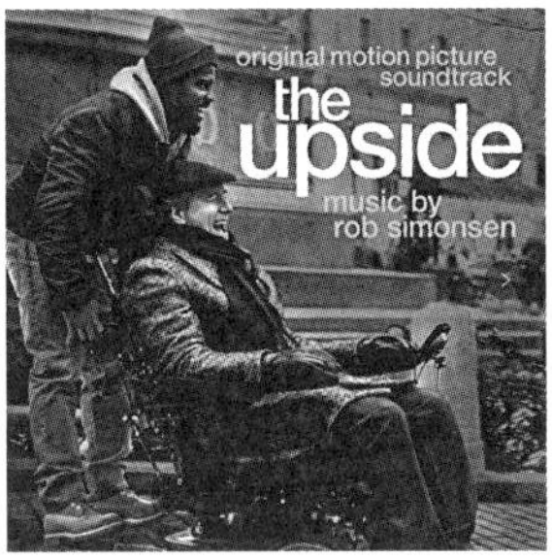

# 专题四

# 人有悲欢离合——情绪管理

《三国演义》中关羽一意孤行地讨伐曹操，最终败走麦城，并成为东吴的俘虏后被杀。张飞听到关羽被杀的消息后十分悲痛，决定替关羽报仇，为了表达自己的悲痛之情，于是就下令让下属在三日之内置办齐全白旗白甲，然后挂孝去为关羽报仇。

在得到张飞的命令后，下属范疆和张达前来请求张飞宽限一些时日，因为三日之内根本无法完成张飞所布置的任务，但张飞这个时候已经因愤怒而丧失了理智，只想为关羽报仇，哪里听得进去下属的建议。

这两个人的实话激怒了易怒的张飞，于是他把这两个人绑在树上各鞭打五十以表惩戒。在打完这两个人之后，张飞依然要他们完成三日之内置办全白旗白甲的任务。范疆和张达非常了解张飞的性格，如果不完成任务，张飞一定会非常生气，一旦生气张飞就很有可能把他们就地正法。

为了避免成为张飞的刀下鬼，范疆、张达二人只好先把张飞变成了鬼。于是，他们二人趁着张飞醉酒熟睡之际，把醉梦中的张飞“送到”了关羽那里。张飞不仅是刘备的结拜兄弟，也是一名难得的虎将，昔有长坂桥一声怒吼，吓退大队曹兵；丈八蛇矛使得出神入化，刀军丛中取得上将首级如探囊取物，而这样一个叱咤风云的英雄竟死得如此窝囊。

有人认为张飞死于义气，也有人认为张飞死于性格，在愤怒面前失去思考和理智。你认为呢？

如果你遇到十分愤怒的事情，你通常会怎么反应？

面对各种激烈的情绪，如何克制自己的冲动，保持理智，做出恰当的处理呢？

## 知识素养

## 主题1　我的情绪小怪兽——认识情绪

### 一、认识情绪

#### （一）情绪的概述

##### 1. 情绪的定义

情绪是指高兴、快乐、痛苦、悲哀等，一般发生时间短暂、表面，而且容易变化。人们常常以愤怒、悲伤、恐惧、快乐、爱、惊讶、厌恶、羞耻等反应来说明情绪。中国人常说的喜、怒、哀、惧、爱，恶、欲七情，也可以被称作情绪。

情绪研究者们大都从三个方面来考察和定义情绪：主观体验、生理唤醒和外在行为。

情绪的主观体验是大脑的一种感受状态，是心理活动中一种带有独特的享乐色彩的知觉或意识。一般所谓“情绪感受”即是指情绪的主观体验。我们会对不同的事物有不同的主观体验，有些事物使我们感到愉悦与快乐，有些事物则使我们厌恶。当我们产生某种情绪体验时，身体内部也会发生相应的变化，这是情绪的第二个基本成分——生理唤醒。任何一种情绪都伴随着一定程度的生理唤醒。当我们害怕时，会发生许多身体上的变化：心跳和呼吸加快，四肢发抖，肌肉紧张等。情绪的第三个成分是外在行为。情绪总是伴随着相应的面部表情和身体姿势，当我们体会快乐的情绪时便会有笑的表情，甚至手舞足蹈；当我们害怕时会睁大眼睛和嘴巴，喊出声音，以致做出逃跑的动作。

主观体验、生理唤醒和外在行为作为情绪的三个组成部分，在评定情绪时缺一不可，只有三者同时活动，同时存在，才能构成一个完整的情绪体验过程，只有其中一种成分或两种成分时，不会产生一个真正的情绪过程。例如，当一个人佯装发怒时，他只有愤怒的外在行为，却没有真正的内在主观体验和生理唤醒，因而也就称不上有真正的情绪过程。因此，情绪必须有上述三方面同时存在，并且有一一对应的关系，一旦出现不对应时，便无法确定真正的情绪是什么。这也正是情绪研究的复杂性，以及对情绪下定义的困难所在。

### 2. 情绪的种类

我们可以从以下两个方面来理解情绪的种类，如图4-1所示。

- 情绪（广义）
  - 情绪
    - 心境
    - 感染
    - 激情
    - 应激
    - 热情
  - 情感
    - 一般情感
      - 爱
      - 恨
      - 惧
      - 乐
      - 恶
    - 高级情感
      - 道德感
        - 爱国感、正义感、责任感
        - 羞耻感、友谊感、同情感
      - 理智感
        - 求知感、好奇感、紧张感
        - 怀疑感、惊讶、喜悦、犹豫
      - 美感
        - 审美感
        - 爱美感

图4-1　情绪的种类

通常我们还可以通过观察人的面部表情，来判断他的情绪类型（表4-1）。

表4-1　面部表情与情绪的联系

| 情绪 | 面部表情 |
| --- | --- |
| 兴奋 | 眉眼朝下、眼睛追踪着看、倾听 |
| 愉快 | 笑、嘴唇朝外朝上扩展、眼笑（环形皱纹） |
| 惊奇 | 眼眉朝上、眨眼 |
| 悲痛 | 哭、眼眉拱起、嘴朝下、有泪有韵律地哭泣 |
| 恐惧 | 眼发愣、脸色苍白、脸出汗发抖、毛发竖立 |
| 羞愧、羞辱 | 眼朝下、头低垂 |
| 轻蔑、厌恶 | 冷笑、嘴唇朝上 |
| 愤怒 | 皱眉、眼睛变窄、咬紧牙关、面部发红 |

## （二）情绪的功能

### 1. 情绪的动机作用

情绪能够以一种与生理性动机或社会性动机相同的方式激发和引导行为。有时我们会努力去做某件事，只因为这件事能够给我们带来愉快与喜悦。从情绪的动力性特征来看，分为积极增力的情绪和消极减力的情绪。快乐、热爱、自信等积极增力的情绪会提高人们的活动能力，而恐惧、痛苦、自卑等消极减力的情绪则会降低人们活动的积极性。有些情绪同时兼具增力与减力两种动力性质，如悲痛可以使人消沉，也可以使人化悲痛为力量。

### 2. 情绪的调控功能

情绪对于人们的认知过程具有影响作用，有积极作用，也有消极作用。

良好的情绪情感会提高大脑活动的效率，提高人们认知操作的速度与质量。在困难复杂的工作中，低水平的情绪有助于保持最佳的操作效果；在中等难度的任务中，中等情绪水平是最佳操作效果的条件；在简单工作中，高情绪唤醒水平是保证工作效率的条件。总之，活动任务越复杂，情绪的最佳唤醒水平也越低。同时，情绪对认知操作存在消极影响，一些消极情绪，如恐惧、悲哀、愤怒等，会干扰或抑制认知功能。恐惧情绪越强，对认知操作的破坏就越大。

### 3. 情绪的健康功能

情绪调控的好坏会直接影响到身心健康，积极的情绪有助于身心健康，消极的情绪会引起人的各种疾病。有许多心理性疾病与人的情绪失调有关，如溃疡、偏头痛、高血压、哮喘、月经失调等。有些人患癌症也与长期心情压抑有关。一项长达30年的关于情绪与健康关系的追踪研究发现，年轻时性情压抑、焦虑和愤怒的人患结核病、心脏病和癌症的比例是性情沉稳的人的4倍。所以，积极而正常的情绪体验是保持心理平衡与身体健康的条件。

### 4. 情绪的信号功能

情绪的外部表现是表情，表情具有信号传递作用，属于一种非言语性交际。人们可以凭借一定的表情来传递情感信息和思想愿望。表情比语言更具生动性、表现力、神秘性和敏感性。特别是在言语信息暧昧不清时，表情往往具有补充作用。人们可以通过表情准确而微妙地表达自己的思想感情，也可以通过表情去辨认对方的态度和内心世界。

## （三）情商

[案例] 小A和小B是大学同学，毕业后，他们同时进入了一家效益不错的公司。但没过多久，学业优秀的小A就被单位辞退了，而学业平平的小B却成了一个项目的小组长。

在饭桌上，小A气愤地问小B，是不是小B在背后做了手脚?

小B平静地告诉小A，自己没有做任何对不起小A的事。小A被辞退的原因是不善于表达和管理自己的情绪，不关心他人的感受，不善于与人相处；而自己由于善解人意、行为得体，受到了同事和上司的普遍欢迎，所以才被提升。

这一案例说明，决定一个人成功与否，并不仅仅取决于智商（IQ），还有另一个因素在起作用，这就是“情绪智力”，也就是EQ。

情商，即情绪商数，由两位美国心理学家约翰·梅耶和彼得·萨洛维于1990年首先提出，但并没有引起全球范围内的关注。直至1995年，由时任《纽约时报》的科学记者丹尼尔·戈尔曼出版了《情商：为什么情商比智商更重要》一书，才引起全球性的情商研究与讨论，丹尼尔·戈尔曼也因此被誉为“情商之父”。

丹尼尔·戈尔曼接受了萨洛维的观点，认为情绪智商包含五个主要方面：

（1）了解自我。监视情绪时时刻刻的变化，能够察觉某种情绪的出现，观察和审视自己的内心世界体验，它是情绪智商的核心，只有认识自己，才能成为自己生活的主宰。

（2）自我管理。调控自己的情绪，使之适时适度地表现出来，即能调控自己。

（3）自我激励。依据活动的某种目标，调动、指挥情绪的能力，它能够使人走出生命中的低潮，重新出发。

（4）识别他人的情绪。能够通过细微的社会信号、敏感地感受到他人的需求与欲望，这是与他人正常交往，实现顺利沟通的基础。

（5）处理人际关系。调控自己与他人的情绪反应的技巧。

心理学家们认为，情商水平高的人具有如下特点：社交能力强，外向而愉快，不易陷入恐惧或伤感，对事业较投入，为人正直，富有同情心，情绪生活较丰富但不逾矩，无论是独处还是与许多人在一起时都能怡然自得。专家们还认为，一个人是否具有较高的情商，和童年时期的教育培养有着密切的关系。

### （四）情绪的同一律

在古典逻辑学中，同一律就是指甲就是甲，它不能是乙，也不能是丙。所有事物就是它原来的样子，不管是它所表现的还是它所蕴含的样子。

从情绪领域的角度来说，同一律也有很重要的作用。假如情绪的同一律没有体现，情绪表现与内心体验就会出现冲突。比如，有的人认为自己是个勇者，因此不愿承认自己的恐惧和不安全感；有的人觉得自己很大方，因此拒绝承认自己的嫉妒情绪。事实上，恐惧、不安以及嫉妒这些情绪一直存在于人性之中，它们跟月亮、星星等客观物质一样，不会因否认而消失。

［案例］大学毕业生王敏刚刚工作没多久就遇到了麻烦，十分迷茫。她给心理咨询专家写信说："我觉得自己是个挺有毅力的女生。刚上中学时，我坚持每天早晨起床跑步。跟我一块儿跑步的有好几个同学，但没多久她们就陆续放弃了，只有我一直坚持了下来。大家都很佩服我的毅力，我也为自己的坚持而感到骄傲。但现在，我的毅力却越来越脆弱。"

她接着写道："我总是动不动就会想起以前的伤心事，而且无法控制自己的情绪。自己也不清楚是怎么回事，一些琐碎的小事，都会让我的坏情绪莫名其妙地冒出来。这对我造成了很大影响，常常是不知不觉就陷入了淡淡的忧伤。当我意识到再缓过神来时，时间就已经过去很久了。我一直尝试通过毅力来克服糟糕的心情，但却没有什么作用，而且我的好朋友说她也经常这样。我很想请教您应该怎样克服这种坏情绪呢？"

一旦这种情绪出现，我们就没有办法全身心地投入到学习或工作中，似乎再也找不到小时候那种开心的感觉，更多的是烦躁、恐慌甚至不安。很多同学也试着像王敏那样，用自己的毅力去控制当时的坏情绪，但往往成效不大。

人在抵制情绪时，会时时刻刻进行感觉与思想的斗争，就好比在进行一场没有硝烟的战争，从而导致生理能量的损耗，这种内外矛盾的挣扎会导致身心的更加不和谐；反之，接受并体验这些情绪的时候，则能够感受到心理和情绪的和平共处。有时，我们因为希望体验好的情绪就对坏的情绪持否定态度。其实，如果真的想保持心理健康的话，就必须像接受同一律一样，勇敢而放松地接受坏情绪。只要我们允许自己去体验那些坏情绪并接受它们，尽管它们不会消失，但却会降低我们感到痛苦的程度。

## 二、大学生的情绪与心理健康

处于青春期的大学生，心理上正经历着急剧的变化，反映在情绪方面，表现为情绪起伏波动大，体验深刻、丰富和复杂，容易陷入情绪困扰。

这一特点明显地影响到大学生的学习、生活等各个方面。因而，正确了解大学生情绪发展的特点，学会调适，消除不良情绪，培养良好情绪，对增进其心理健康有着重要意义。

## （一）大学生情绪发展的四个特点

有人说，处于青春期的大学生，他们的情绪就像“姑娘的脸”“六月的天”，说变就变，因此常用“心血来潮”“血气方刚”形容他们。

的确，大学生正值精力旺盛时期，充满激情，一旦环境适宜，激情便容易迸发出来，并且反应强烈。“喜”则手舞足蹈，欣喜若狂；“怒”则火冒三丈，暴跳如雷，甚至大动干戈。一般而言，大学生的情绪发展具有如下四个特点。

### 1. 稳定性与波动性并存

由于知识结构的完善、认知水平的提高和生活经验的积累，大学生的情绪日趋稳定。但与成人相比，他们的情绪仍很不成熟，很容易从一个极端跳到另一个极端，情绪跌宕起伏，表现出动荡不安的状况，他们的积极性往往随情绪起伏而涨落。

引起大学生情绪波动的原因，主要有以下三个方面：

（1）由于大学生对事物认识还不稳定，对事物还缺乏完整的把握，因而往往轻易地加以绝对的肯定或否定，易走极端。

（2）大学生的内在需要正处在不断地改变过程中，他们的人生观、价值观正在逐步确立中，他们的情绪状态会随着对需要的再认识而不断变化。

（3）由于大学生的生理成熟（尤其是性成熟）而带来的一系列情绪骚动、不安，这种情绪往往会因为主观评价而被放大与扩散。

### 2. 冲动性和理智性并存

大学生有着丰富、强烈而复杂的内心世界，情绪体验强烈，喜怒哀乐常常一触即发，表现出热情奔放的冲动性特点。心理学家常用“疾风暴雨”来形容这一激情性的情绪特征。

同时，由于大学生自我意识的发展和成熟，他们的理智感也随之增强，具有了一定的自我情绪控制能力，能够对强烈的情绪反应进行适当的调适。

### 3. 情绪的压抑性与高情感性并存

处于青春期的大学生是情绪最丰富、最强烈的时期，同时也是充满压力和冲突的时期，而这往往会导致情绪的压抑性。据调查，约70%的大学生“时时感到有一种压抑感”。

### 4. 阶段性和层次性并存

在同样的大学校园，学习相同专业，不同年级的大学生和不同层次的大学生，他们的情绪体验是不同的。

低年级大学生涌动着成为大学生的自豪感，对一切感到新鲜、好奇，但由于非理想的专业、院校，以及自己在班级中位置的落差，会感到失望、迷茫和自卑。

中年级大学生适应性情绪增强，专业思想趋于稳定，人际交往也逐渐增多，社会责任感、义务感、荣誉感、美感进一步发展，情绪较为平稳。

高年级大学生社会责任感明显增强，社会性日趋丰富，更多地关心个人与社会的关系，思考人生价值。同时，紧迫感和忧虑感明显，留恋学校和同学。

### （二）情绪健康的标准

情绪是心理健康的窗口，它同时也是衡量一个人的心理是否健康的重要尺度之一。一般来说，健康的情绪应符合以下几个方面的标准。

#### 1. 诱因明确

情绪的发生必须有明确的诱因，这是情绪是否健康的重要标志之一。正常健康情绪的发生有其明确的原因，且不同原因应表现出不同的情绪。如：笑话可以使大家乐起来；路遇不平挺身相助。若情绪的发作和原因不相符，或无缘无故的喜怒哀乐，皆可认为是异常。

#### 2. 反应适度

情绪的发生不仅要原因明确，而且要反应适度。所谓反应适度，就是刺激强弱与反应强弱成正比，即刺激强就反应强，刺激弱就反应弱，这是健康的情绪；如若不然，弱刺激反应强，强刺激却反应弱，这就是情绪不健康了。

#### 3. 稳定而又灵活

情绪作用的时间是随客观情境的转移而转移的。引起情绪反应的具体情境消失后，当事者的反应也就逐渐平息。严重的打击、挫伤，对情绪的刺激可能持续时间长一些。一般性的情境刺激消失后，情绪应在短时间内淡化和转移，否则就可能是情绪不健康的表现了。如笑的发作突然、迅速且强烈，随后渐弱直至停止，这为正常笑的过程。若发笑启动慢而弱且逐渐加强，或笑起来变化无常，或中途突然停止，都可认为是情绪不稳定。若情绪发作后持续不减和减缓过慢，或不能因情境改变而改变，则称为不灵活。不稳定和不灵活都是不健康的情绪表现。

#### 4. 具有自制性

健康的情绪是可以受自我调节和控制的，所以人们可以情绪转移，可以掩饰情绪，也可把消极情绪转化为积极情绪，还可把激情转化为冷静等；不健康的情绪则自我调节差，一旦激情暴发，有如脱缰的野马不可驾驭，如果是消极情绪还会酿成不良后果。

#### 5. 充分发挥积极效能

健康的情绪可以使人达到好的适应水平。为此，情绪的指向应当是对人对事对自己都是有益的事物。比如说，激情暴发可以毁物伤人，这不能说是健康的情绪，而激情发生、见义勇为，则为健康的情绪。而且，情绪要产生积极的效能，达到良好的适应，就不能只停留在内心体验上，而应当变成积极的、增力的行为，向有利于人民事业的方向发展，向有益于身心健康的方向发展。积极的情绪，可促进人际交往，提高学习和工作效率，消极的情绪则使人退缩、孤僻，工作学习效率下降。

#### 6. 积极的情绪多于消极的情绪

这一健康标准并不否认消极情绪本身的存在价值及其合理因素。只是说，情绪健康的人，积极性质的反应多于消极性质的反应。并且，消极情绪持续的时间较短，反应的强度较轻，也不会无缘无故地牵涉那些与引发消极情绪无关的人和事。

### （三）情绪对大学生心理健康的影响

#### 1. 积极的情绪对大学生心理健康的影响

一般来说，积极的情绪对大学生的心理健康起着良好的促进作用。积极的情绪不仅是大学生良好心理素质的形成基础和重要组成部分，同时更是大学生心理健康的重要保证。

积极的情绪对大学生的心理健康有重要影响。首先，积极的情绪对大学生的认知活动有促进作用。积极的情绪对大学生的记忆、思维、想象等各个方面都有良好的促进作用；其次，积极的情绪也更有利于大学生良好性格的形成。情绪稳定，热情、乐观、开朗的大学生，在教育的引导下易于形成热爱学习、热爱生活、奋发向上、关心他人、热爱集体、宽容乐观等良好的性格特征；而情绪消沉、抑郁忧愁、愤慨嫉妒的大学生，很难形成宽容大度、蓬勃进取、坦率真诚、助人为乐等良好的性格特征；最后，积极的情绪还对大学生的人际交往有促进作用。在积极的情绪下，大学生愿意与人交往，对生活充满了乐观向上的激情，这在很大程度上影响到了大学生的心理健康。

#### 2. 消极的情绪对大学生心理健康的影响

一般来说，消极情绪，如愤怒、悲伤、焦虑、痛苦等通常会引起人的整体心理活动的失衡。而对大学生心理健康产生较大影响的消极情绪，主要包括过度的消极情绪和持久性的消极情绪两种。

在过度的尤其是强烈的消极情绪反应或持续的消极情绪作用下，人的神经功能系统将受到影响。突然而强烈的紧张情绪的冲击，常会使大脑皮层的高级心智功能，如推理、判断等受到抑制，使大脑皮层的兴奋与抑制的平衡受到破坏，使人的意识范围狭窄，正确判断力减弱，失去理智和自制力，甚至于可能使人精神错乱、行为失常，许多反应性精神疾病就是这样引起的。而持续的消极情绪的影响，则常常会使人的大脑功能严重失调，从而导致各种神经症或精神病。

综上所述，情绪因素在大学生心理发展中发挥着重要的作用，与大学生的心理健康密切相关。而对大学生心理健康状况的相关调查研究则表明，情绪波动大、较为脆弱是当前大学生心理健康方面存在的主要问题之一。

## 探索应用

### 大学生常见的几种不良情绪障碍

#### 一、抑郁

抑郁是一种持续时间较长的低落消沉的情绪体验。抑郁通常不会导致极端行为、人格分裂，以及严重的思维障碍，但常会使人处于一种消沉、沮丧、无助的状态之中，给人的生活带来极大的负面影响。持久的严重的抑郁情绪还可能导致抑郁性神经症、肿瘤、胃溃疡、结肠炎等多种心身疾病。

大学生个性和思想尚不成熟，因而在遭遇挫折（专业不如意、对大学生活不适应、人际关系处理不当、失恋、意外事件发生等）时，往往一时难以接受，认为是不该发生但又落在自己头上，看问题易片面化、极端化，凡事非黑即白、非好即坏，且多看其消极、黑暗面，因而极易陷入悲观沮丧、情绪低落的抑郁状态之中。

［案例］小马是某高校大二的学生。最近，他变得远离同学，连一向喜欢的足球也不踢了，经常一个人躲着看书，学习成绩也直线下降。父母来学校看他，感到非常吃惊，连忙带他去看心理医生。

原来，小马以前一直受人欢迎，进大学后这种优越感消失了。后来，他与一位姑娘谈起了恋爱。在恋爱中，他找到了久违的自信与归属感。

小马细心经营着这段感情，但女友却提出了分手，理由是“自己年龄还小，想自由地发展”。小马一时接受不了，出现了抑郁症状，对什么事都失去了兴趣。

［案例分析］有些学生把生活看成非黑即白，非好即坏，且多看其消极和黑暗面，容易悲观沮丧、情绪低落。当遭受突发事件打击后，可能导致抑郁情绪。此外，性格内向、敏感多疑、依赖性强、容易悲观的大学生比其他同学更易陷入抑郁情绪。

持久而严重的抑郁情绪可能导致多种身心疾病，因此必须引起我们的高度重视，其对策如下：

（1）纠正偏误，端正认识。要纠正“挫折和不幸不该发生”“我不能失败”等偏见和误解，要有受挫心理准备，把困难和不幸视为生活磨砺、成长的契机。相信自己会走出困境，走向成功。

（2）重新评价，接受自我。要善于发掘自己的优点，增强自信心和自尊心。对于自己的缺点，要不断克服；对不可改变的现实，如家庭、相貌等，应坦然接受，尽量在其他方面加以补偿。

（3）积极交往，参加活动。增强交往的主动性，改变孤僻、退缩的行为方式。比如，主动与同学微笑、致意、交谈，关心帮助他人，参加多种文体活动，广交朋友，感受友谊的珍贵和生活的美好。

## 二、焦虑

焦虑是一种紧张、害怕、担忧、焦急混合交织的情绪状态，当人在面临威胁或预料到某种不良后果时，便会产生这种体验。适度的焦虑可以唤起人的警觉，集中注意力，激发斗志，是有利的。例如，考试时的焦虑对正常水平的发挥是有利的。研究表明，只有不适当的高焦虑才会影响人们的学习和生活，对身心健康造成不利影响。

大学生常见的焦虑有自我形象焦虑、学习焦虑与情感焦虑。自我形象焦虑主要是对自己的外在形象不满意或错误认知而引起的焦虑，表现为担心自己不够漂亮、身材不够完美，甚至仅仅是因为脸上有雀斑或青春痘而焦虑不安。学习焦虑、考试焦虑、就业焦虑，这是在学生情绪反应中较常见和强烈的，也是影响巨大的，应该高度关注。情感焦虑多数由恋爱引起，因在恋爱中受挫而引发自我否定，怀疑自己是否具备爱和被爱的能力，因过度担心引起的焦虑。

焦虑情绪自我治疗小妙方：

（1）改变你的态度，以正面的角度看待事物，危机也可能是转机。

（2）保持乐观的心态，当缺乏信心时，不妨以过去的成就与未来的美好前景鼓励自己。

（3）想象自己在一个舒适愉悦的环境中，有助于消除焦虑。

（4）反复地告诉自己，一切都没有问题，我可以应付得来。

（5）暂时放松数秒，拒绝受焦虑摆布。

（6）向窗外眺望，将视线转向远方，避开低沉的气氛。

（7）深呼吸，并放声大喊。

（8）运动可消耗一些紧张的化学物质，虽然使肌肉疲劳，也可以放松肌肉。

（9）洗热水澡。

（10）听音乐，可以放松肌肉，也可以释放心灵。

## 三、愤怒

愤怒是由于客观事物与人的主观愿望相违背，或因愿望无法实现时，人们内心产生的一种激烈的情绪反应，特别是在所遇到的挫折或失败是不合理的，或被人恶意造成时，最容易产生愤怒。处于精力充沛、血气方刚的大学生，在情绪发展上往往容易产生好激动、易动怒的特点，有些同学遇事缺乏冷静，喜欢图一时之快、逞一时之勇，这也是大学生常见的一种消极情绪。这种情绪极易使大学生失去自控能力，思维受阻，行动鲁莽，在冲动下做出“傻事”。因此，有人说：“愤怒是以愚蠢开始，以后悔结束。”

**［案例］**某大学二年级学生小赵曾告诉心理医生：

不知道出于什么原因，我发现自己在成长的过程中，变得非常易怒，似乎脾气也不是很好。

平时，在心情比较好的情况下，很多自己感觉不是很良好的事情，我都可以忍受，但是如果心情因某件事情受挫，即便是很小的事情，也能让我说话出口伤人，情绪失控。就算我强忍，但是表情中也透露出不耐烦的情绪。

当然我也知道这样不好，但是最近发生这种事情的频率非常高，我也希望自己能够改掉这样的毛病，变得和善、易亲近。

大学生正处在激情澎湃的青年时期，有时候情绪难以控制。容易发怒是大学生中常见的消极情绪，正如案例中的小赵一样。有的大学生常因一句不顺耳的话、一件不顺心的事就暴跳如雷、出口伤人、拳脚相加，盛怒过后却又后悔不已。

多数情况下，愤怒情绪是自己引发的，如果放任自己于愤怒的情绪中，很可能导致他人的厌恶，使自己更加心神不宁。因此，大学生必须学会控制自己的愤怒情绪：

（1）加强修养。以开阔的胸襟宽容、体谅他人，不要斤斤计较，如此才能得到别人的信任、尊重和理解。

（2）冷静克制。暂时离开使自己动怒的环境，或暗示自己“要冷静、别发火”，或写“制怒”“三思而后行”等条幅，提醒自己。

（3）合理发泄。当你发觉自己心神不宁，有发怒倾向时，可采用交谈、写信、写日记、参与文体活动等方式来发泄愤怒。

## 四、嫉妒

嫉妒是指别人在某些方面超过自己引起的不快甚至是痛苦的情绪体验。嫉妒是自尊心的一种异常表现，在大学生中普遍存在。具体表现为当看到他人学识能力、品行荣誉甚至穿着打扮超过自己时，内心产生的不平、痛苦、愤怒等感觉；当别人身陷不幸或处于困境时却幸灾乐祸，甚至落井下石，恶语中伤、诽谤。嫉妒是一种情绪障碍，它会扭曲人的心灵，妨碍人与人之间正常、真诚的交往。嫉妒是人本质上的疵点，嫉妒心强的大学生不仅容易得身心疾病，也会影响自我的发展。

［案例］盈盈是某大学三年级的学生。大一时，盈盈的学习成绩是寝室六位同学中最好的。可是到了大二，一位同学的外语成绩优于盈盈，这让她觉得很难受，便悄悄将这位同学经常用来听英语用的设备摔坏了。

后来又有个同学的总分超过了盈盈，她更加感到惶恐。一天深夜，趁同学们熟睡时，盈盈用剪刀将该同学的隐形眼镜弄破了。

嫉妒心理有四大特征，即明显的对抗性、明确的指向性、不断发展的发泄性和不易察觉的伪装性。由于社会道德的压力，嫉妒心理为大多数人所不齿，所以一般人不愿意直接表露出嫉妒，而是“声东击西”，拐弯抹角地从另一方面对嫉妒对象进行指责或攻击。

嫉妒不但会影响人际关系，也会给自身带来烦恼和痛苦。因此，结合个人的实际情况，有意识地提高自己的修养水平，是消除和化解嫉妒心理的直接对策。此外，以下对策也可在一定程度上帮你消除嫉妒：

（1）正确认识。首先要懂得“尺有所短，寸有所长”的道理，想事事不落人后、样样不逊于人是不可能的。

（2）合理转化。有虚荣嫉妒之心的人，应该对自己说“他行我也行”，然后努力缩小差距，快速赶上对方。

（3）充实生活。除了努力学习专业知识与技能外，还应参加各类有益于身心的活动，如体育比赛、文艺演出、摄影、绘画、旅游、社会实践等。

## 体验拓展

### 心理自测：情商自我测试

指导语：请在每项的A、B之间择其一，并打上记号“√”。选A得1分，选B得0分，然后计算总分。

1. 你与自己的恋人或爱人争吵后，你能在他人面前掩饰住自己的沮丧。
   A. 是　　B. 否
2. 当工作进展不顺利时，你认为这预示着结局可能不妙。
   A. 否　　B. 是
3. 在你最好的朋友和你说话前，你就能先看出他（她）的情绪状况。
   A. 是　　B. 否
4. 你常常为一些忧心事夜不能寐。
   A. 否　　B. 是
5. 你常会受浪漫爱情片或伤感片感染。
   A. 否　　B. 是
6. 如果人际关系不妙，你觉得首先应当检讨并改变自己的看法或做法。
   A. 否　　B. 是
7. 如果你忘了恋人或爱人的生日，更可能是因为自己太忙，而不是不善于记别人的生日。
   A. 是　　B. 否
8. 你经常想知道别人是怎样看待或评价自己的。
   A. 否　　B. 是
9. 你对自己几乎能使每个与自己打交道的人高兴而自豪。
   A. 是　　B. 否
10. 你厌烦讨价还价，尽管讨价还价能使你少花一百多元钱。
    A. 否　　B. 是
11. 你十分相信直率说话能使一切事情变得容易解决。
    A. 否　　B. 是
12. 在讨论中，尽管知道自己是正确的，但你也会转换，不愿与对方争论。
    A. 否　　B. 是
13. 在工作中做出一个决策，你会不时反省一下，看看它是否正确。

A. 否　　B. 是

14. 你不会担心环境的改变，因为你对自己的适应能力有信心。

A. 是　　B. 否

15. 如果有群体性的休闲娱乐活动，你往往能提出有趣的建议。

A. 是　　B. 否

16. 若你有一根魔棒，你将用它改变自己的外貌和个性。

A. 否　　B. 是

17. 不管你工作多努力，你的上司似乎总在催促着你。

A. 否　　B. 是

18. 你觉得恋人或爱人的厚望会对你构成不小的压力。

A. 否　　B. 是

19. 你认为小小一点压力是会伤害任何人的。

A. 否　　B. 是

20. 你会把个人隐私告诉你最好的朋友。

A. 是　　B. 否

21. 你会对你的合作者发火，如果他（她）总是唠唠叨叨对你不放心。

A. 否　　B. 是

22. 你的锻炼没有收效，是因为方法不对，而不是锻炼本身无益。

A. 是　　B. 否

23. 你打牌输了，是因为牌不好，而不是打牌太难。

A. 是　　B. 否

24. 如果你的朋友说了伤你感情的话，你会认为他（她）是个以自己为中心，不考虑言行的人。

A. 否　　B. 是

25. 如果失败，往往是因为你本不想做，而不是你无能。

A. 是　　B. 否

评分说明：

20～25分：你对自己的才能极有信心。你不会轻易被情绪击倒，而且十分善于控制自己的情绪。一般情况下，你能与他人融洽相处，并显得出类拔萃。但如果过于自信，因感觉过好令人生厌，或者忽视艰苦努力，则仍可能会成为一个失败者。

9～19分：你能意识到自己与他人的情感，但有时仍显得不够关注。你对自己不断提出要求和目标，如果你能更好地分析与理解自己与别人的情感和需求，并能不怕挫折、吸取教训、扬长避短，你会显现出自己的优势的。

0～8分：你太注重自己而漠视他人了。粗鲁的行为方式也许能帮你一时，但很快你就会发现这样会失大于得的。你要学会尊重别人的意见和需求，学会在不损害别人利益的同时得到自己想要的东西。如果得了低分，你不要沮丧。关注一下自己的情商，亡羊补牢，为时未晚。

## 拓展资源

| | |
|---|---|
| **书籍《大脑的情绪生活》**<br>本书作者开创性地将大脑结构与情绪风格联系起来，为脑科学的发展注入了新的活力，为从前无法解决的一些科学难题（如自闭症、阿尔茨海默病等）提供了新的思索方向和可能的突破口。<br>本书将神经科学理论与心理学相结合，围绕六种情感类型进行分析，这个分类法与心理学或大脑科学的其他方法相比，更清晰、更简易。<br>作者运用了大量实例分析，说明了极端情绪类型可能造成的心理疾病，如抑郁症、强迫症、多动症和社交障碍，其中不乏作者自己的亲身经历，具有相当高的实用价值。 | 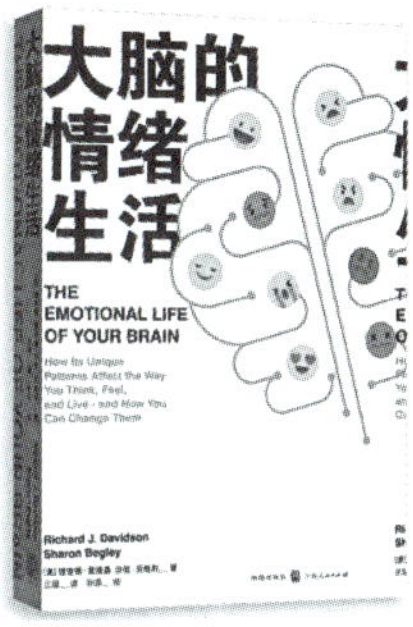 |
| **书籍《我的情绪为何总被他人左右》**<br>阿尔伯特·埃利斯，理性情绪疗法之父，认知行为疗法的鼻祖，创立了对咨询和治疗领域影响极大的理性情绪疗法。<br>作者旨在帮助读者寻找生活中的主导权。生活中，我们经常备感焦虑、抑郁、内疚的事情，当这些事情发生在我们身上，或者当那些糟心的场景一再回放，我们该如何避免自己的不良反应呢？我们又该如何在碎片化的生活中保持那个积极、健康、阳光、有为的自我呢？<br>理性情绪疗法创始人教你如何避免别人触动你的情绪爆发底线，教你成为自己情绪的主人，以成功赢得生活的主导权。 | 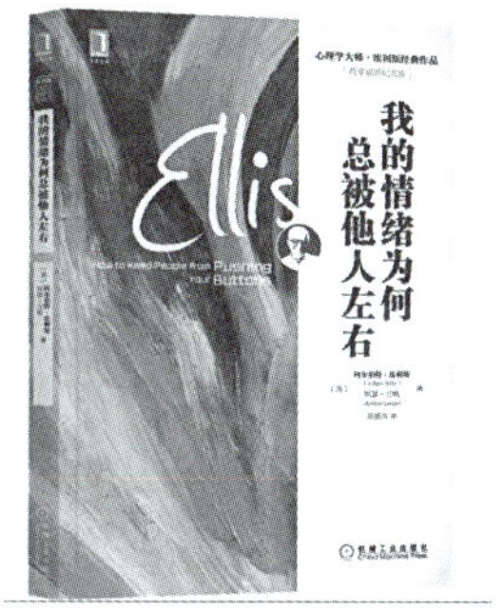 |
| **电影《当幸福来敲门》**<br>影片讲述了一位濒临破产、爱人离家的落魄业务员，如何刻苦耐劳地善尽单亲责任，奋发向上成为股市交易员，最后成为知名的金融投资家的励志故事。<br>贫穷的生活让妻子落跑，只剩一个人近中年的男人带着儿子在大街上风餐露宿，为了让儿子有正常的上学环境，他卖血、跑好几条街寻找流浪汉——那人抢走只能给他换几餐饭的医疗仪器，他跟一群刚毕业的孩子在同一起跑线争抢一个实习机会。<br>但在孩子面前，他永远都是最顶天立地的爸爸，即便窘迫到要在地铁站过夜，他也要和孩子一起玩躲避恐龙的游戏，孩子也懂事得从未让他烦恼，反而成为他每次倒下又爬起来的动力。 |  |

# 主题2　我的情绪我做主——情绪管理

## 知识素养

### 一、大学生情绪管理

伴随着社会的不断向前发展，人们的生活节奏日益加快，由此产生的紧张情绪，直接影响着人们的身心健康。对于新世纪的大学生来说，不断调整自己的情绪，加强对自己情绪的管理，以适应环境的变化，显得非常重要。

### （一）情绪管理的基本定义

情绪管理，就是用对的方法，用正确的方式探索自己的情绪，理解自己的情绪，然后调整自己的情绪；对生活中矛盾和事件引起的反应能适可而止地排解，能以乐观的态度、幽默的情趣及时地缓解紧张的心理状态。

情绪管理不是要去除或压制情绪，而是在觉察情绪后，调整情绪的表达方式。有心理学家认为情绪调节是个体管理和改变自己或他人情绪的过程。在这个过程中，通过一定的策略和机制，使情绪在生理活动、主观体验、表情行为等方面发生一定的变化。这样说，情绪固然有正面和负面，但真正的关键不在于情绪本身，而是情绪的表达方式。以适当的方式在适当的情境表达适当的情绪，就是健康的情绪管理之道。

### （二）不良情绪的调适方法

#### 1. 调整不正确的认识

决定情绪的是人的认识。现实中，人们被许多事情困扰并不一定是由诱发事件直接引起的，而是由对于经历事件的不合理的认识和评价所引起的。合理的认识产生合理的态度，不合理的认识产生不合理的情绪和行为反应。例如，同样是工作失败，甲、乙两人的想法就很不一样。甲认为是准备得不够充足，尽管也难过，但很快能恢复正常心态；乙却想：我是应该成功的，工作做不好，我真是无能。因此，乙的情绪反应不仅是难受而且非常抑郁，甚至有可能一蹶不振。

调整认识，主要可从以下三个方面来进行：

（1）调整对自己的不合理的认识。如有的人可能会认为："我必须出色地完成我所做的事情，赢得人们的赞赏，否则我就是一个无能的人。"在这个不合理的认识中，第一句话是绝对化，第二句话是概括化。

绝对化使人走了极端，给自己提出了难以达到的目标。因为人们不可能在每件事上都获得成功，即使某件事取得了成功，也不可能得到所有人的赞赏，或不可能每件事都得到他人的赞赏。所以，持绝对化要求的人在结局面前就会感到受不了，产生情绪和行为上的问题。过分概括化是一种以偏概全、以一概十的思维方式。以自己的某一件事、某个言行来对自己进行整体评价，只能使自己走向自我否定，陷入消极情绪的深渊。

合理的认识是：当你有一件事没有做好时，并不能说明你一无是处，而只能说明你在这件事上办糟了。要摆脱那种以某事的成败为标准对自己进行整体评价的不合理的思维方式，不能因为一件事而否定自己的整体价值。

（2）调整对他人不合理的认识。有的人可能会想："人们必须善待我，支持我，以我希望的方式行动，否则社会应该对他们那种轻率之举给予严厉的谴责和惩罚。"显而易见，这种认识中存在着对他人的绝对化要求。

合理的认识应该是：人们无权对他人提出绝对的要求，要求别人按照自己的意愿行事是错误的，也是不可能实现的。理性的人们会尊重他人，不要求他人按自己的意志行事；受到别人指责后，他们会设法认识和纠正自己的错误；如果没有发现自己做错什么事，也会体谅别人的情绪性责备。如果别人犯了错误，他们会努力理解他人，并尽力帮助他人纠正错误。

（3）调整对周围环境及事物的不合理认识。有的人认为：“我周围的环境与条件必须是完美的，我想得到什么就会有什么，我烦的东西一件也碰不到。”这同样也是绝对化要求。

世界上各种事物都有其各自的规律性，不可能为个人意志所左右。一味要求周围事物都遂自己的心意，最终只能碰壁，在生活中遭受挫折，陷入情绪困扰。遇到问题，理性的人们会尝试去改变或改善周围的环境，如果不可能做到这一点，就努力学会接受这种现实。

合理的认识是：令人不快的环境确实会引起人的情绪波动，但绝不是可怕的或灾难性的，除非人们自己把它看成是灾难。

### 2. 采用各种行之有效的方法

人在遇到挫折时，难免会心情不好，有各种不良情绪反应，如忧郁、焦虑、愤怒等。运用适当的方法，可以有效地改善情绪。

（1）心理暗示法。从心理学角度讲，就是个人通过语言、形象、想象等方式，对自身施加影响的心理过程。积极自我暗示，在不知不觉之中对自己的意志、心理乃至生理状态产生影响。

积极的自我暗示令我们保持好的心情、乐观的情绪、自信心，从而调动人的内在因素，发挥主观能动性。心理学的实验表明，当一个人静坐时，默默地说“勃然大怒”“暴跳如雷”“气死我了”等语句时心跳会加剧，呼吸也会加快，仿佛真的发起怒来。相反，如果默念“喜笑颜开”“兴高采烈”“把人乐坏了”之类的语句，那么他的心里面也会产生一种乐滋滋的体验。

在生活中遇到情绪问题时，我们可以充分利用内部语言或书面语言对自身进行暗示，缓解不良情绪，保持心理平衡。比如默想或用笔在纸上写出下列词语：“冷静”“三思而后行”“制怒”“镇定”等。实践证明，这种暗示对人的不良情绪和行为有奇妙的影响和调控作用，既可以松弛过分紧张的情绪，又可用来激励自己。

（2）注意力转移法。注意力转移法，就是把注意力从引起不良情绪反应的刺激情境，转移到其他事物上去或从事其他活动的自我调节方法。当出现情绪不佳的情况时，要把注意力转移到使自己感兴趣的事上去，如：外出散步，看看电影、电视、读读书、打打球、下盘棋，找朋友聊天，换换环境等，有助于使情绪平静下来，在活动中寻找到新的快乐。一方面中止了不良刺激源的作用，防止不良情绪的泛化、蔓延；另一方面，通过参与新的活动特别是自己感兴趣的活动而达到增进积极的情绪体验的目的。

（3）适度宣泄法。过分压抑只会使情绪困扰加重，而适度宣泄则可以把不良情绪释放出来，从而使紧张的情绪得以缓解。因此，遇有不良情绪时，最简单的办法就是“宣泄”。宣泄一般是在背地里，在知心朋友中进行的。采取的形式或是用过激的言辞抨击、谩骂、抱怨恼怒的对象；或是尽情地向至亲好友倾诉自己认为的不平和委屈等；或是通过体育运动、劳动等方式来尽情发泄；或是到空旷的山林原野，拟定一个假目标大声叫骂，发泄胸中怨气。

必须指出，采取宣泄法来调节不良情绪时，必须增强自制力，不要随便发泄不满或者不愉快的情绪。要采取正确的方式，选择适当的场合和对象，以免引起不良后果。

（4）自我安慰法。当一个人遇有不幸或挫折时，为了避免精神上的痛苦或不安，可以找出一种合乎内心需要的理由来说明或辩解。如为失败找一个冠冕堂皇的理由，用以安慰自己，或寻找的理由强调自己所拥有的东西都是好的，以此冲淡内心的不安与痛苦。

自我安慰法对于帮助人们在重大挫折面前接受现实、保护自己、避免精神崩溃是很有益处的。因此，当人们遇到情绪问题时，经常用“胜败乃兵家常事”“塞翁失马，焉知非福”“坏事变好事”等词语来进行自我安慰，可以摆脱烦恼，缓解矛盾冲突，消除焦虑、抑郁和失望，达到自我激励、总结经验、吸取教训之目的，有助于保持情绪的安宁和稳定。

（5）交往调节法。某些不良情绪常常是由人际关系矛盾和人际交往障碍引起的。因此，当我们遇到不顺心、烦恼的事，能主动找亲朋好友交流谈心，比独处胡思乱想、自怨自艾要好得多。

情绪不稳定的时候，找人谈一谈，具有缓和、抚慰、稳定情绪的作用。另一方面，人际交往还有助于交流思想、沟通，增强自己战胜不良情绪的信心和勇气，能更理智地去对待不良情绪。

（6）情绪升华法。升华是改变不为社会所接受的动机和欲望，而使之符合社会规范和时代要求，是对消极情绪的一种高水平的宣泄，将消极引导到对人、对己、对社会都有利的方向。如一个同学因为失恋而痛苦万分，但他没有因此而消沉，而是把注意力转移到学习中，立志做生活的强者，证明自己的能力。

## 探索应用

### 情绪管理的ABC理论

#### 一、ABC情绪理论内容

情绪管理的ABC情绪理论，是美国心理学家阿尔伯特·艾利斯（Albert Ellis）提出的。

A（Activating events）是指不断发生变化的环境所引发的事件。人们常常觉得环境不停地在变，而且随时随地都有事情在发生。人们不会对每一件事情都有反应，而是会对某些事件有反应，对某些事件没有反应，这是因为B的关系。

B（Belief）是指人们对一件事情的信念、感觉或者观点。比如说让三个人坐在窗前，让他们描述外面所看到的东西，结果是不一样的：有人会告诉你，他远远看到的地方有电线杆，电线上面有三只鸟；有人会告诉你，一大早车子就那么多，这里交通实在很拥挤；还有一个人只看到外面有一位年轻的姑娘，长得很漂亮。每一个人对于外界环境所注意的焦点是不一样的，这是代表每个人的性格、兴趣，还有现在的身份、职业等因素综合起来的一种表现。

C（Consequence）是指一个事件发生了，人们因不同的观点所产生的不同反应，也就是通常讲的情绪。

大家以前一直以为“刺激—反应”只有A和C，没有B。当一个人碰到别人的时候，别人一定会有什么反应。很多人都有这种想法，所以大家就觉得，情绪是没有办法控制的，它是自然就会发生的。现在大家应该知道，事件发生了，与情绪当中的一个媒介有关，这就在情绪和环境的变化当中加了一道控制阀。一个人只要把自己的信念调整好，就可以保持稳定的情绪，所以，B才是关键的。

情绪ABC理论中，A表示诱发事件；B表示个体针对此诱发事件产生的一些信念，即对这件事的看法和解释；C表示个体产生的情绪和行为结果。通常人们会认为诱发事件A直接导致了人的情绪和行为结果C，发生了什么事就引起了什么情绪体验。然而，同一件事，人们的看法不同，情绪体验也不同。

比如，在找工作面试失败后，有的人可能会认为，这次面试只是试一试，不过也没关系，下次可以再来，有的人则可能会想，我精心准备了那么长时间，竟然没过，是不是我太笨了，我还有什么用啊，人家会怎么评价我。这两类人因为对事情的评价不同，他们的情绪体验当然不同。

再如，一个失恋的年轻人伤心欲绝，认为自己今生可能都不会有爱了。对于他来说，失恋只是一个诱发事件A，结果C是他情绪低落，生活受到影响，无法专心工作；而导致这个结果的，正是他的认知B，他认为自己付出了一定要收到对方的回报，自己太傻了，太不幸了。假如他换个想法，她这样不懂爱的女孩不值得自己去珍惜，现在她离开可能避免了以后她对自己造成更大的伤害，那么他的情绪体验显然就不会像现在这么糟糕。

## 二、合理运用ABCDE模式

A指一个事情发生了；B指一个人对这个事情的主观看法，因为每个人立场不同，所以观点也不同；C指人的主观看法，对这件事情的反应，即情绪表现；D指反省，对自己的行为做一个反省，这样做看看别人的反应怎么样；E指如果反省后发现行为不好，就赶快调整，调整以后重新出发。

运用情绪ABC理论调节情绪，有以下三个步骤。

### 1. 识别情绪

先要明确自己现在所体验到的是什么情绪，悲伤、焦虑、愤怒还是恐惧，给自己的情绪一个清晰的命名。这个过程实际比我们想象得难，面对同一件事，人的情绪是极其复杂的，可能是爱恨交织也可能是悲喜交加。区分它们，命名它们，给这些情绪的强烈程度做一个评估，是处理情绪的第一步。

### 2. 识别想法

根据ABC理论，每个情绪的背后都隐藏着一个或多个想法，正是这些想法导致我们产生了当下的情绪，识别这些想法，调整观念，从而可以改变情绪。但这些想法产生非常之快，很多时候我们难以抓住它，找不到引发烦恼情绪背后的想法，这需要我们不断练习至熟练掌握。当你有悲伤、焦虑或者愤怒等情绪时，自问：我心里刚才在想什么？或刚才我脑海里浮现了什么？

### 3. 挑战想法

找到了情绪背后的想法后，挑战、辩驳这些给我们带来烦恼的念头，让我们对这些念头的确信度下降，负性情绪才能缓解，这类似一个自我辩论的过程。有以下几种方法可以去质疑，辩论非理性想法。

方法一：质疑法。询问自己，这个想法是否有足够的证据，把支持和反对的证据都列出来，让自己重新全面地看待问题。

方法二：价值式。询问自己持有这种想法所带来的利弊。

方法三：极端式。询问自己事情最坏的结果是什么。例如，问自己，“如果考试真的没考好，最坏的结果是什么？那个结果真的有那么可怕吗？那个结果我能承受吗?”把自己害怕的情绪具体化，从而缓解焦虑。

方法四：换位式。询问自己，“如果这件事情发生在你朋友身上，你会怎么跟他讲?”让自己从旁观者的角度更理智地看待问题。

**[案例] 情绪ABC运用案例**

高职院校大三学生小雯2021年6月毕业。从2020年9月开始，小雯全身心投入专升本备考中，为此放弃了实习，也没有关注任何求职信息。过完年返校后，小雯感到压力巨大，头痛，心慌，精力无法集中，前往心理咨询中心寻求帮助。

小雯自述寒假在家的一个半月，和妹妹同住一间房，没有单独的房间和环境复习。春节期间亲戚来往，学习效率非常低。因为没有及时复习，放假前很多学习内容生疏、遗忘了。学校开学后，小雯立马投入复习，但发现压力很大，成天焦虑，只有一个半月的时间，感觉一切都迟了，补不回来。懊恼自己为什么寒假期间，没有克服困难坚持学，又担心考不上，未来该怎么办。

小雯多次说起“如果考试失败，实习找工作又错过了，一无所有，那真是彻底的失败，感觉自己的计划全部乱了，做什么都没用，自己的人生完了”。一时小雯又说“专升本考试必须成功，没有退路，一定要成功”。她说，自己是家里的长女，父母和亲戚都看着，期待自己能够找份好工作。自己的专业没什么技术性，自己又是专科生，很难找到好工作，才决定专升本，希望未来发展更好。如果考试失败，又没找到工作，该如何向家人交代，自己也没有什么未来了。

每天小雯被这些念头折磨，非常焦虑，无法集中注意力学习。有时想起考不上，又感到十分沮丧，对生活失去兴趣，对未来完全没信心。随着考试一天天临近，小雯的情绪越发明显，她开始感到头痛，晚上睡不着觉，精力不济，感到人快“崩溃”了。

请运用情绪ABC理论，分析小雯的心理问题来源，找出不合理信念。

______________________________________________

______________________________________________

______________________________________________

请运用合理信念代替不合理信念。

______________________________________________

______________________________________________

______________________________________________

教师点评：

小雯同学在专升本考试中，因考试临近、家人的期待、工作难找、复习效果不好等一系列外界刺激，产生了一些非理性信念。例如，专升本考试必须要成功，没有退路。这样想，容易让人焦虑，生怕出一点错。此外，当小雯感到希望不大时，想到考试失败，错过求职时间，一无所有，彻彻底底失败，人生就完了。夸大后果的严重性，往灾难化方向想问题，导致非常绝望，容易陷入抑郁。随着考试临近，压力越来越大，这种非理性思维方式越强烈，造成越明显的情绪困扰。

为了摆脱痛苦情绪，小雯应该练习用合理信念代替不合理信念。例如，"专升本考试必须成功，没有退路"，可以改为"专升本考试如果成功那很好，如果没成功，我也努力了。虽然遗憾，但我还有很长的人生和其他的机遇"。这样想，人会放松下来，缓解精神紧张。

将"如果考试失败，实习找工作又错过了，一无所有，那真是彻底的失败，感觉自己的计划全部乱了，做什么都没用，自己的人生完了"这个念头，修改为合理信念"如果考试失败了，找工作还有两三个月，总可以找到一份工作，我可以重新计划未来的职业生涯，未来还有很多可能性和机会"。用合理信念去思考，小雯就会没那么害怕考试失败，沮丧和抑郁会大大减轻，对未来还会以正确的心态对待，抱有信心。

## 三、非理性思维的特点

### 1. 绝对化要求

这种不合理信念极为常见，指人们以自己的意愿为出发点，对某一事物怀有其必定会发生或必定不会发生的信念，它常常与"必须""应该""一定要"这样的词连在一起，如"我必须成功”“我一定要做好”。当我们内心产生这样的自我语言时，要警惕，可能我们处在非理性信念之下，我们的焦虑，过分的压力很可能来源于此。

2. 过分概括化

这是一种以偏概全的思维方式，看问题容易走极端，全面否定自我或者他人。怀有这种不合理信念的人，常常因为一两件事，或者一两个方面没做好而全面否定自己，认为自己“没用”“毫无价值”“什么都做不好”，因而陷入自卑自弃，或者一味责备他人或者环境，产生敌意、愤怒等不良情绪。

3. 糟糕透顶

怀有这种信念的人，认为一件负面事情发生了，一定会导致非常可怕、极其糟糕、无法挽回的后果，进而对未来毫无希望，产生悲观、抑郁等不良情绪。很多同学考试压力大，就是考前陷入了非理性思维，把考试失败的后果夸大，认为极其可怕，焦虑担忧不已。

## 体验拓展

### 心理自测：积极心态小测试

外出旅游，黄昏时分来到一栋老朽的空屋，从一面向西的破窗往外看，你的视线突然被窗外的某样东西吸引住。

A. 渐西沉的夕阳

B. 飞过满天晚霞的飞机

C. 工厂的烟囱所冒出来的烟雾

你的选择是什么?

A. 夕阳西沉，给人宁静安详的感觉。你基本上十分逍遥自在，对人生的态度也相当乐观。由于在行动上也是属于慢步调的人，所以往往容易变得怠惰。行动量少，相对地心理上便会觉得时间过得缓慢，感觉人生相当漫长。换句话说，同样的时间，你的感觉好像过得比别人久，只不过不够充实，多少会感觉到有点空虚。

B. 飞机，给人生机勃勃的感觉。你处事积极热情，经常不断地规划人生，让自己的生活过得既忙碌又充实。此种人与选A的人正好相反，是属于步调很快的人，常常觉得人生短暂、时间不够。

C. 烟，随风起伏，象征着不安定的心理。你是属于容易冲动、心理变化比较剧烈的人。当热衷于某件事时，会觉得时间过得飞快，一旦兴趣减退，便会觉得度日如年。终其一生，对时间的弹性变化相当大。或许是对人生的感觉、印象尚未定型，或尚未找到自己的人生意义。

## 心理体验：将非理性信念改为理性思维方式

| 扭曲的思维方式（非理性信念） | 合理的思维（理性信念） |
|---|---|
| 我一定要、必须要…… | 我期望、想要得到…… |
| 我毫无办法或希望…… | 我遇到了困难，一时想不到好办法…… |
| 一定…… | 可能…… |
| 我总是…… | 我有时…… |
| 我全部…… | 我有些…… |
| 我完蛋了，糟糕透了…… | 很可惜、遗憾…… |
| 我整个人失败，一无是处 | 我在……事情上，现在还做不好 |
| 它使我烦恼 | 我在烦恼…… |
| 确实…… | 好像…… |
| 永远…… | 到目前为止，常常…… |
| 这种说法一定正确 | 许多人有此说法 |

## 心理练习：情绪调节与管理

接下来一周里，请同学们完成以下情绪管理五栏表（至少填写3个真实发生的事件）

| 事件 | 情绪（强度） | 想法（相信度） | 替代想法（相信度） | 情绪（强度） |
|---|---|---|---|---|
| | | | | |
| | | | | |
| | | | | |
| | | | | |
| | | | | |

情绪（强度）打分范围是0～100分；想法（相信度）打分范围是0%～100%。

## 拓展资源

| | |
|---|---|
| **书籍《如何停止不开心》**<br>本书用洒脱、幽默的语言，一针见血地指出14个人们常见而不自知的自我毁灭行为模式，即内心的自我批评、孤僻、麻木机制、与他人比较、自毁、冒充者综合征、讨好别人、完美主义、故作坚强、过度控制他人、灾难化思维、归咎于人、装作无所谓、过度成就。并根据每一种行为提出直接、具体的建议和解决方案，帮助读者践行一种新的生活方式，实现自我提升，悦纳自我，活出真我。 |  |
| **书籍《情绪管理：管理情绪而不是被情绪管理》**<br>作者是研究心理健康方面权威的专家，经验丰富，本书中包含丰富的生活案例和互助测试，教你掌握科学的情绪管理方法，做自己的情绪管理大师。<br>本书首先帮助读者从生理和认知层面重新认识情绪，并从性别差异的角度探索情绪的触发因素和反应等方面的不同。<br>每章都附有相应的记录、测验和互动练习，帮助读者评估自己的行为模式，发现思维对情绪的影响，让读者在发现情绪问题的过程中接纳自我，掌握正确的情绪管理方法，通过修复性沟通实现幸福健康的人际关系。 |  |
| **电影《头脑特工队》**<br>该片讲述了小女孩莱利因为爸爸的工作变动而搬到旧金山，要准备适应新环境，但就在此时，莱利脑中控制欢乐与忧伤的两位脑中大臣乐乐与忧忧迷失在茫茫脑海中，大脑总部只剩下掌管愤怒、害怕与厌恶的三位干部负责，导致本来乐观的莱利变成愤世嫉俗的少女。乐乐与忧忧必须要尽快在复杂的脑中世界回到大脑总部，让莱利重拾原本快乐正常的情绪。 |  |

# 专题五

# 爱情无价　成长有期——大学生恋爱心理

小莞是一名大一女生，新学期开学不久，长相普通的她走进心理咨询室，一坐下就开始哭泣。冷静下来后开始讲述，有一次在班级开展活动后，不经意间发现自己喜欢上班里的一位男同学，一个长得像歌星陈奕迅的男生，而陈奕迅又是她心目中的偶像。每一次和该名男同学交流时总感觉他对自己有“意思”，但觉得自己不配，可是又禁不住每天想他，还在脑海里编织了许多浪漫的爱情故事。一刻不见心里就空荡荡的，非常难受，听不进课，吃不下饭……

小莞没办法面对班里的同学，慢慢地不喜欢和班上的同学交往，班集体活动也不怎么参加了。终于有一天，她鼓起勇气向男同学表露了心迹，却被对方回绝了。小莞心里难受极了，可是她还是想他，她觉得自己无药可救了，但就是不由自主，真的痛苦啊！

你尝过“爱情的滋味”吗？

当某一天你遇到它时，你会以什么样的心态去面对？

当你的同学陷在爱情的旋涡中，你能给他们提供什么帮助吗？

## 主题1　你情我愿——爱情心理

### 知识素养

#### 一、爱情是什么

##### （一）爱情的含义

爱情就是男女之间基于一定的客观物质基础和共同的生活理想，以互爱为前提，以互相倾慕为基础，并渴望对方成为自己终身伴侣的强烈、稳定、专一的感情。

##### （二）名人说爱情

苏霍姆林斯基：“真正的爱情，这意味着不仅是欣赏美，而且是培植美，创造美。”“在生活中还有别的事情的时候，爱情才会是美好的，如果没有崇高的社会目标将人们联结在一起，爱情就会变成地狱。”“爱情不仅是美好、诚实、坚贞的，也是理智和慎重的，机警和严肃的，只有那样，爱情才能带来欢乐和幸福。”

俞敏洪：“现在男女之间的恋爱，总是答应太快，结果分手也快。人性的规律是容易得到的就容易放弃。凡是通过努力得到的，不管感情还是物品，都会使人顿生珍惜之感。所以在感情上，当有人追求你时，需要有一些矜持，即使心里很爱他/她，也需要给追求者时间和难度，这样两人走到一起才会珍惜感情、地久天长。”

马斯洛：“爱的需要涉及给予和接受爱，我们必须懂得爱，必须能教会爱、创造爱、预测爱。”

爱情能持之以恒才是一件好事；可是，如果在别的方面没有恒心，那么爱情方面的恒心也就一文不值，毫无意义了。

## 二、爱情的相关理论

### 1. 爱情三角理论

美国心理学家斯滕伯格认为爱情存在三个要素：亲密、激情和承诺。在三种成分下有八种不同的爱情关系组合，其分别为：

无爱：三种成分俱无；喜欢：只包括亲密部分；迷恋的爱：只存在激情成分；空爱：只有承诺的成分；浪漫之爱：结合了亲密与激情；友谊之爱：包括亲密和承诺；愚爱：激情加上承诺；美满的爱：三种成分同时包含在关系当中。

### 2. 爱情态度理论

罗宾认为爱情是对某一特定的他人所持有的一种态度。这种理论将爱情归为社会心理学的人际吸引，并能使用一般测量方法研究爱情。罗宾发现爱情与喜欢有质的差别，而其爱情量表中包含三种成分：一是亲和和依赖需求；二是帮助对方的倾向；三是排他性与独占性。

### 3. SVR理论

默斯特因认为亲密关系的发展，依双方接触的次数多寡分为刺激（S）、价值（V）和角色（R）三个阶段。

### 4. 投资模式

鲁斯布尔特以社会交换论的观点来看亲密关系的发展，认为亲密关系中的双方，在此关系中互相有所得失，并以一种理性且公平的评估方式，衡量自己在此关系中的付出与收获，再以此评估为基准，决定其对关系的应对方式。

### 5. 爱情风格理论

加拿大社会学家约翰·李将爱分成六种形态：情欲之爱、游戏之爱、友谊之爱、依附之爱、现实之爱及利他之爱。

### 6. 爱情依恋模式

哈赞和谢弗将成人的爱情关系视为一种依恋的过程，分三种类型：

安全依恋：与伴侣的关系良好、稳定，能彼此信任、互相支持。绝大多数人的爱情属于安全依恋。

逃避依恋：害怕且逃避与伴侣的亲密。

焦虑/矛盾依恋：时常具有情绪不稳、极端反应的现象，善于忌妒且希望跟伴侣的关系是互惠的。

## 三、大学生恋爱的特点

恋爱是指异性之间在生理、心理和环境因素交互作用下互相倾慕和培植爱情的过程。恋爱虽然是追求爱情的行为，但并不是与生俱来的。一个人对爱情的追求，只有当他的生理和心理发展到一定阶段时才会产生。也就是说，恋爱是大学生生理发育和心理发展的结果。大学生的恋爱主要有以下特点。

1. 自主性强

大学生在恋爱问题上，个性突出，重感情、易冲动，不受传统习俗的局限，在确定恋爱关系前，甚至在确定恋爱关系后，一般都不征求双方父母的意见。

2. 恋爱动机简单化

许多大学生在恋爱中没有考虑到将来的结婚，不是清楚地自觉地意识到应选择一个终身伴侣。他们恋爱，只是因为需要爱和被爱。

3. 自控力与耐挫力较弱

有些大学生一旦陷入热恋之中，往往不善于控制自己的情感，任感情随意放纵，缺乏理智的驾驭能力，对恋爱对象过分依赖，稍有波折就痛苦万分。一旦恋爱受挫，就会情绪失控，无法自拔，对学习造成严重影响。

4. 不成熟性与不稳定性

当前大学生的恋爱，呈现低年级化，人数呈上升趋势。有些学生高中开始就已经在谈恋爱，他们由于社会阅历较浅，思想单纯，很多学生对于自己的人生目标和需要还没有一个很清楚的概念，造成在对待恋爱问题上简单、不成熟。在择偶标准上，往往重外表，轻内在。在恋爱方式上，往往重形式，轻内容。在恋爱行为中，往往重过程，轻结果；重享乐，轻责任。加之他们在就学期间经济上尚未独立，恋爱过程中感情和思想易变，缺乏妥善处理恋爱中情感纠葛的能力，极易造成恋爱的周期性中断，或对恋爱对象的选择漂泊不定，恋爱的成功率很低。

这些特点意味着他们既有自己的个性，崇尚爱情的真谛、追求美好的爱情，这是令人欣慰的，但又令人担忧，在恋爱过程中会伴随出现许多心理问题。因此，随时调适恋爱心理是大学生获得成功爱情的重要环节。

## 探索应用

### 大学生恋爱的教育

俄罗斯教育家苏霍姆林斯基这样教导儿子：“要记住，爱情首先意味着对你的爱侣的命运、前途承担责任——爱，首先为着奉献，把自己的精神力量献给爱侣，为他缔造幸福。”这样的爱情才高尚、纯洁和美好。大学生正处在各种观念的成形时期，他们的恋爱具有不成熟性与不稳定性，又处在科技迅猛发展的时代，受到各种不良信息的渗透和影响，因此对他们开展必要的恋爱教育有利于他们的健康成长。

## 一、树立正确的恋爱观

### 1. 提倡志同道合的爱情

在恋人的选择上最重要的条件应该是志同道合，思想观念、理想追求和生活兴趣等大体一致。部分大学生追求异性的首要条件是外貌，甚至以对象帅或漂亮为骄傲。外在的美，只是暂时的悦目，随着岁月的流逝，人总有衰老之时。恋爱中重外表不重内在，很难建立真挚纯洁的爱情。

内在的美，永不褪色。两人在理想一致、品格相合、情趣相似、心理相容、心灵相通的基础之上建立的爱情才会天长地久。

### 2. 正确处理爱情与事业的关系

首先，要认清楚爱情在人生中的位置。爱情在人生中占有重要的地位，但爱情不是人生的全部。人生最重要的应该是事业，只有伟大的事业对人生才具有决定意义。“生命诚可贵，爱情价更高；若为自由故，二者皆可抛”正说明了这点。其次，要认清楚爱情在生活中的位置。学生要坚持学业第一的观点，不能因为爱情而荒废学业。

### 3. 懂得爱情是相互的

爱情是一种相互理解、相互信任，是一份责任和奉献。男女双方在交往的过程中要相互尊重、关心、宽容和理解。但做人要有自己的原则，千万不要因为自己心中的恋人而彻底改变自己，要理性地谈恋爱。

## 二、懂得真爱

恋爱不等于真爱，但每个恋爱的人都渴望获得真爱。真爱不是表现在口头上的海誓山盟与海枯石烂，而是生活中的点点滴滴。

### 1. 真爱是关心

爱，是想对方之所想，给对方之所需，是无私的给予和关心。

### 2. 真爱是信任

信任是一种尊重，也是一种自信，不必盘问对方的每个细节，更不必去跟踪调查。爱一个人，就要先信任他（她），给他（她）一个自由的时间和空间，相信他（她）对你的爱。

### 3. 真爱是给予

人们往往把爱看成被爱，注重怎样被人爱，怎样使自己可爱从而获得爱。事实上，真爱是真诚、主动地给予对方爱。

### 4. 真爱是宽容和理解

“爱是深深的理解和接受”。宽容中包含理解、同情与原谅，是最大限度地接纳对方。既要喜欢对方的长处，也要接纳对方的短处。

### 5. 真爱是尊重

尊重意味着一个人对另一个人的成长和发展顺其自身规律和意愿。尊重是让对方按他（她）的目标去成长和发展，而不是服务于自己。尊重包括对对方的职业、爱好、选择、隐私和不同于自己的观点和生活习惯的认可。

### 6. 真爱是专注

真爱不能同时发生在两个对象身上，只能专注于一个人。爱情需要一心一意，要求感情的和谐完整。陶行知说："爱情之酒甜而苦。两人喝，是甘露；三人喝，是酸醋；随便喝，要中毒。"

### 7. 真爱是理性

马克思说："真正的爱情是表现恋人对他的偶像采取含蓄、谦恭甚至羞涩的态度，而绝不是表现在随意流露热情的过早的亲昵。"一时的狂热迷恋是一种危险的情感，只是一种生理上要求与异性接近的渴望。

### 8. 真爱是独立

独立不是疏远，而是指与人相处有自己独立的思考和行动，不轻易受他人左右，知道自己真正需要什么。爱需要保持独特个性和独立人格，不让自己消融在对方的影子里。

## 三、培养爱的能力和责任

爱是一种责任，也是一种能力，更是一种艺术。人人都需要爱，但并不是人人都会爱。有些人拥有、享受甜蜜的爱情，有些人却饱受爱情的折磨和摧残。为了迎接美好的爱情，为了更长久地拥有它，体验到爱的甜蜜，大学生们应学会如何爱。

### 1. 学会爱自己

想要爱别人，首先必须爱自己，连自己都不爱、都不会爱的人，对别人的爱也不会是真正的爱。学会爱自己是为了更好地爱别人，但爱自己不是要自私。爱自己首先要自尊、自信，有健康的自我肯定意识。只有当你成功地掌握了如何关心自己的需要时，你才明白怎样将同样的关爱给予别人。当你尊重自己的思想和感觉的合理性时，你才能将这种尊重施与他人。当你从心底相信你自身是如何有价值时，你才会发现别人的价值。

### 2. 迎接爱的能力

迎接爱的能力包括表达爱的能力和接受爱的能力。想要具有表达爱的能力，就要懂得爱是什么，有健康的恋爱价值观，知道自己喜欢什么、需要什么、适合什么。心中有爱要敢于表达、善于表达，用自己的言行让对方感受到你的爱。当别人向你表达爱时，能及时、准确地对爱做出判断，合理选择应对。

### 3. 拒绝爱的能力

拒绝爱的能力包括两个方面：一是敢于理智地拒绝不想要的爱情。面对自己并不喜欢的异性，优柔寡断，或屈从对方穷追不舍的做法都是不理智的，要学会勇敢地说"不"。二是要掌握合适的拒绝方式。虽然每个人都有拒绝接受爱情的权利，但善待每一份真挚的感情是对他人的尊重，也是个人修养的体现。

### 4．发展爱的能力，培养爱的责任

发展爱的能力，并不是非要具体到对某一异性的爱，可以是更广泛意义上的爱。我们的亲人、师长、同学、朋友、祖国和人民，都值得我们去爱。发展爱的能力，就是要培养无私的品格和奉献精神，要培养善于处理各种矛盾的能力，有效地化解、消除恋爱和家庭生活中的矛盾纠纷，为恋人负责，为社会负责，才能创造出幸福美满的生活。

### 5．提高恋爱挫折承受能力

在追求爱情的过程中遇到各种挫折是在所难免的。单相思、爱情错觉、失恋等恋爱挫折对高职大学生的心理承受能力是一种考验。当爱情受挫后，应该用理智来驾驭感情，通过增强理智感，分析原因，总结教训，寻找解决问题的方法和途径，在新的追求中实现自己的价值，从而提高自己的心理承受能力和思想水平。

**[案例] 到底是谁的错**

小王和小李是同级同学。刚入学校时在参加学校社团活动中互相认识，当时两个人聊得来，双方印象都不错。随着接触的增多，再加上社团同学的说道，两个人互有好感的事情被公布于众。于是，两个本来都没有打算恋爱的人就这样稀里糊涂地开始了恋爱。渐渐地，宿舍楼下、食堂、教室、图书馆以及校园等地方多了他们的身影。一切在外人眼里看来是那么的美好。身边的同学都非常羡慕他们，这么短时间就找到了彼此的真爱。

然而，随着了解的进一步加深，彼此的缺点逐渐暴露。再加上两个人都比较要强，当矛盾发生时，谁也不愿意第一个认输。慢慢地，两个人的矛盾越来越多，争吵的程度也越来越激烈，最后以分手结束。

**[案例分析]** 从案例中可以看出，小王和小李之所以会分手，是因为两个人对对方都不了解，因为同学们开玩笑才走到一起。两个人刚刚认识，对于彼此了解不多，等公开恋爱后才开始去了解对方。当出现争吵时，两个人又不擅长处理双方的矛盾，导致最后以分手结束。

## 体验拓展

### 心理自测：恋爱话题

#### 测试一　你的恋爱态度

每个人在恋爱过程中所持有的态度和所表现出的行为是千差万别的。请对下列问题做出“是”或“否”的回答，以便从中发现自己在恋爱中的态度。

1. 相对于冷色系的颜色来说，更喜欢暖色系。
2. 是急性子的人。
3. 不爱听别人的意见。
4. 经常换发型。
5. 过去有过“脚踏两只船”的情况，或现在正是这样。
6. 喜欢追求刺激。
7. 到现在为止交往过的男（女）朋友不超过3个人。
8. 即使失恋了也恢复得很快。
9. 食欲经常很旺盛。
10. 上学时，就算是没有把握也积极回答问题。
11. 有恋人后，就会以恋人为生活的中心。
12. 即使有不高兴的事，睡一觉就会忘掉。
13. 能较多地考虑对方的心情。
14. 虽然机会很小，但是喜欢上了也没有办法。
15. 认为友情发展为爱情的概率很小。
16. 认为在与恋人的交往中，性生活是否和谐很重要。
17. 几乎都是我向异性表白。
18. 认为“恋爱是没有理智的”。
19. 在四个季节中最喜欢夏天。
20. 喜欢圣诞节、生日宴会等。

计分标准：回答“是”的题目数量。

测试结果：

16个以上：在恋爱中你属于很积极的类型。只要喜欢就勇敢地去表白，认为首先要向对方表达自己的想法，然后才能了解对方并进一步交往，所以表现得很积极。

11～15个：在恋爱中比较积极。但只是思想积极，在行动上却常望而却步。这时朋友的支持是很重要的，因为本来就有积极性，所以在受到帮助和鼓励时会付诸行动。

6～10个：你对别人的恋爱能给出积极的、有效的建议，但是一到自己身上就变得很消极。例如，朋友向你说他的恋爱故事时，你能给出各种建议。但对自己的恋情，即使朋友给你提了建议，你往往不能接受。

5个以下：过于消极。不会向对方表达自己的爱慕之情。即使开始交往也不会主动地给对方打电话，也不会表现出“喜欢”的样子。如果总是过于消极，对方讨厌你的可能性就很大。

### 测试二　爱情还是友情

A部分：下面有13个句子，在符合你的句子前打“√”。

1. 当我和他（她）在一起时，我发觉好像两个人都有相同的心情。
2. 我认为他（她）非常好。
3. 我愿意推荐他（她）去做为人尊敬的事。
4. 依我看来，他（她）特别成熟。
5. 我对他（她）有高度的信心。
6. 我感觉大部分人和他（她）相处，都会对他（她）有很好的印象。
7. 我觉得和他（她）很相似。
8. 我愿意在班上或团体中，做什么事都投他（她）一票。
9. 我觉得他（她）是许多人中，容易让别人尊敬的一个。
10. 我认为他（她）是十二万分聪明的。
11. 我觉得他（她）是我认识的所有人中非常讨人喜欢的。
12. 他（她）是我很想学的那种人。
13. 我觉得他（她）非常容易赢得别人的好感。

B部分：下面有13个句子，在符合你的句子前打“√”。

1. 他（她）觉得情绪很低落的时候，我觉得很重要的职责就是使他（她）快乐起来。
2. 在所有的事件上，我都可以信赖他（她）。
3. 我觉得要忽略他（她）的过失是一件容易的事情。
4. 我愿意为他（她）做所有的事。
5. 对他（她）我有一种想占为己有的想法。
6. 若我不能和他（她）在一起，我会觉得非常不幸。
7. 假使我孤寂，首先想到的就是要去找他。
8. 在世界上也许我关心很多事，但最重要的事就是他（她）幸福不幸福。
9. 他（她）不管做什么，我都愿意宽恕他（她）。
10. 我觉得他（她）的幸福是我的责任。
11. 当我和他（她）在一起时，我发现自己什么事都不想做，只是用眼睛看着他（她）。
12. 若我也能让他（她）百分之百地信赖，我觉得十分快乐。
13. 没有他（她），我觉得难以生活下去。

测试说明：

数一数，A部分和B部分中符合你的情况的句子分别有多少？如果A部分多于B部分，那么你对对方喜欢的成分多于爱，你们之间是友谊而非爱情，反之则是爱情而非友谊。

## 拓展资源

| | |
|---|---|
| **书籍《爱的艺术》**<br>德裔美籍心理学家和哲学家、法兰克福学派重要成员艾里希·弗洛姆最著名的作品，被誉为当代爱的艺术理论专著最著名的作品。<br>弗洛姆认为，爱情不是一种与人的成熟程度无关，只需要投入身心的感情。如果不努力发展自己的全部人格，并以此达到一种创造倾向性，那么每种爱的尝试都会失败；如果没有爱他人的能力，如果不能真正谦恭地、勇敢地、真诚地和有纪律地爱他人，那么在自己的爱情生活中永远得不到满足。<br>弗洛姆进而提出，爱是一门艺术，想要掌握这门艺术的人需要有这方面的知识并付出努力。 |  |
| **电影《山楂树之恋》**<br>“两情若是长久时，又岂在朝朝暮暮”，老三为了爱人，可以等待，可以忍受压抑的情感，他勇敢，目的明确，为了可以接近所爱的人，总是努力创造环境、缩短距离。静秋和老三的爱是时代和中国式爱情的产物。静秋是一个有家庭重担，有很沉重的地主后代身份的人，她是那个时代的受害者，她的意识受社会的影响较深，在这样的背景下，静秋偷偷地去爱是正常的，她始终保持了女孩的矜持。这与当代年轻人的爱情观有很大的不同。<br>该故事的爱情观与当代年轻人的爱情观是一个很好的对照，看看父母时代的婚姻观，有助于加深对爱情的正确理解。 |  |
| **书籍《爱情心理学（第3版）》**<br>作为芸芸众生中的一员，我们应该如何去应对“爱情”所面临的挑战？这个世界上到底还有没有真正的爱？关于爱情，他（她）的心里到底是如何想的？爱需要品味，爱需要思考，爱更需要用智慧。<br>从内容来看，该书就是一本典型的“关于爱情”的心理学著作。作者综合了社会心理学、进化心理学、发展心理学和临床心理学以及社会学、传播学、家政学等学科近几十年爆炸式的研究所取得的一系列丰项成果，因此突破了通俗心理学中将男女看作“男人来自火星，女人来自金星”的观点和见解。 |  |

# 主题2　百炼成钢——恋爱困惑和调适

## 知识素养

爱情作为人类精神的一种最深沉的冲动，是两个人之间最微妙的感情，往往会伴随各种各样的矛盾和冲突，这些矛盾和冲突的解决有利于人格的成熟和心理的健全。同样，矛盾和冲突的发生又会阻碍人格的发展和心理的健康。因此，了解和妥善处理各种矛盾非常重要。

### 一、单恋

单恋也就是“单相思”，指一方对另一方一厢情愿的倾慕与热爱。单相思是进入爱情的准备阶段，但是也很有可能完全停留在这样的状态之中而无法得到必要的发展。单相思是一件痛苦同时又让人欣喜的事情，一厢情愿地付出而没有收获会让人烦恼，而得到相对回应的时候却往往会给人带来异常的动力。

一个人一旦陷入单相思，便像吃了迷魂药一般，整日恍恍惚惚，行为不再受理性思维的支配，而受制于潜意识的幻想。而这种幻想又往往与现实相混淆，这便是问题的症结所在。现在你必须静下心来分析一下自己的思维。你可能会这样想：

（1）他（她）太完美了，他（她）的一举一动都像在施魔法似的（我太丑陋了，我的一举一动根本吸引不了他）。

（2）如果能和他（她）结婚，我便是这世上最幸福的人（如果办不到，我便是这世上最痛苦的人）。

（3）为了他（她），我愿意赴汤蹈火（为了他，我愿做他的奴隶）。

我们可以发现，在前一句话的背后还有一层隐意，那就是括号里的话。你常给自己念叨第一句话，并不知蕴藏在心底的第二句话，而第二句话恰恰说明你严重地缺乏自信。现在我们要做的是，把第二句话从暗处提到明处。这是你恢复理智与自信的关键。应该这样想：

（1）他（她）很优秀，对我具有魔法般的吸引力，但我也不错，我要努力赶上他（她）。

（2）如果我能和他（她）结婚，我可能是十分幸运的人。如果办不到，我也有可能找到比他（她）更好的人。

（3）为了他（她），我愿意尽己所能，但我没必要为他（她）忍受过多的折磨。我是一个独立的人，我不能失去自尊。

如果坚持这种思维方式，你便会恢复自己的理智。

## 二、多角恋

多角恋是一个人同时被两个或两个以上的异性所追求，或自己同时追求两个或两个以上的异性并建立了恋爱关系。多角恋是爱情纠纷的主要原因，是比单恋更为复杂、更为严重的异常现象。由于性爱具有排他性、冲动性，因此，任何一种多角恋都潜伏着极大的危险性，一旦理智失控，就会给对方及社会带来恶果。

多角恋的调适方法主要有以下几点：

（1）若你已经与一个异性确定了恋爱关系，生活中又闯入另一个异性时，如果你与前者只是好奇、冲动、相爱时间不长，感情较浅，心理相容性较差，而后者对你更具有吸引力，那么你不妨先疏远前者，再明确中断与前者的恋爱关系，待对方心理恢复正常，有一定的心理承受力时，才可以与后者热恋。反之，如果你与前者感情尚可，且相爱时间较长，只是在某些次要方面还有不合自己心意的地方，你应该用爱情的力量鼓舞和帮助对方不断改进，从而缩小对方与自己心目中理想伴侣形象的差距，彼此达到人格、能力、志趣等方面的和谐。

（2）当你和异性并未建立恋爱关系却与所有异性保持着等距、暧昧、不同寻常的关系，正处于进退维谷、取舍两难的境地时，你可以从生理条件、心理品质、社会条件，以及多层次的美感表现等方面进行比较，尽快做出抉择。

（3）谨慎对待情场竞争的成功与失败。当你凭借自己的实力和光明正大的努力而取得爱情时，尽量不做刺激失败者、激化矛盾的事情，否则会导致本身爱情的毁灭。当你判定自己处于“劣势”，应有情场“勇退”的精神，并学会正确地自我评价、自我解脱，退出竞争的三角旋涡。这是明智之举，并不是无能、怯场的表现。

## 三、失恋

失恋是恋爱过程的中断，即恋爱挫折。对于失恋者来说，是一杯难以下咽的苦酒。大多数失恋者都能理智地看待并接受这一现实，但是，也有一些人因为把失恋看得太重，并在这种打击下产生心理扭曲。失恋的痛苦，需要外界的帮助，但更重要的是提高自己的心理承受力，增强心理的适应性，学会自我心理调节，从而达到新的心理平衡。

如何摆脱失恋的痛苦呢?

### （一）逆向思考

恋爱取得成功，除了社会公认的品质、观念以外，还有许多特殊的心理要求，比如：性格和谐、志趣相投、价值观一致、生理特征相配等。如果因为这些方面发生矛盾，使恋爱不能进行下去，倒不必过于痛苦。不妨反过来思考一下，如果勉强凑合下去，造成以后感情不合，爱情又有什么幸福可言？失恋固然不是幸事，然而没有志同道合、个性契合，及早分手也并非坏事，“塞翁失马，焉知非福”。

### （二）合理宣泄

失恋造成的情感压抑是十分严重的，如果不及时合理地宣泄，会出现各种不适应症状。比较有效的宣泄方法有以下几种：

（1）向亲密的朋友或家人倾诉内心的苦闷和悲伤。

（2）闭门痛哭一场。

（3）寄情于山水之间，向大自然宣泄自己压抑的情绪。失恋后可以与朋友一起外出远游一次，体验大自然之奇丽与伟大、人生之美好，会觉得自己失恋的痛苦只不过是沧海一粟，心胸会变得开阔，郁闷的心情就会有所缓解。

（4）升华。升华是宣泄失恋后心理能量的最理想方式。失恋者应运用理智，把感情、精力投入到能充分实现自身价值的事业中和对生活的热爱上去，从而将失恋造成的挫折，在更高的升华境界中得到补偿，获得更大、更多的收益。

### （三）丢弃自卑

失恋并非羞耻之事，但有些失恋者却认为失恋是令人耻辱的，是被对方“涮”了、“玩”了，从而感到脸上无光，无地自容，产生强烈的自卑感，甚至因此离群索居。其实，任何事情的发展都面临着两种前途，恋爱也是一样。恋爱一次成功固然可喜，但这毕竟只是可能性，而不是必然性，所以谈恋爱就要有谈不成的心理准备，失恋也在情理之中，这是无可非议的。如果能从失恋中发现自己的不足并有所进取，那倒能从失恋中受益匪浅，不愁今后找不到称心如意的伴侣。

### 四、中止恋爱关系

恋爱双方在交往中，随着交往频度的增加和深度的加强，如果一方发现对方不是自己心中想找的人时，有的人会理智地分析恋爱的走向，选择分手。中止恋爱关系对双方来说都不是一件非常愉快的事，特别是确立恋人时间较长，具有较为稳定恋爱关系的人。

被动的一方要注意控制自己的情绪，不可自暴自弃，也不必死磨硬缠，更不可意气用事，寻求报复。

## 探索应用

### 适合大学生的恋爱方式

### 一、完美的爱情体验

斯滕伯格提出了完美爱情体验的三个组成部分，包含亲密、激情和承诺。

亲密指的是彼此感到亲近、相互关联，表现为相互照顾，深入沟通，相互赞赏，相互理解与期待。

激情指的是在爱情关系中带来强烈情绪体验的驱动力，表现为魅力、异性之间的吸引。

承诺包括两层含义：在短时间内，指的是爱一个人的决定；在长时间内，指的是维持这种爱的责任。承诺是爱情中最理性的成分，是决定爱情发展的稳定性因素。

### 二、科学的恋爱观

当代大学生既受到古老的东方文化传统的熏陶，又受到西方文化的影响，这就形成了当代大学生独特的恋爱观。对每个同学而言，其恋爱观又具有个性差异。因此，如果想用一种统一的规范对大学生的恋爱观做出约束，显然是有一定的难度的。但是大学生的恋爱观是其人生观的重要组成部分，从社会进步和个人成长的角度提出一些科学的要求是有积极意义的。

（1）提倡志同道合的爱情。所谓志同道合就是有共同的人生观、理想和抱负。唯有志同道合的爱情，才会有旺盛的生命力，才能享受到那种生死相依、至情至爱的美感。

（2）摆正爱情在人生中的位置。爱情应当服从于学业、事业，因为爱情虽然能为人生增添光彩，但它不是人生唯一的旋律。劳动和创造、理想和事业才是人生永恒的第一主题。

（3）懂得爱是一种奉献和责任。由于爱情的本质是自然属性与社会属性的统一，理想的爱情是由亲密、激情和承诺三个基本要素组成的。因此，大学生在进入爱情王国时应当懂得爱情绝不仅仅是花前月下的卿卿我我，爱情也绝不只是索取，而更多的是一种奉献和责任。

## 三、纯洁的恋爱动机

部分大学生的恋爱动机不够端正，盲目性强。有些大学生是以感官满足去谈恋爱的，他们一味追求对方的容貌、体态，有些大学生谈恋爱是满足利益需要，在内心倾慕对方的家境、地位、名誉、实惠，希望在所爱的人那里获得社会地位、经济等方面的补偿。具有这两种恋爱动机的学生，容易这山望着那山高，甚至脚踏几只船，摇摆性很大。

成熟的恋爱动机是寻觅生活伴侣，是婚姻的前奏。恋爱并不是包治百病的灵丹妙药。大学生要端正恋爱动机，让爱情纯净起来。

## 四、专一的恋爱对象

关于更换恋人的行为，专家认为，初进大学，思想的放松、内心的空虚，往往让人轻易地坠入爱河，而较少地考虑对方是否真正合适。随着交往的深入，矛盾产生，裂痕出现。作为当代的大学生，我们应该尊重爱情，尊重恋爱对象。

## 五、适度的恋爱行为

恋爱中的一些过度行为，如过早过度的亲热、三角恋爱、婚前性行为等，容易给大学生留下无穷的悔恨，或短暂快乐过后带来的无尽悲伤和更多的无奈。

## 六、提高爱的能力

爱，不是一种单纯的行为，而是一种需要我们终身学习、改善和不断提升的能力。

### 1. 爱的能力

爱的能力既包括爱别人，被别人爱，也包括爱自己。而爱别人和被别人爱的基础和前提是爱自己。因此，大学生要注重自身的发展，完善独立的人格，增强勇气和自信，要先悦纳自我，才能在恋爱中更好地接纳别人，接纳别人的爱。

### 2. 增强自己对爱的给予能力

爱情的一个基本的、核心的内容是奉献。衡量一个人对某异性有无爱情，爱情的强度如何，可以通过“是否发自内心地愿意帮助所爱的人做他所期望的任何事情”这一指标来衡量。在恋爱中要勇于承担，乐于奉献。

3. 提高对幸福的感受能力

有些人很难体验到爱情带给他们的幸福，可能不是爱情本身的问题。因为能否体验到幸福与人拥有的财产、所处的地位、社会肯定、他人赞同的关系并不是非常大。现实中的幸福只是生命中灿烂的一瞬，更多的人生是平淡。幸福和昙花一样，只是生活中短暂一现的芬芳，但是内心的幸福感受是可以恒久的。对幸福的感觉是一种心理能力。

4. 提升自己的恋爱吸引力

一般提到恋爱吸引力或恋爱魅力，我们首先会想到外表、体态、装扮、言行等体现出来的个人总体的气质和风度带来的吸引力。下面我们从提升内心感受的角度介绍几种让恋爱魅力升值的方法。

（1）适当的冷落与分离可增加吸引力。当一个人受到异性冷落时，会觉得自己的价值量降低，对方的价值量增加，因此更希望得到对方以此证明或者恢复自己的价值。当然，冷落的作用也限于一定的范围之内，并且需要冷落者具备一定的吸引力。如果自己缺乏吸引力而又故意冷落别人，那么结果只能是孤家寡人。

（2）男性机智果断的品质容易增加异性的好感。对于男性而言，机智果断的品质对于吸引异性至关重要。在一个恋爱研究中，让一名男性被试设想自己在一个晚会上打电话邀请一位姑娘跳舞。告知被试他得到的回答是："我对跳舞真的不行"，要求男性被试予以回答。出色的回答是："是呀，我也不在行，我们出去散步吧！"笨拙的回答是："唔，嗯"，不知所措。研究结果表明，男性能够吸引女性的重要品质是机警果断，能够给出快速、流利、干脆的表达。

（3）不容易得到的女性通常被男性认为有更大的吸引力。在恋爱中，面对男生的追求，有些女同学表现得冷静而矜持，这种冷静却升温了男生的爱慕。社会心理学研究表明，难以得到的女性比容易得到的女性更令异性喜爱，当然，难得到的难度必须限制在一定程度之内，如果难到"相当难"或"根本不能"，或者自己本身没有符合异性需要的东西，那么也不能引发异性的爱慕。

（4）增强自己对恋爱挫折的承受力。大学生的恋爱受到多种因素的制约，遇到各种挫折是在所难免的。恋爱挫折对大学生的心理承受能力是种考验。如果承受能力较强，就能较好地应对挫折。当爱情受挫后，可以用理智来驾驭感情、分析原因、总结经验教训、寻找解决问题的方法和途径、在新的追求中确认和实现自己的价值，从而提高自己的心理承受能力。一个人能够理智地从失恋中解脱出来，往往会变得成熟起来。

[案例] 小陈，大学二年级学生，他与他的女朋友小张是同班同学，一年前他们相恋，但不久前小张以两个人不合适为由提出分手，并且在微信上拉黑了自己。分手后，小陈借酒浇愁、情绪抑郁、心烦意乱、无心学业。他对新生活的所有期待与憧憬也顷刻之间化为乌有。这是小陈的第一次恋爱，相恋后，感情曾经

一直很稳定，但因个性不合，观点分歧，又因几件小事而发生几次争吵，这使小张感到越来越烦，对他失去耐心，最后与其分手。

小陈说他无论如何也忘不了她，很想去挽回恋人的心，每次想起两个人曾经在一起的美好时光他就泪流满面，失恋的痛苦就像恶魔一样，无情地折磨着他的心。后来小陈知道自己的恋人已无法挽回，渐渐地对她产生了怨恨，两人此后见面都不打招呼，而且经常在宿舍痛骂她。

［案例分析］小陈的经历是非常典型的例子，尤其是第一次恋爱，对人的打击最大。大学生的恋爱以分手结束是很正常的，有调查研究表明，大学生的恋爱99%以分手结束。案例中两人个性不合，矛盾比较难调和，分手可能才是最好的结果。爱情虽然重要，但不是生活的全部，人生更重要的是理想和对事业的追求，爱情在生活中的位置应得到重新的认识。

## 体验拓展

### 拓展阅读：失恋又何妨

所谓失恋是指一个痴情人被其恋爱对象抛弃，失恋引起的主要情绪反应是痛苦与烦恼，大多数失恋的大学生能正确对待和处理这种恋爱受挫现象，愉快地走向新生活，然而也有一些同学不能及时排除这种负面情绪，而导致心理失衡，性格反常，常会产生以下几种心态：

其一，羞愧难当，陷入自卑与迷惘，“从此无心受良宵，任他明月下西楼”，心灰意冷，走向怯懦、封闭，甚至绝望、轻生，成为爱情的殉葬品。

其二，对抛弃自己的人仍一往情深，对逝去的爱情充满美好的回忆与幻想，自欺欺人，否认失恋存在而陷入了单相思的泥潭，也有人会出现一种既爱又恨的特殊感情。

其三，因失恋而绝望、暴怒，失去理智，产生报复心理。或攻击对方，或自残，或从此嫉俗厌世，怀疑一切异性，看什么都不顺眼，或从此玩世不恭，得过且过，寻求刺激，发泄心中不满。

失恋大学生应当学会自我心理调整，下列方法可供采用。

倾吐——找一个可以交心的对象，倾诉自己心中理不清的爱与恨、怨与愁，以释放心理压力，并倾听他们的评说与劝慰；或用书面文字如日记、书签把自己的苦闷记录下来，留给自己看或寄给朋友看，这样可以释放自己的心理负荷，求得心理解脱。

移情——及时、适当地把情感转移到失恋以外的其他人或事上。如失恋后，可积极参加各种娱乐活动，释放苦闷，陶冶性情；可投身大自然，让自己融入大自然的博大胸怀中，以得到心灵的抚慰。

辩证对待——即一分为二地分析、看待失恋，用理智的“我”来提醒、暗示、战胜迷情的“我”。

抛弃恋爱至上的错误观点——爱情固然是每个人所渴求的，但没有绝对顺利的爱情。

失恋以后，审视爱情在人生中的价值与地位，要放弃“人生就是为了爱情”“爱情重于为社会做贡献”的偏颇的爱情至上观点。别宁斯基曾经说过：“如果我们生活的全部目的仅仅在于我们个人的幸福，而我们个人的幸福又仅仅在于爱情，那么生活就变成了一个充满荒唐、枯燥和破碎心灵的真正阴暗的荒原，炼成一座可怕的地狱。”培根说过：“一切真正伟大的人物，无论是古人、今人，只要是英名永铭于人类记忆的人，没有一个是因为爱情发狂的人。因为伟大的事业抑制了这种软弱的感情。”大学生应从这些先哲的箴言中受到启发，抛开恋爱至上的错误观点，使自我得到更新与升华，用奋斗去积极地转移失恋的痛苦。

## 心理自测：爱情态度量表

这个量表主要是想了解你对爱情所持的态度。题目中的“他/她”，是指目前与你密切交往的男/女朋友（请以你目前的恋人为回答依据；若目前没有恋人，请就上任对象作答；若没有谈过恋爱，也请你想象一下再作答）。请针对每一题项所叙述的情形，选出最能反映你实际状况的数字。

| 条目内容 | 完全不符合 | 不符合 | 没意见 | 符合 | 完全符合 |
|---|---|---|---|---|---|
| 1. 我和他/她属于一见钟情型 | 1 | 2 | 3 | 4 | 5 |
| 2. 我很难明确地说我和他/她是何时从友情变成爱情的 | 1 | 2 | 3 | 4 | 5 |
| 3. 对他/她做承诺之前，我会考虑他/她将来可能变成的样子 | 1 | 2 | 3 | 4 | 5 |
| 4. 我总是试着帮他/她渡过难关 | 1 | 2 | 3 | 4 | 5 |
| 5. 和他/她的关系不太对劲时，我的身体就会不舒服 | 1 | 2 | 3 | 4 | 5 |
| 6. 我试着不给他/她明确的承诺 | 1 | 2 | 3 | 4 | 5 |
| 7. 在选择他/她之前，我会先试着仔细规划我的人生 | 1 | 2 | 3 | 4 | 5 |
| 8. 我宁愿自己痛苦，也不愿意让他/她受苦 | 1 | 2 | 3 | 4 | 5 |
| 9. 失恋时，我会十分沮丧，甚至会有自杀的念头 | 1 | 2 | 3 | 4 | 5 |
| 10. 我相信他/她不知道我的一些事，也不会受到伤害 | 1 | 2 | 3 | 4 | 5 |
| 11. 我和他/她很来电 | 1 | 2 | 3 | 4 | 5 |
| 12. 我需要先经过一阵子的关心和照顾，才有可能产生爱情 | 1 | 2 | 3 | 4 | 5 |
| 13. 我和他/她最好有相似的背景 | 1 | 2 | 3 | 4 | 5 |
| 14. 有时候，我得防范他/她发现我还有其他情人 | 1 | 2 | 3 | 4 | 5 |

续表

| 条目内容 | 完全不符合 | 不符合 | 没意见 | 符合 | 完全符合 |
|---|---|---|---|---|---|
| 15. 我和他/她的亲密行为很热情且很令我满意 | 1 | 2 | 3 | 4 | 5 |
| 16. 我有时会因为想到自己正在谈恋爱而兴奋地睡不着 | 1 | 2 | 3 | 4 | 5 |
| 17. 我可以很容易、很快地忘掉过往的恋情 | 1 | 2 | 3 | 4 | 5 |
| 18. 他/她如何看待我的家人是我选择他/她的主要考量 | 1 | 2 | 3 | 4 | 5 |
| 19. 我希望和曾经相爱的他/她是永远的朋友 | 1 | 2 | 3 | 4 | 5 |
| 20. 当他/她不注意我时，我会全身不舒服 | 1 | 2 | 3 | 4 | 5 |
| 21. 我和他/她的爱情关系是最理想的，因为是由长久的友谊发展而成的 | 1 | 2 | 3 | 4 | 5 |
| 22. 我觉得我和他/她是天生一对 | 1 | 2 | 3 | 4 | 5 |
| 23. 自从和他/她谈恋爱后，我很难专心在其他任何事情上 | 1 | 2 | 3 | 4 | 5 |
| 24. 他/她将来会不会是一个好父亲/母亲是我选择他/她的一个重要因素 | 1 | 2 | 3 | 4 | 5 |
| 25. 除非我先让他/她快乐，否则我不会感到快乐 | 1 | 2 | 3 | 4 | 5 |
| 26. 如果他/她知道我和其他人做了某些事，他/她会不高兴 | 1 | 2 | 3 | 4 | 5 |
| 27. 我和他/她的感情、亲密行为进展得很快 | 1 | 2 | 3 | 4 | 5 |
| 28. 我和他/她的友情随着时间流逝逐渐转变为爱情 | 1 | 2 | 3 | 4 | 5 |
| 29. 当他/她太依赖我时，我会想和他/她疏远一些 | 1 | 2 | 3 | 4 | 5 |
| 30. 我通常愿意牺牲自己的愿望，达成他/她的愿望 | 1 | 2 | 3 | 4 | 5 |
| 31. 我和他/她的爱情是一种深刻的友情，而不是一种很神秘的情感 | 1 | 2 | 3 | 4 | 5 |
| 32. 他/她可以任意使用我的东西 | 1 | 2 | 3 | 4 | 5 |
| 33. 我和他/她非常了解彼此 | 1 | 2 | 3 | 4 | 5 |
| 34. 当我怀疑他/她和其他人在一起时，我就无法放松 | 1 | 2 | 3 | 4 | 5 |
| 35. 他/她如何看待我的职业会是我选择他/她的一个考量 | 1 | 2 | 3 | 4 | 5 |
| 36. 他/她的外貌符合我的理想标准 | 1 | 2 | 3 | 4 | 5 |
| 37. 我享受和他/她及一些不同的情人玩爱情游戏 | 1 | 2 | 3 | 4 | 5 |
| 38. 当他/她对我发脾气时，我仍然全心全意、无条件地爱他/她 | 1 | 2 | 3 | 4 | 5 |
| 39. 在和他/她深入交往之前，我会试着了解他/她是否有良好的遗传基因 | 1 | 2 | 3 | 4 | 5 |
| 40. 为了他/她，我愿意忍受任何事情 | 1 | 2 | 3 | 4 | 5 |
| 41. 如果他/她忽略我一阵子，我会做出一些傻事来吸引他/她的注意力 | 1 | 2 | 3 | 4 | 5 |
| 42. 我和他/她的爱情关系是最令人满意的，因为是由良好友情发展成的 | 1 | 2 | 3 | 4 | 5 |

解释及分析：

| 爱情类型 | 对应条目 | 说明 |
| --- | --- | --- |
| 浪漫型 | 1、7、13、19、25、31、37 | 最注重的是对方的外表和身体的接触；只要是好看的，就容易跟对方坠入情网 |
| 游戏型 | 2、8、14、20、26、32、38 | 视爱情为游戏，爱情的关系短暂，经常更换对象，承诺在这种类型的人身上几乎看不到 |
| 同伴型 | 3、9、15、21、27、33、39 | 感情发展细水长流，平静而祥和，通常刚开始时都只是好朋友的关系，后来才慢慢从相知友谊发展成爱情 |
| 现实型 | 4、10、16、22、28、34、40 | 这种类型的人选择对象以理性条件的考虑为主，诸如教育背景、经济能力、社会地位、共同兴趣等 |
| 占有型 | 5、11、17、23、29、35、41 | 这种人占有欲和嫉妒心强烈，关系也有如风暴，起伏不定，对方一点爱意的表示就会让他狂喜，一点点降温或关系出现点小问题就痛苦不已 |
| 奉献型 | 6、12、18、24、30、36、42 | 与占有型相反，这种类型的人为爱人完全付出自己，关心对方而不求回报。这种人极有耐心、不要求对方，甚至不嫉妒 |

## 拓展资源

**书籍《男人来自火星　女人来自金星》**

这是一本有助于改善情侣关系、保持美满婚姻，使情侣结伴走完人生旅途的通俗的心理自助读物。

作者以男女来自不同的星球这一新鲜、生动、形象的比喻作为他的全部实践活动的理论支撑点：即男人和女人无论是在生理上还是在心理上，无论是在语言上还是在情感上，都是大不相同的。这一比喻贯穿这本通俗的畅销读物之始终。

**书籍《如何让你爱的人爱上你》**

国际著名情感问题专家莉尔·朗兹以坚实的科学研究为基础，通过真实生动的个案，对男女两性在情爱观念与行为上的差异进行了饶有趣味的分析。书中详细描述了男女在情感需求与表达方面的区别，探讨了他们坠入情网的缘由和过程，并由此引导我们通过各种语言以及非语言的方法与技巧，博得意中人的青睐，收获心目中的理想爱情。

在相遇之初如何进行目光接触？如何穿衣打扮和举手投足？如何把握欲擒故纵的火候？如何寻找和发掘彼此的相似之处？

针对上述种种问题，莉尔·朗兹为你提供了行之有效的解决之道，在婚恋幸福方面助你一臂之力！

**电影《全民情敌》**

希什（威尔·史密斯饰）是纽约城的传奇人物，隐姓埋名的他从事着极具梦幻色彩的职业——约会专家。因为大多数男人都会在求爱的过程中遇到困境，这种障碍来自试图讨取对方欢心时迷失了自我。于是，“全民情敌”希什出现了，作为爱情战术顾问，凭借多年在情场摸爬滚打的经验，“全民情敌”擅长为顾客量身打造约会时完美的第一形象，其中的“撒手锏”便是精心设计和编排的头三次约会，如同程咬金的三板斧，希什的计划总是百灵百应，纽约数百对新人都在他的秘密撮合下步入教堂。

身为爱情专家的希什虽然热衷自己的职业，却仍是个单身汉，与莎拉的不期而遇使他感到自己已经不可救药地爱上了她，而自己传授给别人的恋爱招数对她却通通无济于事。随着两人的接触，莎拉开始发现自己的职业和生活之间充满了矛盾和碰撞，她使希什重新审视了以往爱情游戏的策略，并教给他爱情并非源于纸上谈兵和单纯的感觉，而是身体力行，要用行动证明一切。

## 主题3 神秘爱情——爱情与性

### 知识素养

谈爱情，就不能不谈到性。正如瓦西列夫所说：“爱情是本能和思想，是疯狂和理性，是自发性和自觉性，是一时的激情和道德修养，是感受的充实和想象的奔放，是残忍和慈悲，是满足和饥渴，是淡泊和欲望，是烦恼和快乐，是痛苦和快感，是光明和黑暗，爱情把人的种种体验熔为一炉。”

### 一、性心理的发展

在一岁半到四岁的时候，人就能从外部特征分辨周围人的性别，但却认为性别是可逆的，学龄前儿童已懂得男女性别是不可逆的。但在第二性征未发育前，孩子都处于性无知期，虽知道男女有别，但仍旧两小无猜。性心理的发展是伴随着第二性征的出现，性意识的觉醒而发展的，共经历了以下4个阶段：异性疏远期、异性吸引期、异性向往期、择偶尝试期。

大学生追求爱情，渴望恋爱是在性生理成熟的基础上的性心理需要，性生理成熟是性心理发展的基础。然而，正如苏联教育家马卡连柯所说的那样：“从动物的性本能中是培养不出人类的爱情的。恋爱的力量只有在人类的非性爱的好感中才能得到。”

### 二、性心理健康的意义

性心理健康对个体的性活动起支配作用，它具有以下几方面的意义：

（1）有助于人们掌握科学的性知识。掌握科学的性知识与建立健康的性心理二者是相互依存的。有健康的性心理，能正确接受有关性的知识与信息；具备了正确的性知识和理智的性认识，又有利于性心理的健康发展。

（2）有助于接纳自己的性身份，承担起相应的性别角色。性身份是从生理上讲的男性或女性的性别所属。人们若不能正视它、接纳它，就会导致心理失调。比如，有些人不愿意接受自己的性身份，不能形成性的自我同一性，严重者会形成易性癖。

（3）有助于增进个人、家庭生活幸福和社会文明进步。

## 三、大学生性心理健康的标准

根据性心理健康的内涵，个体的性心理应该符合以下标准：

（1）能够正确认识自我，愉快地接纳自己的性别。

（2）具有正常的性欲望。

（3）具有较强的性适应能力。

（4）能和异性保持和谐的人际关系。

（5）能增进文明的社会风尚。

## 四、大学生的性心理困扰

### （一）性认知方面的偏差

随着社会的进步，人们对性的认识发生了变化，但几千年封建社会愚昧、保守的“性”观念的影响还远远未能消除，因此，一些人对“性”仍持有某些不正确的认知，仍把性看成是下流的、肮脏的、难以启齿的、污秽的、亵渎的、低级的、见不得人的。这种性认知往往导致性情感、性态度的过敏、禁忌、矛盾、冲突，进而影响他们的自我评价。这样一种性认知、性情感、性态度的偏差，既是一种不健康性心理的表现，也是引起一系列性心理障碍的重要因素。

### （二）性自卑

几乎所有的大学生都关注与自己性别相关的体形特征。大学生都希望自己美丽或者潇洒。如果认为自己长相平平，就会感到苦恼。个别大学生过于在意自己的外形特征，若遇到被拒绝、被歧视或恋爱挫折，容易引起性心理严重适应不良，极个别甚至会走上自杀轻生的道路。

### （三）性嫉妒

性嫉妒是指对现实或想象的优于自己的性爱竞争者所持怨恨的情感。当同性别的人出现，而自己的性爱对象有被占有或被夺取的可能时，就会产生各种复杂的情感体验和行为。一般先是注视、疑虑、担心或跟踪，继而转为憎恨、敌视，甚至采取暴力或自虐、自残行为。处于恋爱之中的青年男女，普遍都有过嫉妒的情感体验。这种嫉妒可演变为恋人之间的猜疑、误解、争吵，以及人与人之间的各种纠葛，使恋爱过程变得迂回曲折，甚至关系破裂。一般来说，双方相爱越深，一旦引发性嫉妒的后果也越严重。自信心缺乏和要求爱情专一是性嫉妒产生的两个重要原因。通常女大学生的性嫉妒心理比男大学生强烈得多。

### （四）性幻想

性幻想是指在某种特定因素的诱导下，自编、自导、自演与性交往内容有关的心理活动过程。它又称爱欲性白日梦。这是青春期常见的一种自慰行为，是一种正常的、普遍的性心理反应。幻想不能完全满足性的要求，但它可以缓解由失望带来的气馁。青春期的性幻想是性冲动的一种发泄方式，适当的性幻想有利于释放压抑的性行为，但是，如果性幻想过于频繁且沉溺其中，以至于影响正常的学习和休息，甚至把幻想当成现实，那就会成为病态，则属于不健康状态，应加以调节和克服。

### （五）性梦的焦虑

性梦是指在睡眠状态中所做的以性内容为主的与异性交合的梦境，又称爱欲性睡梦。这是一种无意识或潜意识的性心理活动。

大多数心理学家认为，性梦是自慰行为的一种形式。一个人有了性的欲望和冲动，如果客观现实不允许其实现这种欲望，就必须加以克制。这种欲望和冲动虽在意识层中被压抑了下去，却可能在潜意识中显露出来。于是，便可在梦境中得到实现。因此，性梦是正常的生理心理现象，是一种不由行为人自控的潜意识的性行为，故又称为非意志性的性行为。

### （六）性焦虑

广义上说，性心理矛盾、冲突，以及各种性适应不良都会引起性焦虑，这里主要指对自己形体、性角色和性功能的焦虑。

### （七）性自慰的焦虑

手淫是指性欲冲动时，用手或其他物品摩擦、玩弄生殖器等性器官以引起快感、获得性满足的行为，是与青年性生理发育相适应的一种自娱自慰式的自限性性行为。手淫是人到了青春期后产生了性要求和一时不能满足此要求的矛盾的产物。只要自然的性活动受到限制，手淫就很容易出现。

## 探索应用

### 科学对待“性”

作为大学生心理健康的重要组成部分，性心理的健康与否，对大学生成才同样有着重要的意义。大学生健康性心理的完美塑造，依靠内因和外因来实现。内因是指大学生的自身条件，除了具有健康的生理状态外，还要掌握科学的性知识，以科学的态度对待“性”，以健全的人格调控性冲动；外因是指外部条件，即家庭、学校和社会为大学生的健康成长提供性文明的良好风尚。

## 一、自觉掌握科学的性知识

### （一）从科学健康的渠道获取性知识

随着大学生性生理和性心理的成熟，他们对性知识和性信息必然表现出一种关注和渴望。但是，社会上信息渠道的多种多样，传播的性知识良莠不齐，对大学生的性心理健康也会产生不同的影响。大学生应该选择恰当的性知识传授者，从科学健康的渠道获取性知识。

### （二）以科学的态度坦然面对“性”

性是一门科学，大学生应该以科学的态度坦然面对，积极主动地向具备科学、系统性知识的家人、教师和医生请教，或者去书店购买正式出版发行的，符合自己年龄特点的有关性知识的图书或影视资料。具有了关于性的科学知识，学会了以科学为标准来鉴别和选择性信息，才能真正地从身心及社会各方面把性统一起来，达成和谐的性的自我同一。

### （三）合理调节性冲动

在健全的人格力量调控下，将性行为控制在适当的时间、地点、对象和社会规范之内；以“转移、升华、克制、释放”合理调节性冲动，达到性生理、性心理及社会性道德规范三者之间的和谐统一；正常进行两性间的交往，对两性间的关系形成正确的认知，做情感的主人；明辨是非，增强对黄色文化的免疫力，不因性问题而受各类性意识或性行为问题的困扰。

## 二、加强家庭和学校对大学生的性教育

### （一）家庭对大学生的性教育

家庭是培育大学生性文明的摇篮，实施性教育的基本场所是家庭，父母是实施性教育的第一任教师。不论父母自己是否具备性知识，也不论父母本人的性文明程度如何，都对大学生的性心理健康有着重要的影响。尤其是大学生正处在性成熟、选择性行为的关键时期，父母在两性关系上的观念、行为方式都对大学生起着潜移默化的作用。特别是父母在感情方面是否融洽、深厚，彼此的依恋程度，相互的关爱等，对大学生的性行为都起着示范的作用，也对大学生的健康性心理起着保健的作用。

### （二）学校的性教育

学校是大学生性文明建设的基地。学校是有目的、有计划、有组织地传授知识和技能、

发展智力、培养高尚思想道德品质的场所，同时，也是性文明的建设基地。大学生处在高校这样高度文明的环境中，又处在性爱萌发的关键年龄阶段，无论从大学生的身心健康成长，还是从为社会培养“四有”人才、为大学生未来家庭的稳定以及社会的稳定需要出发，性教育都是必不可少的内容。

## 三、营造良好的社会性文化氛围

性心理的发展，一方面要受性生理发育状况的制约，另一方面也受到来自当时社会性文化的影响。前者是性心理发展的生物基础，后者是性心理发展的社会基础。

大学生健康性心理的塑造，不仅依靠对大学生进行科学的性知识教育，性道德规范教育，以及大学生自身的调适，也有赖于社会文化，尤其是整个社会所营造出来的社会性文化氛围。

## 四、性心理咨询——大学生性心理健康的有效求助途径

心理咨询是咨询人员运用心理学的理论和方法，通过建立良好的咨访关系，给来访者以启发、指导和帮助，促使其健康发展的过程。性心理咨询则是心理咨询的一个特殊领域，它是心理咨询人员，运用性心理学的知识和技术，给寻求性心理咨询的来访者以启发、指导和帮助，使来访者免受性意识或性行为障碍困扰，改变不良的性适应行为方式，提高当事人性适应能力，增进当事人身心健康的过程。可见，它对解决大学生中存在的各类性心理问题有着积极的作用。

[案例] 小刘是某高职院校二年级学生。大一的时候，她与本班一个男生小胡谈恋爱了。经过近一年的经营，他们的爱情之树茁壮成长，枝繁叶茂。但是，最近小刘非常苦恼，原因是小胡希望与她关系更近一步，与她发生性行为，而小刘认为这样不妥，她不能接受。男友却跟她说现在恋人之间发生性关系很正常，他身边的几个谈恋爱的同学都经历了这个阶段，而且关系越来越紧密了。

一再地要求让小刘感到无所适从。一方面她非常爱男友，希望他永远开心、满意；另一方面她又不能答应男友的要求，她不能违背自己的意愿去满足男友的需求。另外，如果她拒绝了男友的要求，男友肯定认为她不爱他。难道一定要发生性行为才是真爱吗？小刘觉得很苦恼、很沉重，内心非常矛盾。

[案例分析] 上述案例中，小刘很苦恼，可能她不答应，小胡就会离开他，但她又很爱小胡。现在大学生中可能有很多这样的情况，对于婚前性行为，作

为一个成年人，应该有评估的能力。现在谈恋爱，是否有结婚的打算？如果以后分手怎么办？这样做，有什么后果？我自己能否承担？如果自己想清楚了，就可以决定自己的下一步。尤其是女生，还需要学会自尊自爱，才会让对方尊重自己。

## 体验拓展

### 拓展阅读：《2019—2020大学生性与生殖健康调查报告》（节选）

### 一、人口学特征篇

#### 1. 样本量

高校数量
1764所

有效参与人数
54580人

#### 2. 高校类型

本科院校
68.07%

专科院校
31.93%

3．在读年级

大一
59.76%

大二
22.59%

大三
11.11%

大四
6.54%

注：由于收集到的研究生样本数量有限（硕士研究生=1571，博士研究生=308），本次报告仅在需要作为对比时提供研究生样本的数据。

4．生理性别

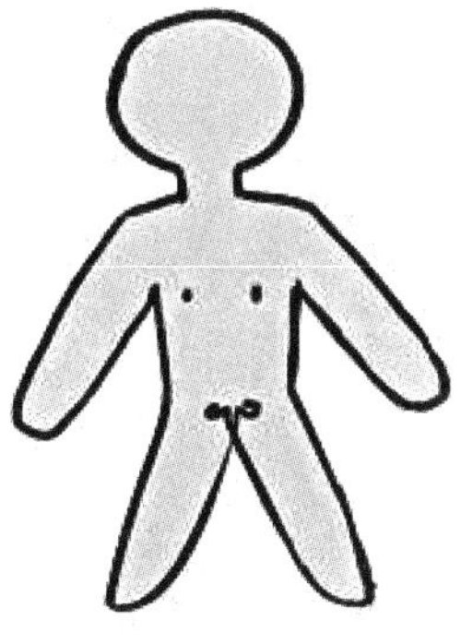
男
34.20%

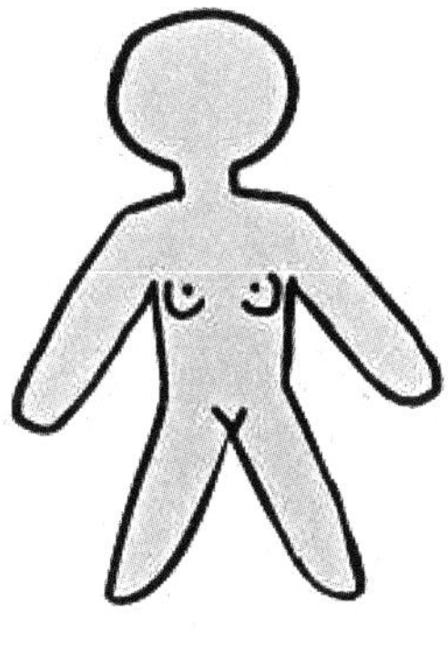
女
65.80%

注：本次报告结果参考《中国教育统计年鉴（2018）》，根据地域、年级、性别等人口学因素进行了加权调整，以使得调查对象分布与我国大学生的真实分布接近一致。

## 二、择偶与恋爱篇

### 1. 选择恋人时看重的十大因素

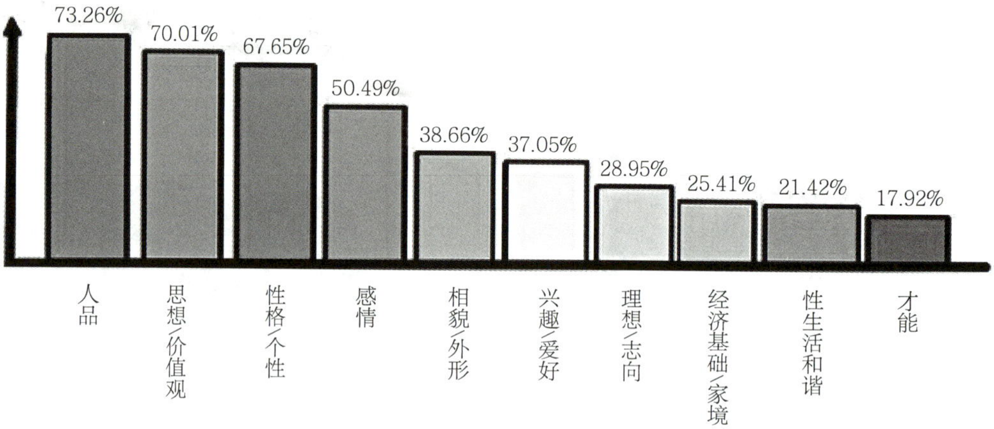


※多选题

看来大学生在选择恋爱对象时，优先考虑的还是跟“人”有关的因素，比如品质、观念、性格等。

### 2. 感情状况

一直单身
33.04%

恋爱后恢复单身
33.43%

目前有对象
33.53%

从数据中可以发现，有66.47%的同学目前单身，但只有33.04%的同学从来没有谈过恋爱。

### 3. 有过恋爱经历

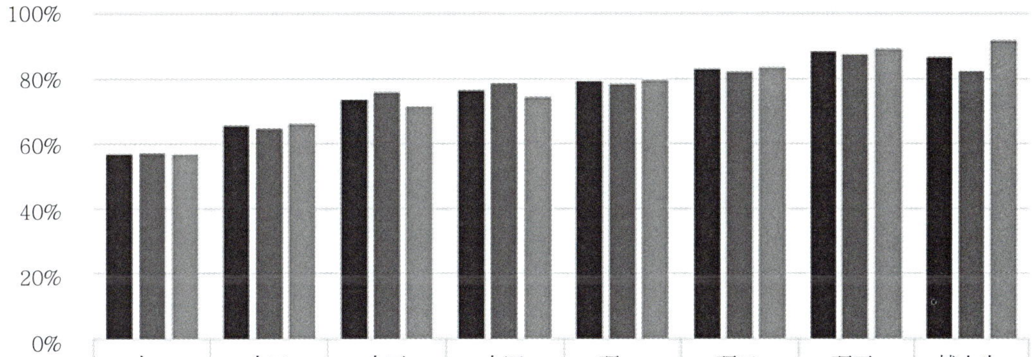


| | 大一 | 大二 | 大三 | 大四 | 研一 | 研二 | 研三 | 博士生 |
|---|---|---|---|---|---|---|---|---|
| ■全体 | 56.89% | 65.45% | 73.57% | 76.41% | 79.05% | 82.95% | 88.36% | 86.61% |
| ■男生 | 56.97% | 64.75% | 75.84% | 78.60% | 78.33% | 81.93% | 87.50% | 82.28% |
| ■女生 | 56.82% | 66.08% | 71.51% | 74.43% | 79.43% | 83.49% | 88.95% | 91.62% |

有过恋爱经历的比例随着年级上升而逐年增加。大学期间，在入学时男女生没有明显差异，但到了大三之后，男生谈过恋爱的比例大幅升高。

### 4. 首次恋爱年龄

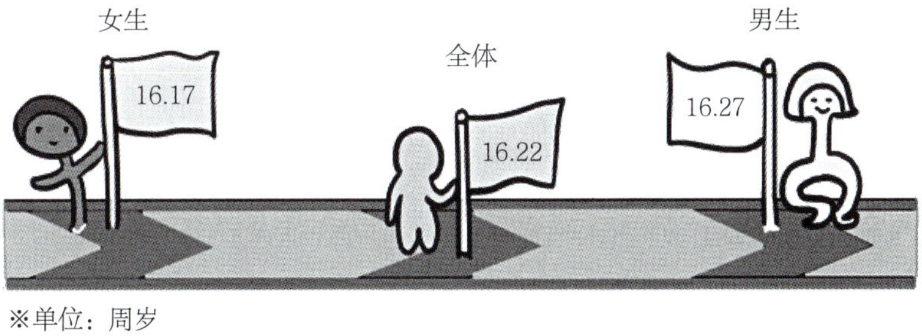


※单位：周岁

本题针对有过恋爱经历的同学提问。在校期间，同学们大多数和同龄人谈恋爱，所以平均初恋年龄没有明显差异，都在16～17周岁。

### 5. 恋爱关系满意度

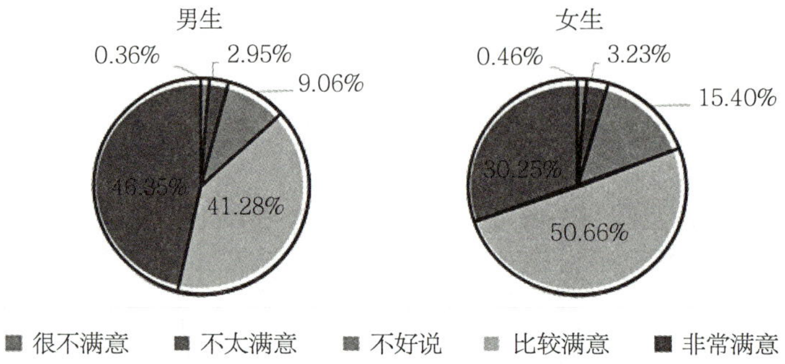


本题针对处于恋爱关系中的同学提问。相对来说，女生对恋爱的满意度更低。男生非常满意的比例明显高于女生，女生更倾向于比较满意；认为不好说和不太满意的女生比例也高于男生。

Tips：

由于成长经历、家庭背景、价值观念、性格特征等方面的不同，恋爱中产生矛盾是很正常的事情。沟通有利于创造积极且令双方愉悦的亲密关系。在沟通中既要表达事实，也要表达感受，有利于解决问题，并能增进感情。提升恋爱满意度需要恋爱双方的共同努力。

### 6. 因失恋感到痛苦

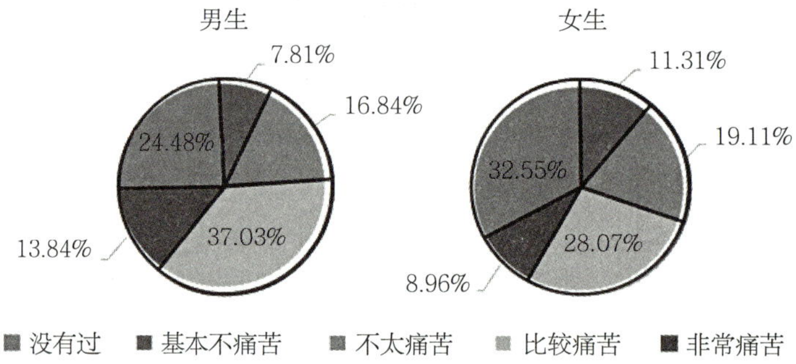


Tips：

失恋可能带来痛苦、悲伤、失落感、羞辱感，这都是正常的心理活动。感情是否圆满不一定和时间长短、是否走向婚姻有关，如果这份感情让你更了解自己，学会了如何去爱别人和爱自己，这就是最大的收获。失恋后的自我调节十分重要，不要用一段感情的结束来否定自己，如果情感创伤难以平复，并影响到了正常生活，可以及时寻求心理援助。

## 7. 目前单身大学生的恋爱意愿

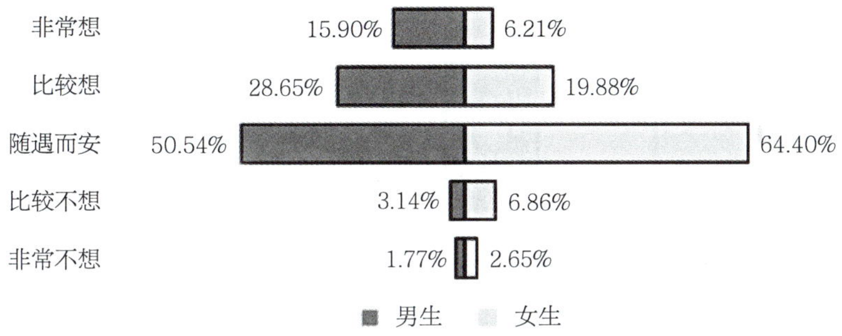


在目前单身的同学中，男生想谈恋爱的意愿更强烈一些，“非常想”和“比较想”的比例远高于女生；而女生则对恋爱更加“佛系”，甚至并不想谈恋爱。

Tips：

不要因为单身而轻率地开始一段恋爱，恋爱意味着一份承诺或责任心。看到身边的朋友开始恋爱时，有些同学可能也会产生恋爱的念头，这时应该了解自己真实的想法。对大多数人而言，恋爱是深入了解亲密关系、发展性别角色的重要过程。

## 8. 对婚姻的想法

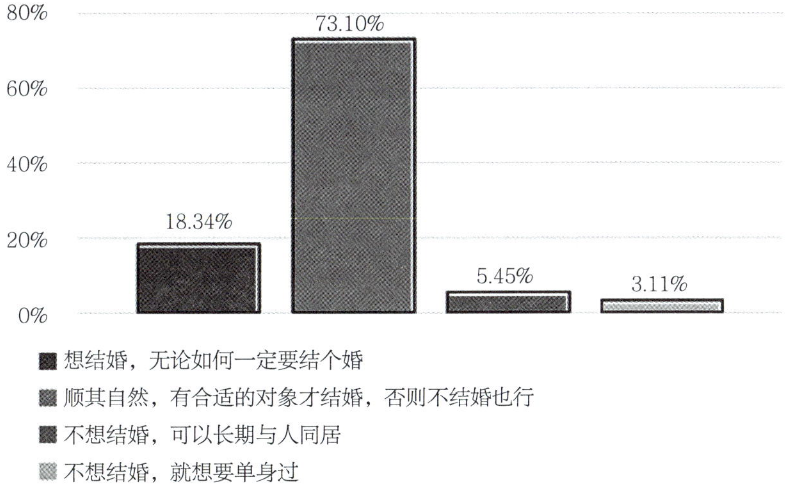


大学生普遍觉得婚姻不是必需品，而是感情水到渠成的结果。

### 9．理想结婚年龄

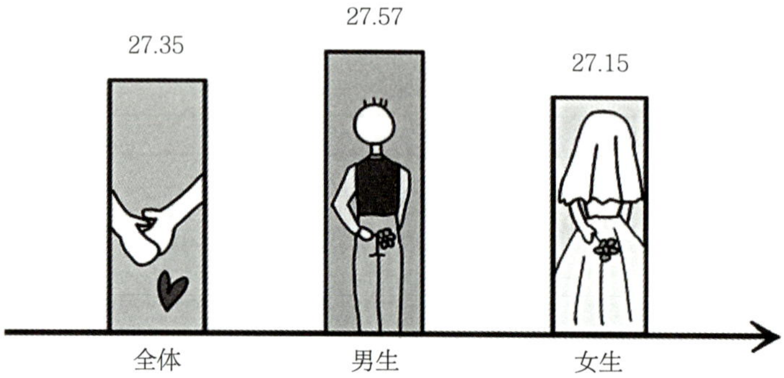


※单位：周岁

对于有结婚意愿的大学生来说，男生和女生的平均理想结婚年龄相近，都在27～28周岁。

## 拓展资源

**书籍《性学入门》**

此书是李银河主编的对性学主要研究领域和代表人物的介绍性著作。全面翔实地对性学所涵盖的所有研究领域和热点问题进行详尽的梳理和介绍，其中包括性研究的历史沿革，性的个人层面、社会层面、政治层面和哲学层面，是一本性学入门书或者说是概论类图书。

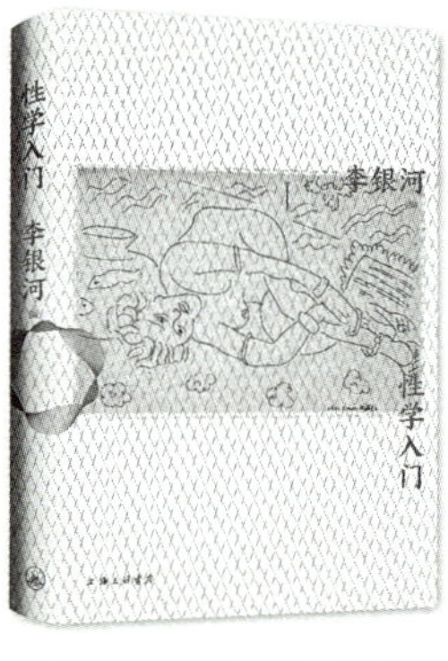

# 专题六

# 欲罢不能　欲说还休——大学生网络心理

一名沉迷于网络游戏虚拟世界的青年——23岁张潇艺，根据自己在游戏中的感受写了一篇8万字的网游笔记《守望者传》，选择一种特别造型告别了现实世界：站在天津市塘沽区海河外滩一栋24层高楼顶上，双臂平伸，双脚交叉成飞天姿势，纵身跃起朝着东南方向的大海“飞”去，去追寻网络游戏中的那些英雄朋友：大第安、泰兰德、复仇天神以及守望者……

你爱玩网络游戏吗？

网络游戏能够让人放松，可以释放工作和学习带来的压力，锻炼我们的思维和操作能力，很多游戏还能拓展我们的知识，而且还可以增进玩伴们的友情，获得成就感和满足感，但沉迷网络游戏会影响大学生的身心健康。

## 主题1　一网情深——网络心理

### 知识素养

随着计算机、通信技术的发展，互联网正以飞快的速度延伸到社会的每一个角落，对人类社会产生重大影响，改变着人类社会的生产、生活与交往方式，深刻地影响着人们的思想观念和精神世界。网络作为一种新型的信息传播和人际交往工具，对大学生的学习、生活和心理健康产生着越来越重要的影响。当代大学生是社会人群中最活跃的一部分，他们热衷于信息网络技术，希望与世界加强交流，实现自己的人生价值。尤其是4G、5G技术的开发和应用，彻底改变了大学生的人际交往和生活方式等。如何发挥网络的积极作用，控制和减少其消极作用，是大学生面临的一个全新课题。

### 一、互联网的发展和特点

#### （一）互联网的发展

1960年，从事听说研究的学者、行为心理学博士利克里德尔发表了一篇题为《人机共生》的文章。在文章中，他写道：“用不了多少年，人脑和电脑将非常紧密地联系在一起。”1969年，为了能在爆发核战争时保障通信联络，美国国防部高级研究计划署ARPA资助建立了世界上第一个分组交换试验网ARPANET，连接美国四个大学。1986年美国国家科学基金会NSF资助建成了基于TCP/IP技术的主干网NSFNET，连接美国的若干超级计算中心、主要大学和研究机构，世界上第一个互联网产生，迅速连接到世界各地。20世纪90

年代，互联网的发展和应用出现了新的飞跃。

我国从1986年开始进行国际联网试验，1987年向世界发出了第一封电子邮件，1994年开通了第一条国际专线，而中国互联网接入和服务面向全社会正式开放则是在1995年。从这时开始，中国才真正进入互联网。三十多年来，互联网在中国得到了迅猛的发展。

今天，互联网的发展速度大大超出了网民的预期。与其他媒体相比，互联网信息量大、传播速度快，具有双向性和多向性的特点，人人可成为接收者和发送者。互联网的内容良莠不齐，难以监控和筛选，但其超出想象的刺激性和娱乐性，又极易使人上瘾。Kraut等人的研究发现，互联网的使用会造成网民社会卷入的减少以及心理幸福感的降低，表现出孤独感和抑郁感的增加。长期的痴迷上网可能导致各种网络疾病。

### （二）互联网的特点

互联网具有开放性、全球性、虚拟性、身份的不确定性、非中心化与平等性等特征。

#### 1. 开放性

互联网的本质是计算机之间的互联互通，以便能够做到信息共享。计算机之间互联互通的程度越充分，共享信息越多，开放性越高，互联网所起的作用就越大。互联网的这种开放性，主要体现在以下几个方面：

（1）对用户开放。互联网是一个对用户充分开放的系统，只要具备上网的硬件条件，就可以去体会网上冲浪的乐趣。

（2）对服务者开放。互联网上的信息来自不同的提供者，没有哪一个国家或组织能够独揽互联网的信息服务。通过对服务者开放，互联网为用户提供一个开放的接入环境，使互联网上的每一个节点，都可以自愿地、轻而易举地为互联网提供信息服务。互联网的开放性是互联网强大的生命力和活力之源。

（3）对未来的改进开放。互联网上的子网在遵循TCP/IP接入协议的前提下，可以有不同的风格和体系，可以根据不同的需要随时对任何一个子网进行更改而不影响整个互联网的运行。

#### 2. 全球性

网络拓展了人类的认知和实践空间，无论在广度上还是在深度上都在我们无法想象的空间中蔓延、伸展着，它突破了种族、国家、地区等各种各样的有形或无形的“疆界”，真正体现了全球范围内的人类交往，体现了人与人之间的“无限互联”及“无限关涉”。

#### 3. 虚拟性

网络运行具有“数字化”的特点，数字化的最终结果就是“虚拟化”。网络世界可以通过数字化方式，链接各计算机节点，综合计算机三维技术、模拟技术、传感技术、人机界面技术等一系列技术生成一个逼真的三维感觉世界。在人工构造的虚拟情境中，网络赋予人一种在现实中非实在的体验，从功能效应上说这是真实的，所发生的虚假关乎于交往者本身，而与网络的上述功能无关。

### 4. 身份的不确定性

在现实世界中，人的各种社会关系——亲朋好友、同事邻里等，其交往活动依附于特定的物理实体和时空位置，受到较为稳定的社会价值观念文化的支撑和规约。在网络世界里，信息的庞杂性、虚拟性和超时空特征使得作为行为目的、意义和情感的传播通道并不是清晰可辨的。同时，网络世界是一个开放多元的世界，它跨越了时空的地理界限，但却无法聚合历史文化的差异。这些都使得发生在人与人之间的网络交往易变、混沌，网络世界中的人际关系也因此充满了不确定性。

### 5. 非中心化

互联网以令人惊异的发展速度，把社会各部门、各行业乃至各国、各地区联成一个整体，形成了一个相对自由的“网络时空”。网际交往突破了现实社会行为所具有的以自我为中心的互动特征。互联网技术消灭了“客体”这个字眼，消灭了权威式中心化的主体意志，而代之以平等自由的主体间交往，所形成的网际关系是非中心化的。

### 6. 平等性

作为一个自发的信息网络，每个网民都有可能成为中心，它没有直接的领导和管理结构，没有等级和特权。因此，人与人之间的联系和交往趋于平等，在这里谁都没有绝对发言权，但同时，谁又都有发言权。

### 7. 个性化

互联网是将世界上数以万计的计算机、网络互联在一起，既互通信息、共享资源，又相互独立、各自分散管理，权力、阶级、阶层甚至地理位置、国家、民族在网络中都失去了意义，个体的个性意识逐渐增强。

## 二、网络与大学生心理

在网络大潮汹涌而来的网络时代，作为时代“弄潮儿”的大学生们自然也不甘落后，始终扮演着互联网忠实追随者的角色。大学生具有创造性强、接受新鲜事物快等特点，但由于涉世不深、追求刺激、喜欢娱乐，自我控制力较弱，这些特点不但使他们成为互联网的极大受益者，也容易使他们沉迷于网络，在心理健康方面受到很大的负面影响。可以说，互联网对大学生来说是一把双刃剑。

大学生网络心理的特点主要有以下几点。

### 1. 猎奇心理

猎奇心理是青年大学生的个性特点，很大一部分大学生上网的目的就是猎奇。

### 2. 尝试心理

与传统的传播媒介相比，网络的区别是明显的，它的平等、开放和互动，激励了当代大学生的尝试心理。

### 3. 娱乐心理

网络具有传播速度快捷、彻底打破地域、拉近传播者与受众之间距离的优势，被誉为继报刊、广播、电视之后的第四媒体。网络传媒的特征和功能与大学生好奇、浪漫、喜欢惊险刺激，对新事物、新知识反应迅速的心理特征相匹配。

4．减压心理

社会竞争的激烈和就业压力的增大，使大学生承受越来越大的心理压力。通过网络，大学生宣泄被压抑的不良情绪，在一定程度上缓解了心理压力，获得一定的心理治疗效果。

## 三、大学生常见网络心理障碍

网络在给人们的生活、工作、学习带来了极大便利的同时，也给人们特别是青少年的身心健康带来了许多隐患。

### （一）网络心理障碍概述

网络心理障碍是指患者没有一定的理由，无节制地花费大量时间和精力在互联网上持续聊天、浏览，以致损害身体健康，并在生活中出现各种行为异常、心理障碍、人格障碍、交感神经功能部分失调。医学临床上称为“网络成瘾综合征”。该病的典型表现包括：情绪低落、无愉快感或兴趣丧失、睡眠障碍、生物钟紊乱、食欲下降、体重减轻、精力不足、精神运动性迟缓、激动、自我评价降低、能力下降、思维迟缓、有自杀意念和行为、社会活动减少、大量吸烟、饮酒和滥用药物等。

### （二）网络心理障碍的种类

研究人员认为网络心理障碍主要表现为3种类型：网上沉溺、人际交往受阻、感情冷漠。

1．网上沉溺

网上沉溺主要包括恋网与网恋两种。恋网即为迷恋网络或称网瘾，是指长时间地沉迷于网络游戏、上网聊天、网络技术。网恋即为网上恋爱，网络为网民提供了大量的空间和许多的途径进行感情交流，甚至有专门的“网恋”网站。网民可以通过互联网结识网络社会中的异性，并与之谈情说爱。

总之，网络这个虚拟的世界圆了人们在现实生活中无法企及的梦想，为人们提供变换角色的各种机会。参与此种活动的人有相当数量的是大学生。沉迷网恋的大学生，既荒废了学业，又会使自己的身心受到伤害。最可悲的是网络是十分虚幻的，大学生一不小心就会上当受骗，势必会影响他们的情绪，并且将这些情绪带到平时的学习和生活中，给心理造成不可磨灭的阴影，个别大学生甚至轻生厌世。

2．人际交往受阻

网络的人际交往是通过人机对话来实现的，在虚拟的网络世界里，可以消除各种社会暗示和物质表象的干扰，平等地与对方沟通信息、交流思想、表达感情，以求得到对方最大的理解和帮助。但是与现实生活中的人际交往相比，它掩盖了许多非语言符号等丰富的内容，存在情感深层交流不足的缺陷。迷恋网络，会使大学生们远离同学，远离各种活动和社交场合，变得在现实生活中更加孤独。

### 3. 感情冷漠

网络构筑的传播体系强调的是高速、大量、生动与精确，少的是现实生活中的人情味。在以计算机为终端的网络中，由于匿名隐去身份，许多现实社会中的规范、规则、道德在虚拟世界中被冻结。

长时间在网络中生活，一些大学生慢慢变得分不清现实与幻想。他们把虚拟世界中的冷酷与无情带到现实生活中，对亲友冷淡，对周围事物失去兴趣，对外界刺激缺乏相应的情感反应，面部表情呆板，内心体验缺乏，严重时对一切都漠不关心；他们恣意表现自我，放纵自我情感，让现实中无法实现的事情，在网络世界中逐一变成现实；在表现个人自我时，把社会自我抛得越来越远，甚至企图借助网络在现实社会凸显自我，将自我凌驾于社会之上，进行网络犯罪，对自己的技术沾沾自喜，却很少对自己所造成的损害感到羞愧。

## （三）网络心理障碍的原因分析

### 1. 心理因素

（1）从众模仿心理。大学生普遍认为，进入大学以后没有了学习压力，缺少父母老师的督促，因而感到十分自由，相当部分新生自入学便开始尽情放纵、追求享受。从心理学的角度看，这部分同学缺少了学习压力，丧失了求学的目标与动力，出现暂时的目标真空，导致刚入校园时无所适从，在外界诱惑下极易产生从众心理和模仿心理，在其他同学的影响下很自然地加入了网民的行列，客观上加剧了网民的增长。部分同学是因为中学时被管得太紧，产生逆反心理，进入大学后在网上拼命释放“天性”，一发不可收拾。

（2）补偿心理。一部分学生为缓和“理想自我”与“现实自我”之间的矛盾，便到网上寻求心理补偿，寻找心灵的慰藉，期望在网络中找到自我，于是将时间和精力倾注于网络世界，并通过网络来满足自己。

（3）求助心理。随着社会经济条件的提升，不少大学生家庭经济环境良好，上大学前基本上过着衣来伸手，饭来张口的生活，缺少锻炼，独立生活能力差。上大学后很多事情都要学会自己做，必然会遇到许多一时难以解决的问题和烦恼。有些学生碍于面子，不愿向同学倾诉和求助，转而向网络寻求帮助。

（4）逃避心理。大学生进入校园后渴望建立一个和谐的人际关系环境，渴望人们的理解与支持。但大学生在交往中存在因缺乏经验、技巧而不善交往，因担心他人轻视而不愿交往，因性格内向孤僻而不会交往，因个性自卑而害怕交往等现象。造成与他人难以沟通，感到压抑孤独。就像有同学抱怨说，在大学生活中人与人之间总是隔着一层薄膜，徒见其外表而不知其内心。在这种心理作用下，一旦遇到挫折，很容易产生逃避心理。

（5）畏难心理。开学初，好奇心和刚入大学的喜悦让大学生有耐心坐在教室听课，但跟不上老师的授课节奏，觉得“不知所云”，感觉学习困难，同样在其他为人处事方面也有些困难挫折“无从下手”，畏难情绪让部分同学选择在网络里找寻“成就感”。

（6）自卑心理。这类学生一般都带着某方面的人格障碍或心理障碍进入校园，由于家庭的因素（贫困、父母离异、单亲家庭），使他们存在着自卑心理，性格孤僻，害怕与他人共处，长期处于压抑状态，为寻求心灵的解脱，往往借助网络，沉溺于网络虚拟的世界不能自拔。

2. 社会因素

在校青少年的学习压力大，精神长期紧张，在人际交往中经常出现阻碍与困惑。另外孩子和父母之间也常常缺乏交流，即使有交流也多不融洽。这些都导致青少年处于一种生理和心理苦恼期，长期的压抑需要某种途径加以宣泄，而上网无疑是较为方便的途径。于是，他们在网络中结交朋友，以获得现实生活中无法得到的情感、尊重和满足感。

## 探索应用

### 网络对大学生行为的影响

#### 一、积极影响

#### （一）对学习行为的影响

网络的普及和网上资源的丰富，极大地改变了大学生的学习方式，拓展了学习内容，有效地促进了大学生的学习。大学生通过网络自由地进行大容量、超时空的信息交流，不断获取想要学习的各种知识，增强了学习的自主性，完善了知识结构，深化了学习内容，满足了日益增长的学习需要。

#### （二）对沟通行为的影响

随着网络科技的发展，网络对于人类的生活方式和沟通行为的影响越来越大。研究者霍华德·莱因戈德提出，网络沟通将从三个相互联系的方面对现实生活产生影响。首先，在媒介饱和年代，网络沟通将重新塑造人们的个性和情感；其次，传统的人际关系是建立在一对一的交流基础上，而网络沟通提供的是多对多模式，因而也将对群体观念和人际关系构成挑战；最后，则是对民主社会的影响，网络沟通挑战了权力集团对传播媒介的垄断。

后来的研究者大致有三种倾向。一是乐观主义的期待，强调网络传播产生了新的社会交往形式和沟通行为模式，并将与新的都市生活环境相适应。另一种则体现出强烈的批判意识，认为电脑带来社会关系的非人性化，互联网的使用加剧了人的孤独、疏离感，甚至是沮丧的感觉，实际是减少了人与人之间的交流和沟通。第三派的观点带有某种折中主义色彩，认为虚拟社群独立于现实社群之外，与之互动，但并不对立。基于已存在的大量研究，本书作者认为应该站在一个客观的角度看待网络对于沟通行为的影响。

### （三）完成人格构建

在网络交流中，人格不再被理解为一个相对固定的结构，而是一个交流中产生的临时的结构。与其说有一个较为固定的人格，不如强调在交流中产生意义，交流中的结构决定了人的行为方式，这是网络心理学产生的一个新观念。通过网络，大学生不仅能改进自己的学习方法，拓宽知识面，提高学习的能力和效率，而且能提高自身的综合素质。在网络世界中了解人和物，对于大学生的社会交往是一种全新的方式。

### （四）为不良情绪的宣泄提供途径

网络的匿名性为大学生不良情绪的及时宣泄提供了新渠道。大学生可以方便地在网上找到自己忠实保密的聊天对象，为郁闷、焦虑、愤怒等不良情绪找到宣泄的出口。同时，网络的虚拟性使得真实的自我有了表现的机会，这对成长中的青年学生是有益的。

## 二、消极影响

### （一）导致自我约束力降低

因为网络的使用，大量宝贵学习时间被浪费，影响学业。大学生自由支配的时间较多，一些大学生平时下午和晚上经常上网聊天或玩游戏，到周末更是如此。有的学生甚至通宵上网，个别学生旷课去上网聊天、玩游戏。不但花费了大量的金钱，还因上网导致学科成绩极差，经常逃课，根本听不进去老师的教育，有的甚至留级、退学。

### （二）失去广泛的兴趣爱好

沉溺于网上游戏或聊天以后，大学生将会利用一切可以利用甚至不可利用的时间上网。对现实的各种活动，如打球、下棋、看电影以及班级里的各种活动都不感兴趣，认为这些活动没有什么意义，网络成为能够代替一切活动的新嗜好。长期下去，势必导致个体脱离现实生活，淡化或失去现实生活中广泛的兴趣和爱好。

# 网络对大学生心理的影响

## 一、积极影响

### （一）有助于培养人际交往的能力

网络交往通过全方位、多层次的信息传递为大学生提供了更方便且范围更大的社会交往机会，使大学生的社会性得到空前的延伸和发展，在一定意义上给大学生心理健康带来积极的影响。传统交往方式下，个体的人际交往常常囿于实际生活的狭小生活圈子，但在网络社会中，网络的开放性、大众性、虚拟性、直接性等多种特点容易使网上交往打破身份、地位、财产等社会等级的限制，为人际交往提供便利。通过网络，人们可以免去彼此的客套、试探、戒备和情感道义责任，网络人际交往比较容易突破年龄、性别、地位、身份、外貌等传统人际交往影响因素的限制，为大学生提供了虚拟性的更为广阔的网络交往空间。

### （二）有助于胜任现实的社会角色

人际交往中交往者要扮演不同的社会角色，交往环境和交往关系不同，交往角色也会发生变化。交往者所扮演的往往是复合角色。网络为大学生提供了角色实践的“练兵场”——网络创造的“虚拟环境”使大学生能够在其中不断进行角色学习，理解角色的行为规范，体会角色的需求和情感，了解角色间的冲突，并借助网络群体成员间的互动，体验自己的角色扮演情况，进而把握自己在现实社会中各种角色的尺度。

### （三）有助于激发大学生的创造性思维

在网络中，由于大量使用的超文本阅读方式是以网状形式来构筑和处理信息的，是一种跳跃式的、非线性的思维方式。从非线性的角度出发思考问题，那么在处理一个复杂的事物时就必须考虑它与周围事物的种种联系，并透过这种网状的联系来寻找解决问题的方法。这种思维方式改变了传统线性思维所固有的较狭隘、死板的弊端，打破传统线性思维束缚的环境。有利于培养大学生的发散性思维，拓展大学生的思路，帮助大学生正确地看待周围的人和事，树立科学的人生观和世界观。

### （四）有助于提高个体心理健康水平

个体心理健康水平存在程度差异。低层次的心理健康指的是没有心理疾病症状，高层次的心理健康是指人的潜能得到充分发挥或“自我实现”。因此，即便是正常的人也要不断提高自己的心理健康水平。互联网上普及心理健康知识、提供专业心理援助的心理健康站点比较多。尽管这些知识的侧重点有所不同，但它们都自觉担负起了普及心理健康知识、提供专业心理援助的责任，在一定程度上对大学生的心理健康辅导起到了积极的作用。

## 二、消极影响

网络对大学生心理的冲击，容易造成他们情感自我和角色自我的迷失，影响其心理健康，并诱发出种种心理障碍。

### （一）人际交往障碍

网络交往是人与电脑的频繁接触，匿名交往无须担心会给自己带来现实社会中所面对的各种压力，网上人际交往显得更加简单和自由。大学阶段是大学生人际交往能力和人际关系形成的重要时期，热衷于虚拟交往使大学生参加集体活动、社会实践等社交的机会大大减少，使得部分大学生疏远了现实中的人际交往，对现实生活中的人际沟通缺乏耐心，造成了现实人际关系障碍和角色的错位，人际情感逐渐萎缩和淡化，生活越来越封闭，人际交往能力越来越差，继而产生对现实人际交往的逃避和恐惧，严重影响了大学生的学业和生活，并诱发大学生心理疾病的产生。

### （二）逻辑思维能力下降，产生厌学心理

网络快捷性的特点，使得大学生面对许多问题时，只需要鼠标点击，而不需要思考。如果大学生经常打游戏，不仅会使自己的思维活动受到极大抑制，长此以往，思维也会变得迟钝单一，从而影响他们思维和想象力的健康发展。大学生将大量的时间用于网上聊天、网络游戏等，自然就没有充足的时间用于学习、社交和休息。一些学生经常逃课上网甚至通宵达旦，久而久之学习成绩直线下降，由不愿学、无心学、害怕学直到产生厌学心理。

### （三）情感问题

情感交往是大学生网上交往的一个主要方面。大学生正处于情感体验的高峰时期，情感需求主要有两个方面：一是寻求异性朋友或恋爱对象；二是为了情感满足和心理愉悦。向往异性、渴望情感是正常的。就正常发展的网恋而言，由于网恋是借助于网络媒体、依靠文字进行的，缺乏重要的感性基础性环节，网恋的成功率极低，大部分是“见光死”，从而造成较大的感情或心理伤害，对大学生的心理健康产生了负面影响。

### （四）网络人格失真

现实生活中每个人都扮演着不同的社会角色，而在网络人际交往中人们的真实姓名、性别、年龄、身份等多种社会角色被掩盖，并且在网络中的角色缺乏责任感，渐渐会失去对周围现实的感受力和积极的参与意识，从而导致了孤僻、冷漠、欺诈人格的心理。一些人混淆了网上角色与现实生活中的角色，忘记了自己的社会责任和社会地位，在网络和现实生活情境中交替出现不同的性格特征，人格缺乏相应的完整性、和谐性，从而导致部分大学生偏执性人格、多重人格冲突等问题。这种大学生具有脱离现实、退缩孤僻、沉溺于幻想的行为特点。他们不愿与人进行面对面的交流和互动，只在网上发泄自己的不良情绪，这使他们在现实世界中的孤独感日益严重。

**［案例］网络成瘾**

大二学生小赵因为平时没有太多的兴趣爱好，上大学后，上网打游戏成为小赵唯一的休闲方式，小赵曾经说：“我喜欢看着我的网络游戏人物逐渐成长，变得更强大，那种感觉真的好棒。”他沉迷于网络游戏，不断游戏，不断升级。上课时精力无法集中，满脑子飞舞着游戏里疯狂的场景和动作，右手即使不握鼠标，食指也总是不停地有节奏地点击着。之后他病了，医生说他得了“网络成瘾综合征（Internet Addiction Disorder，IAD）”。

[案例分析] 游戏成瘾是当代大学生网络成瘾的重要影响因素，世界卫生组织（WHO）在发布的第11版《国际疾病分类》（ICD-11）中，将“游戏成瘾”（Gaming Disorder）列为精神疾病（ICD编码为6C71）。

## 体验拓展

### 拓展阅读：第47次中国互联网发展状况统计报告（节选）

#### 基础数据

截至2020年12月，我国网民规模达9.89亿，较2020年3月增长8540万，互联网普及率达70.4%，较2020年3月提升5.9个百分点。我国手机网民规模达9.86亿，较2020年3月增长8885万，网民使用手机上网的比例达99.7%，较2020年3月提升0.4个百分点。我国农村网民规模达3.09亿，占网民整体的31.3%，较2020年3月增长5471万；城镇网民规模达6.80亿，占网民整体的68.7%，较2020年3月增长3069万。我国网民使用手机上网的比例达99.7%；使用电视上网的比例为24.0%；使用台式电脑上网、笔记本电脑上网、平板电脑上网的比例分别为32.8%、28.2%和22.9%。

#### 网络游戏

截至2020年12月，我国网络游戏用户规模达5.18亿，较2020年3月减少1389万，占网民整体的52.4%；手机网络游戏用户规模达5.16亿，较2020年3月减少1255万，占手机网民的52.4%。

2020年，我国网络游戏行业继续保持较快发展势头。年初暴发的新冠肺炎疫情限制了线下活动的开展，却对网络游戏营收增长起到了一定的助推作用。数据显示，2020年，我国游戏市场实际销售收入2786.87亿元，较2019年增加了478.1亿元，同比增长20.71%。主要网络游戏厂商中，网易2020年第三季度网络游戏服务净收入为人民币138.6亿元，同比增长20.2%；腾讯第三季度网络游戏收入达414.22亿元，同比增长45%。一方面，在庞大的移动游戏市场带动下，我国移动游戏加快创新步伐，高人气新作不断涌现；另一方面，随着多款主机类游戏实现“出圈”，我国主机游戏的潜力可望得到进一步激发。

#### 网络视频

截至2020年12月，我国网络视频（含短视频）用户规模达9.27亿，较2020年3月增长7633万，占网民整体的93.7%，其中短视频用户规模为8.73亿，较2020年3月增长1.00亿，占网民整体的88.3%。

#### 网络直播

截至2020年12月，我国网络直播用户规模达6.17亿，较2020年3月增长5703万，占网民整体的62.4%。其中，电商直播用户规模为3.88亿，较2020年3月增长1.23亿，占网民整体的39.2%；游戏直播的用户规模为1.91亿，较2020年3月减少6835万，占网民整体的19.3%；真人秀直播的用户规模为2.39亿，较2020年3月增长3168万，占网民整体的24.2%；演唱会直播的用户规模为1.90亿，较2020年3月增长3977万，占网民整体的19.2%；体育直播的用户规模为1.38亿，较2020年3月减少7488万，占网民整体的13.9%。

## 拓展资源

| | |
|---|---|
| **书籍《智能时代》**<br>大数据和机器智能的出现，对我们的技术发展、商业和社会都会产生重大的影响。作者吴军在《智能时代：大数据与智能革命重新定义未来》中指出，首先，我们在过去认为非常难以解决的问题，会因为大数据和机器智能的使用而迎刃而解，比如解决癌症个性化治疗的难题。<br>同时，大数据和机器智能还会彻底改变未来的商业模式，很多传统的行业都将采用智能技术实现升级换代，同时改变原有的商业模式。大数据和机器智能对于未来社会的影响是全方位的。 |  |
| **书籍《失控》**<br>这是一本诞生于1994年的关于社会进化、特别是互联网发展的“先知预言”；它曾是《黑客帝国》主要演员的必读物之一；它被《长尾理论》作者克里斯·安德森称作“过去十年，公认最具智慧和价值的一本书”。<br>“尽管书中的一些例子在十几年后可能有些过时，但（它们所表达的）信息却越来越成为真知灼见。”作者凯文·凯利对当时科技、社会和经济最前沿的一次漫游，并借此窥得未来的图景。书中提到并且今天正在兴起或大热的概念包括：大众智慧、云计算、物联网、虚拟现实、敏捷开发、协作、双赢、共生、共同进化、网络社区、网络经济等，因此说它是一本“预言式”的书并不为过。<br>现在，社会化网络已经在深入地影响着人们的生活，当时人们所不敢相信的，在所谓的“理论”上不可行的，都已经成为现实。 |  |
| **电影《社交网络》**<br>影片实质是“Facebook”创始人扎克伯格的成功史，讲述了哈佛大学生马克扎克因和女友分手，想证明自己和得到女友的尊重而创建了“Facebook”，但是由于所有的一切都比自己想象快得多，从而忘记创建“Facebook”最初的目的和失去了最好的朋友的故事。<br>马克扎克得到了无尽的财富，迷失了自己；得到了无数人想要的，却得不到自己想要的。这个高速发展的社会，我们往往为了一个目的奔向一个目标，而目标太过刺眼，被“闪瞎”的我们就只能看见这个目标，而忘了那个目的。影片含蓄地说明不要因眼前而迷惑本心。 |  |

# 主题2 想说爱你也不容易——网络成瘾

## 知识素养

### 一、大学生网络成瘾

网络成瘾是一种疾病。网络会在某种程度上影响到大学生正常的社会功能的发挥，以及他们的学习、生活和工作，进而影响到他们现实生活中的人际关系和情感交流。

#### （一）大学生网络成瘾的现状

网络成瘾也即“网络成瘾综合征”，简称IAD，美国心理学家Young教授认为，IAD与沉溺于赌博、酗酒、吸毒等上瘾者无异。网络成瘾者对上网有一种心理上的依赖感，主要表现为网络游戏成瘾、网上聊天与交际成瘾、网上收集信息成瘾等多种形式。过度沉湎和依赖网络对大学生的心理健康造成了极大的影响。

#### （二）大学生网络成瘾的原因

计算机网络是西方发达国家科技进步的产物，它们使用互联网的时间和普及程度远胜于我国，但大学生上网成瘾并没有成为大学生教育和管理中的一个突出问题，更少有大学生因上网成瘾而导致毕不了业、误入歧途或自杀的案例。这说明网络成瘾的原因不像人们所描述的那样：只要一接触就无法摆脱。我国大学生在网络使用中所出现的问题，主要是使用网络的方法，大学生在成长过程中所表现出来的个性心理，我国的教育和管理方式，社会管理的缺失及网络本身的吸引力所致。

1. 使用网络不当

使用网络不当是网络成瘾的重要原因。网络可以为我们发送电子邮件，传输数据，进行视频通信，开展远程学习，下载软件，查询资料，已成为人们不可或缺的生产和学习工具。同时，网络也是人们“休闲消遣”，进行精神享受的好去处。可是在现实中，究竟有多少人、有多少时间，把网络当工具，充分地利用网络资源来提高工作与学习效率？又有多少人把网络当作了娱乐工具，利用它来进行消遣、玩游戏和聊天呢？

2. 网络自身的优势

网络自身的优势是大学生网络成瘾的客观原因。网络给大学生提供了一个超越时空与现实的广阔天地，加强了他们了解外界及与外界联系的渠道。大学生希望被别人所了解和关注，与人交流，渴望友谊，在与同学、朋友、家长及老师倾诉心声、平等地交流感情方面遇到挫折时，互联网成为满足他们要求的重要工具。

在网络里，大学生可以在匿名状态下，自主选择交流对象，向对方尽情地倾诉自己的烦恼与困惑，很容易找到知音。网络还为他们提供了一个结识异性，寻觅红颜知己的广阔天地，使各种“网恋”层出不穷。网络游戏的互动性、挑战性与实时性对大学生具有很大的吸引力。网络游戏使不同地域、年龄和身份的人，可以随时找到共同的爱好者，在游戏中可以交流、团结协作与竞争，让人感受到友好、轻松和快乐。在玩游戏的过程中，能够感受到置身其中的紧张、激动与惊险，在攻克一个个游戏难关时可获得一种成就感，感受到从其他娱乐形式中所无法感受到的惊险、紧张和刺激，获得身临其境的逼真娱乐体验，得到精神上的满足和愉悦。在许多大学生的眼中，网络游戏不仅仅是一种游戏，它更是一个情趣、兴趣和情感相互交融的世界，是一种新的生活方式。网络游戏的这些特征让大学生玩起来过瘾，欲罢不能，最终完不成学业而毕不了业或留级时才大梦方醒，后悔莫及。

### 3. 个性心理特征

大学生的个性心理特征是网络成瘾的主观原因。我国台湾大学林以正教授在对网络成瘾的研究中指出：具有不同个人特质的网络使用者，会被不同的网络功能所吸引，会产生不同的网络成瘾形态，网络成瘾现象是由网络使用者的个人特质与网络功能相互作用的结果。

根据对网络成瘾者的现实调查，大学生沉溺网络往往与他们个人的人格特点，如孤独、内向、敏感、认知能力较差、自我管理与约束能力、纪律性不强及渴望成功和自我实现的心理特质有关。一是网络成瘾的大学生，多数是因为个人管理和自我约束能力太差，一味地放纵自己的行为所致。少数是因为个性孤僻，交友能力较差或不善于交际，转而在网上去寻求友谊和结交异性朋友，满足情感的需要。二是大学生正处于自我形象逐渐清晰的青春发育期，当出现自我设计的理想人生与社会现实难以一致的矛盾冲突时，往往难以摆脱因失意所带来的惆怅与烦恼，而在网络环境下，现实生活中的一切不理想、不如意都可以摆脱掉。三是大学生没有中学生那样大的学习压力，拥有更多自由支配的时间，没有像中学那样，学习和生活都有教师和家长的指导和管束，自由的大学生活使他们有了更多安排学习和生活的自主权，但对如何合理地安排自己的行为和时间却往往缺乏理性的选择和控制。四是他们又是一群渴望了解世界、争强好胜、表现欲强、想象力丰富、追求刺激和挑战的群体，他们的内心深处还有着孩童时贪玩好动的心理。同步性的网上聊天、网络游戏、非同步性的BBS、网上大量的“黄色”信息等极大地满足了他们的自我表现、玩乐与猎奇心理，使他们沉湎在虚拟的网络世界里，忘记了校纪校规和学业的压力，成了网络的“俘虏”而无法解脱。

## 二、高职大学生手机依赖

在大学校园，总能看到这样的场景，在校道上边看手机边走路，在食堂里边看手机边吃饭，在教室里边看手机边上课。在如今的大学校园，高职大学生已经“人手一机”，有的还不止一部，手机的功能已不仅仅用来沟通和联系，而更多用以彰显个性和实现自我价值。越来越多的人发现自己对手机产生了一种前所未有的依赖感，而作为手机忠实用户群体甚至对手机产生严重依赖的高职大学生却常常没有意识到问题的严重性。

### （一）高职大学生手机依赖的原因

#### 1. 外部原因

（1）社会因素。一是科学技术的快速发展，手机的智能化程度越来越高，4G、5G网络的推广使得智能手机的使用越来越广泛。手机作为便捷的沟通工具，各种沟通软件和支付手段的不断更新，使得我们的生活越来越难以离开手机。在给大家带来方便的同时也容易滋生过度依赖的负面效应。二是关注不够。高职大学生手机依赖的现象太普遍，因为本身手机是一种联络的工具，以至于大家忽略掉使用手机带来的各种依赖，没有引起足够的重视。而且，手机依赖的负面效应是一个持续而且缓慢的过程。尤其对于正在学习和成长的高职大学生来说，手机的这种便捷性、智能化、隐蔽性更难让大学生自己、家长、学校和社会引起警觉。

（2）家庭因素。大学生的教育，一靠学校，二靠家庭。家庭在大学生成长过程中的作用举足轻重。由于大学生一般远离家乡，在外地求学，与家人沟通相对较少。像“手机依赖”此类问题，不会引起家长足够的重视。即便家长想管，但碍于手机本身的联络作用，即便孩子在玩网络游戏或其他社交软件，也很难监管到。

（3）学校因素。一是学校本身对高职大学生的管理大多数通过手机来进行管理，比如班级管理；很多通知和作业的发布几乎都是通过即时通信来实现，比如微信、QQ等。二是即便想管理，但对于小型的智能化手机也很难监管到位。对于教育教学的管理，例如课堂上玩手机、接电话、玩微信等情况，学校还很难找到行之有效的方法，更多的还是鼓励学生自我管理，配合学校的工作，尽量减少手机的过度使用。

#### 2. 内部原因

（1）部分高职大学生自控能力较差，手机情结严重。大学生活相对来说比较自由，大学生有较多的空闲时间来支配。自控能力差的大学生容易被新鲜事物吸引且成瘾。对于手机的过度依赖主要是意志力不坚定，不能合理规划自己的空闲时间导致。

（2）厌学情绪作祟。不少大学生，产生了厌学心理，“手机依赖”只是其中一个表现。通过玩手机来发泄自己对课堂约束的不满，不想主动地接受知识，宁愿让自己成为“屏幕奴隶”，也不要天天对着书本。

（3）对信息的渴求。当今社会信息大爆炸，扑面而来的巨大信息量让人应接不暇。大学生是信息的主要受众，大学生更喜欢采取简单快捷的方式来随时随地获取信息，手机则是一个不错的选择。

（4）追求时尚。随着科学技术的发展，手机已经由原来简单的通信工具转变为现在彰显个性、体现时尚的“神器”。更多的大学生追求功能更全、外形更时尚、版本款式更新颖的手机，他们在朋友圈里展示自己的个性，表达自己的主张，接收最新的信息。这些在满足大学生虚荣心的同时，也导致了更严重的手机依赖。

（5）满足强烈的交往欲望。手机是一种重要的人际交往工具。不少大学生因为种种原因不喜欢现实生活的交往，而倾向于虚拟世界的交往。网络社交工具的发展和壮大无疑起到了“催化剂”的作用，手机当之无愧成为大学生的贴身之物。

### （二）手机依赖的危害

#### 1. 影响现实中的人际关系

智能手机就像在大学生的身上套了一个气泡，让其和外界隔绝开。这样的画面也许你并不陌生：在饭桌前，十几个同学围坐着，他们没有海阔天空地聊天，而是都在玩手机。很明显，这表现出来的是现实社交的障碍：要么可能大家平时就没怎么沟通；要么就是过分使用手机，导致现实社交功能的退化；还有就是借助手机来逃避现实面对面交流的尴尬。

#### 2. 削弱大学生的情感联系

“手机依赖”现象的出现，一方面打破了原有的时空界限，提高了人们的互动频率，扩大了人们的交往范围，但另一方面，手机的普及使得以前通过书信、电话甚至走亲串户来维系的温馨的亲情、友情、爱情被发信息取而代之。遇到节假日，只要动动手指，就可以把祝福发送到对方那里，这种“点到为止”的交流使问候越来越形式化，原来的真心祝福、推心置腹，变成了现在的寥寥数语，甚至是重复出现的问候语。大学生过分依赖手机创造的虚拟世界，削弱了他们的情感联系，导致了严重的心理孤僻症和人际交往的障碍。

#### 3. 影响睡眠和身体健康

手机依赖容易使人患上睡眠障碍，在玩手机的同时还容易忽略身体的疲劳感。事实上，长时间盯着手机屏幕会造成眼疲劳；长时间低头使用手机会造成颈部、手臂肌肉疲劳；而长时间过度使用触屏手机，会导致手部关节、肌腱损伤性症状群，包括手指、手腕关节疼痛无力，动作不灵活等，形成所谓的“触屏手”。

#### 4. 影响人的思维

手机会让人陷入一种持续的“多任务”状态。据研究，长此以往甚至会让人们患上类似“注意力障碍”的心理问题。在这种情况下，人的注意力受到了严重的影响，思维不断被打断，这大大消减了思考的能力，让思维变得更难以深入。

#### 5. 容易让人处在应激状态

过度关注手机还会让人处于应激状态。外界的一切变化，随时可以接收得到，让人难以安定。即使是在休假的时间里，大学生也与手机形影相伴，随时能在朋友圈里看到别人的状态和自己的情况，包括工作上的通知等，让人无处可逃，这样做并不能得到真正的休息。

## 探索应用

### 建构良好的网络心理

信息时代人类的焦虑与不安成为一个普遍的事实。但是这不是网络的过错，网络只是一个媒介，一个工具，用好了可以造福人类，用不好也可以贻害无穷，关键是看谁来用它、怎样用它。所以，与其说我们应该关注网络，不如说我们更应该关注自身。人类生存和发展的古老话题并没有也不可能因为网络的异军突起就简单明朗起来。面对网络给大学生心理带来的不良影响，我们需要采取一系列科学有效的应对策略，充分发挥网络的积极功能，努力克服上网过程带来的消极影响。

## 一、全面地认识和理智地对待网络的作用

大学生应当正确认识网络这个虚拟世界，电脑只是传播信息的机器，网络并不能代替现实的人际交往活动。应当辩证地看待网络的作用，既要注意克服片面夸大其作用、对之盲目崇拜的倾向，又要克服因为网络的消极作用而对其全盘否定或盲目排斥的倾向。大学生网民要学会筛选有用的信息，充分发挥网络的积极作用，让网络为我所用。同时，要用理智的眼光正视网络的负面作用，提高自身抵制污染的能力，自觉维护网络文明，不仅做计算机网络的使用者，而且做计算机网络的建设者和真正的主人。调查表明，对虚拟的网络世界，大多数学生能保持清醒的判断，有比较正确的认识，网络的正面效应在逐步提升，这是非常可喜的现象。

## 二、加强对青少年的人文关怀，提高青少年的网络素养

### 1. 建立社会、伦理和人文关怀

学校、家庭、社会应该帮助青少年理解有关技术的社会、伦理和文化的问题；帮助和指导青少年以一种负责任的态度使用技术、信息和软件；帮助青少年并让其善于利用技术系统来形成一种建设性的网络利用态度，以支持自己的终身学习、合作、个人追求以及生产能力等。

### 2. 培养青少年的电脑素养

电脑素养是指一个人是否真正能从计算机获益的能力。作为家长、教师，要教会青少年如何正确地从电脑上获得对自己发展有利的信息和技术，以及敢于尝试利用各种正确手段解决问题的电脑操作能力。

### 3. 引导青少年做互联网的主人

互联网是青少年生活中的网络，而不是青少年毫无选择地生活在互联网中。计算机或互联网只是青少年生活、学习的一种工具。我们谁也不愿意青少年为互联网所控制，被动地去适应它们，而是应确立青少年面对互联网时的主体地位，并帮助他们如何正确使用这些新技术。

## 三、大胆求助，摆脱困境

### 1. 求助于老师、家长、同学、朋友等

遇到麻烦和不顺心的事，把忧郁埋藏在心底，只会加剧自己的苦恼，很容易闷出病来。倾诉是改善不良心情的好方法，倘若发现自己在现实生活中难以适应，同时存在情绪低落、能力下降等心理问题，而又不能自己走出心理误区时，就应当积极求助他人。向自己亲近、

贴心的朋友或家人或老师倾诉。“把苦闷讲给朋友听，一个苦闷就会变成半个”，这句话很有意义。通过找他们倾诉，可以释放心理压力，缓解内心痛苦，还可以得到他人对你的劝慰，帮助你解决思想上的不愉快和想不通的问题。

此外，把问题提出来，或许你会发现，很多事情其实都是可以轻易解决的。“有时人在倾诉中自己就能发现问题”，因为通过将自己的苦恼转换成话语表达出来，可令你更清楚问题的核心所在，从而找到问题的解决办法。

### 2. 进行心理咨询及心理教育

心理咨询是摆脱网络心理困境的有效方法。心理咨询的方式有多种，既可以向心理咨询员咨询，也可以进行网上心理咨询。尤其值得一提的是，互联网为心理健康教育开辟了一种高质量、高效率、超传统、高信息、高科技的崭新手段。网络心理教育除具有一般网络教育的特点外，还有其独特或具体的特点。

（1）信息快捷，即时性强。网络心理教育信息传递快，具有迅速扩张性和强力渗透性的优势。教育的时限性好，可以为心理困惑者、心理障碍者，甚至是有自杀意图的人提供及时而有效的帮助。

（2）信息量大，准确全面。网络心理教育信息量大，联系广泛，心理教育信息准确全面，可以对不同地点、不同学派的心理专家的意见进行反复比较，避免因受某个专家自身知识或经验的局限性而影响心理教育效果的情形。

（3）选择自由，隐秘性强。网络心理教育不受时空限制，操作方便，节省人力资源，能有效地发挥心理专业教育工作者的作用，造福更多的青少年。网络心理教育的隐秘性强，教育对象和教育内容不受限制。

（4）生动活泼，互动性强。网络心理教育信息图文并茂，生动活泼，比信函、电话、报刊宣传、广播电视等心理教育更有优势。网络心理教育人机互动性强，可以突出青少年为主体的特点，有助于调动青少年的主观能动性，也可以进行同辈辅导、病友互助，加强人际沟通，充分体现青少年在心理教育中“自我教育”“自我帮助”的本质特征。“以其人之道还治其人之身”，通过网络解决网络心理问题，无疑是大学生网民培养良好网络心理的好路子。

### 3. 进行心理治疗

如果所患网络心理障碍较为严重（如停止上网后出现不适感），请教心理医生也许是更为明智的。网络沉溺症只是一种依赖症或强迫症，并不是不治之症，最好是看心理医生，心理医生基本上都知道如何治疗依赖症或强迫症。

外因是变化的条件，内因是变化的根据。只有完成从他助向自助的过渡，才能达到提高网络心理素质的目的。患有网络心理障碍的大学生网民，可以通过他助获得的指导，调整日常生活，改善适应能力，调整情绪和心态，情况严重的可根据心理医生的要求应用药物及精神分析等进行综合治疗，以全面恢复身心的健康，提高自我心理素质。

## 四、建立良好的家庭环境

良好的家庭环境会给青少年带来一种安全感，家庭中良好的互动也会避免青少年过度依赖互联网等来躲避现实生活中的难题和发泄自己的不满。研究表明，如果青少年生活在一个相对和睦和稳定的家庭，就比较喜欢青少年文学内容、知识类内容等；家庭环境不好的青少年则比较喜欢武打、战争和暴力内容，也喜欢使用电子游戏机等媒介。父母的爱好也会对青少年的爱好起着潜移默化的作用，一般情况下，青少年的欣赏口味大都受到父母的影响，从而产生和父母相同或类似的兴趣爱好。在对待互联网资源时，父母可以和青少年一起寻找有意义的信息，并积极和青少年讨论，帮助青少年学会控制和制止有害信息对他们的影响等，培养他们辨别和正确处理信息的能力。

家长还应积极配合学校组织青少年参加有意义、积极向上的丰富多彩的活动，培养青少年广泛的兴趣，提倡让青少年到户外、到实践中去体验和感受自然、社会，并让他们在和谐欢畅的自然环境中，在多姿多彩的社会交往中真正形成热爱生活的良好品质。

## 五、通过社会舆论和法律手段

限制互联网的负面影响还应当着手于推进互联网经营者自律、加强传播监管和完善法律规范。要彻底解决某些互联网对青少年的负面影响更需要全社会的力量行动起来，各司其职，互相配合，共同把好“制度关”和“检查关”。此外，必要时要启动法律程序，用法律手段来维护青少年的合法权益。

[案例] 网络成功

大一学生小朱，某高职院校电子信息专业，因为对计算机和软件感兴趣，刚入大学就经常浏览一些编程网站和论坛。一次偶然的机会，认识了一个科技公司的技术主管，在他的引导下，自己在学校认真学习编程，并带着同班同学一起研发小程序。在校期间，陆续接到一些小的业务，因为有技术指导，将开发的一款小软件卖给了一家公司，很快就在学校挣到了第一桶金。后来，他和同学合伙成立了一个小的科技公司，毕业后公司经营得有声有色。

[案例分析] 当今社会网络科技的迅速发展，小朱很好地抓住了机会，成功应用网络。在校期间，不仅学到了技术，还能依靠网络技术创业，最终实现了自己的理想和追求。

## 体验拓展

### 心理案例：关爱健康，戒除网瘾

一个随父母在郑州上学的外地中学生网络成瘾，家人劝阻不成，父亲被其砸成骨折。这个上网成瘾近1年的少年，被郑州市精神病防治医院的心理医生确诊为“网痴”，属于严重的心理疾病。

据医生讲，这位少年已是第二次殴打父亲。第一次是在一个月前，为了上网10天都没有回家。被父亲劝回家后，他半夜非要去上网，被父亲阻拦后，竟在父亲脚上扎了一刀。同时又开始夜不归宿，父亲前去找他，竟被砸成骨折。到医院后，父母才知道，因为上网，这孩子已经有了严重的心理疾病。

专家分析：

据有关心理专家介绍，网络成瘾简称“网痴”，主要是指过度沉溺在网络中浏览或热衷于通过网络建立人际关系，并对成瘾者产生消极后果的一种行为。男性大学生是网迷的中坚力量，由于他们心理素质不强，自制能力相对较弱，成为此种心理障碍的多发群体。

患者因为缺乏社会沟通和人际交流，将网络世界当成现实生活，脱离时代，与他人没有共同言语，从而出现孤独不安、情绪低落、思维迟钝、自我评价降低等症状，严重的甚至有自杀意念和行为，需接受深度的心理辅导。

哪些人易成为“网痴”？心理医生说，并非所有的人上网都会成瘾。上网往往与自身的某些心理原因有关，上网促成有心理障碍的人主要是这几类人：性格内向，不善交友并希望得到重视，但又十分孤独的人；生活中受到某些挫折的人；家庭不和的孩子；没有特长、学习成绩不突出、心情压抑，因环境变化导致成绩下降又难以适应的青少年学生。他们在现实生活中感觉到的不是成功，而是挫折和失败，希望在网上得到安慰。

### 心理自测：网络成瘾自我诊断

网络成瘾临床诊断标准如下：

（1）对网络有强烈渴求，上网在生活中占据主导地位，如头脑中常常浮现和网络有关的事，回忆上一次上网的情境或期待下一次上网。

（2）几天不上网就会出现烦躁不安、焦虑、易激怒等症状，上网后上述症状可迅速减轻或消失。

（3）要花更多的时间上网才能感到满足，且时间不断延长。

（4）曾经努力过多次，想控制、减少或停止上网，但没有成功。

（5）尽管知道上网会给自己带来或已经带来危害，仍然忍不住继续上网。除上网之外，对其他事物的兴趣明显减少，以致失去以前的爱好。

（6）用上网来回避现实或缓解不良的感受和情绪。

（7）对家人、老师、同学、朋友或专业人员撒谎，隐瞒涉入网络的程度，包括上网的真实时间和费用。

说明：如果有4项或4项以上表现，同时每天上网时间在4小时以上，一周上网时间多于5天，已持续一年以上，并且伴有精神症状、躯体症状，那就表明你已经“网络成瘾”，建议治疗。

## 拓展资源

| | |
|---|---|
| **书籍《大学生网络成瘾的预防与戒除》**<br>这是国内第一部专门研究北京市高校大学生网络成瘾问题的专著。<br>作者在总结、参考国内外网络成瘾问题研究的基础上，以北京市高校大学生为主要研究对象，阐述了大学生网络成瘾的现状与危害，剖析了大学生网络成瘾的深层原因，探讨了大学生网络成瘾问题的预防和戒除方法，以期为大学生的健康成长、成才起到积极的推动作用。 |  |
| **书籍《欲罢不能》**<br>“欢迎来到‘行为上瘾’的时代！”<br>我们中近半数人至少有一种“行为上瘾”：无时无刻盯着手机，不断刷朋友圈，通宵追看电视剧集，没日没夜打游戏，频繁查看邮件，用太多时间工作……<br>而那些生产和设计高科技产品的人，却仿佛遵守着毒品交易的头号规则——自己绝不能上瘾。乔布斯的孩子从未用过iPad，Twitter创始人没有给两个儿子买过平板电脑，游戏设计师对《魔兽世界》避之不及，数量惊人的硅谷巨头们根本不让自己的孩子靠近电子设备……<br>这是因为，上瘾行为带来短期的快乐，却会破坏长期的幸福——<br>智能手机抢夺我们的时间，危害我们与他人的人际关系质量；<br>电子游戏让千万年轻人沉迷其中，失去了正常交流的能力；<br>可穿戴设备让很多人运动上瘾，出现了运动伤害；<br>无处不在的高科技让购物、工作、色情变得难以回避。<br>以大量科学研究为基础，本书揭示出一个惊人真相：行为上瘾的生理机制与药物上瘾相同——沉迷于电子游戏时，你的大脑看起来就和海洛因吸食者的大脑一样。本书将会说明商业公司利用哪些原理设计出诱人上钩的高科技产品，并且会指导我们摆脱行为上瘾、重获生活掌控权，也帮助孩子远离上瘾、健康成长。 |  |

**电影《鼠王》**

这部电影讲述高中生尤里沉湎于网络游戏导致成瘾，和母亲逐渐疏远，女友也提出要和他分手。他决定要退出游戏，但好奇心又驱使他将网友尼基手臂上文着的网址输入电脑，结果进入一个游戏，并获得了“鼠王”的用户名。最终，尤里在爱情、亲情和良知召唤下回头，化险为夷并拯救了他人的生命。

导演使用一个虚构的精彩故事，向我们展示了游戏对缺乏自制力的青少年的危害性。

# 专题七

# 对症精神感冒　寻找守护驿站
# ——大学生心理障碍及心理咨询

大一学生小敏因情绪困扰问题来到了学校心理咨询中心。咨询中，该同学一直在不断地倾诉自己的困扰：学习无法专注。经过进一步了解，该同学主要是因为长时间父母的忽视以及缺少关爱引起的情绪低落，进而无心专注学习。她自述鼓起勇气来到心理咨询中心是想得到帮助，但对于能否得到帮助抱有很大的怀疑，因为她对心理咨询一无所知，抱着试一试的心态而来。难道通过做心理咨询就能解决多年的情绪困扰问题吗？真的这么神奇？

在生活与人生中遇到挫折或障碍时，你或你周围的同学有没有产生一些心理问题，甚至可能发展成比较严重的心理障碍？

有哪些常见的心理障碍？产生了心理障碍怎么办？

如果你遇到心理问题你会去寻求心理咨询吗？

你是否也跟案例中的小敏一样对心理咨询充满着疑惑？

## 主题1　对症精神感冒——大学生心理障碍

### 知识素养

#### 一、大学生心理障碍与疾病

日常个体形成的不良心理反应如果得不到及时的调整，或者负面心理状态长期积累，心理问题进一步恶化，就可能导致心理出现异常，即出现心理障碍及心理疾病。

##### （一）心理障碍

所谓心理障碍，是指一个人由于生理、心理或社会原因而导致的各种异常心理活动、异常人格特征、异常行为方式。表现在个体没有能力按照社会认可的合适方式行动，以至于出现了自我不适应与社会的不适应。心理障碍主要表现为感知障碍、记忆障碍、注意障碍、思维障碍、情感障碍、意识障碍和人格障碍等方面。

##### （二）常见心理疾病

多数大学生在遭受到挫折，显现出不安、紧张、焦虑、抑郁等复杂的情绪状态，出现一系列生理和心理上的不良反应时，会采取自我调整或向外寻求协助等各种方式以解决挫折带来的负面影响，并逐步恢复平衡状态。但也有一部分大学生形成的心理障碍得不到及时疏导，长期积压，失衡状态比较严重，导致心理疾病的产生。

大学生常见的心理疾病主要有以下几种。

### 1. 焦虑症

焦虑症是以焦虑情绪体验为主要特征，以广泛和持续性焦虑或反复发作的惊恐不安为主要特征的神经性障碍。常常表现为头晕、心悸、胸闷、气促、出汗、口干等自主神经功能紊乱和运动性紧张，以及紧张不安、恐惧忧虑等心理状态。

需要注意区分的是，日常人们也会因为一些令人不安的情境而产生担忧不安等的焦虑情绪。而焦虑症的焦虑情绪并非由实际情境所引起，没有引发焦虑的明确对象，其紧张恐惧程度与客观事件或处境明显不符，属于病理性的焦虑。

焦虑症分为广泛性焦虑和惊恐障碍两种类型。

（1）广泛性焦虑。情绪症状在没有明显诱因的情况下，个体经常出现缺乏明确的对象和内容，与现实情境不符的过分担心、紧张害怕，感觉自己一直处于提心吊胆、恐惧、害怕、忧虑、烦躁的内心体验中。有显著的自主神经功能紊乱症状、紧张及运动性不安。

（2）惊恐障碍。也称为急性焦虑发作或惊恐发作。惊恐障碍的特点是急性突发，日常生活中个体情绪心理状态正常，而一旦发作就会突然出现极度恐惧的心理，害怕产生不幸后果，可能体验到强烈的濒死感或失控感。同时出现显著的如胸闷、心慌、呼吸困难、出汗、全身发抖等自主神经功能紊乱症状。

### 2. 强迫症

强迫症以强迫症状为主要特征，是指个体主观上感到有某种不可抗拒的和违背自己意愿的观念、情绪、意向或行为的存在。虽然明知这些想法或冲动是毫无意义的，但始终无法控制和克服，感受到极大的焦虑和痛苦，常常对个体的日常生活及学习工作、人际交往等社会功能造成极大影响。

强迫症大多表现为强迫观念、强迫意向及强迫行为。

（1）强迫观念。表现为脑海里不由自主地反复出现某种想法或某句话，或对自己做过的事产生不必要的怀疑，反复确认后仍不放心而影响正常的生活。如反复怀疑门窗是否关好、碰到脏的东西会不会得病等。

（2）强迫意向。常常被一些与正常心理状态相反的欲望和意向纠缠，从而产生一些可能导致可怕后果的冲动，如站在阳台上就有往下跳的冲动、拿到利器就想要自伤的意向等。尽管个体其实不会真正做出这种行为，但却因为这些无法摆脱的意向从而焦虑苦恼。

（3）强迫行为。大多是为了减轻强迫思维产生的焦虑而采取的行动，明知是不合理的却不得不做的行为。如强迫清洁、强迫洗手、强迫洗衣，多是与害怕不干净导致疾病有关，需要反复清洁以保持干净。有的个体还由于经常重复某些动作，形成了一套程序，必须要按照顺序进行及完成，中间被打断了就要重新开始，为此常耗费大量时间，也可能担心旁人的异样眼光，觉得痛苦不堪。强迫行为还包括强迫检查、强迫计数、强迫询问等。

3. 恐惧症

恐惧症的核心症状是恐惧紧张。对某些特定的对象或处境产生强烈和不必要的恐惧情绪，伴有明显的焦虑甚至达到惊恐的程度。个体的恐惧感与所引起恐惧的客体或情境通常极不相称，让人难以理解，明知自己的害怕不切实际、不合逻辑，却无法自我控制，以致影响其正常活动。

个体在恐惧症发作时会感觉到胸口痛、头昏眼花、呼吸困难、心悸、昏厥，认为厄运降临、害怕失控和死亡。恐惧发作通常只持续几分钟，但由于担心发作再次来临，恐惧感会持续数日甚至数周。因此有些人为了避免复发，试图摆脱或减少接触引发焦虑恐惧的客体及情境，尽量与使他们感到安心的人或环境待在一起，甚至减少正常的人际交往。

常见的恐惧症类型可分为以下几种：

（1）社交恐惧症。主要表现为在社交场合下的焦虑发作，并对社交性场景持久地、明显地害怕和回避。害怕在有人的场合或被人注意的场合出现，害怕表情尴尬，会出现脸红、发抖、出汗或行为笨拙、手足无措，怕成为人们耻笑的对象。回避社交场景，害怕与人近距离相处，不敢与人面对面，尤其回避与人谈话。有的人害怕看别人的眼睛，怕跟别人的视线相遇，这种现象称为对视恐惧。有的人对特殊交往对象出现恐惧症状，如异性恐惧。

（2）场所恐惧症。场所恐惧症为对与空间相关的场景场所产生的恐惧。“广场恐惧”，害怕开放的空间，经过空旷的地方时会恐惧发作，并伴有强烈的焦虑和不安；“幽闭恐惧”，害怕密闭的空间或者拥挤的场所，如电梯、狭小的房间、车厢等，因为担心这些场所会发生未知的恐惧，严重的甚至会出现焦虑和强迫症状；“高空恐惧”，即害怕上高楼和登高。

患有场所恐惧症的个体一旦离开这种环境，生理和行为都会恢复正常，但出于对相关场所的强烈恐惧，常常回避情境，或需要家人、亲友陪同。

（3）特定对象的恐惧症。特定对象的恐惧症是对某一特定物体强烈的、不合理的厌恶或害怕。典型的特定对象恐惧是害怕动物，如蜘蛛、蛇、狗；对特定事件的恐惧及回避，如对血、注射的害怕。

4. 抑郁症

抑郁症又称抑郁障碍，以抑郁性情感、显著而持久的心境低落为主要特征。心境低落的程度与其处境经历并不相称，表现为心情压抑、郁闷、精神不振、悲伤、沮丧、孤独；伴有生理不适或躯体障碍，如胸闷、心慌、食欲下降、体重下降、睡眠障碍、精力不济、疲劳感、身体任何部位的疼痛等；认知功能损害，记忆力下降，注意力障碍，反应时间延长，警觉性增高，抽象思维能力差，学习困难，思维灵活性等能力减退；自我评价降低甚至自我否定，自卑自责，产生内疚感、自罪观念及无价值感；对生活失去信心，把外界的一切都看成是灰暗的，对前景悲观失望。抑郁症每次发作持续至少2周以上，长者甚或数年，多数病例有反复发作的倾向，每次发作大多数可以缓解，部分可有残留症状或转为慢性。

严重的抑郁症患者常对一切活动包括基本生理活动失去兴趣或丧失愉快感，缺乏动力采取任何行动，不愿和周围人接触交往，疏远亲友，回避社交；在思考问题或集中注意力上存在困难，思维联想速度缓慢，反应迟钝，思路闭塞，语言流畅性差，甚至会出现幻觉、妄想等精神病性症状；极易萌发绝望的念头，认为“结束自己的生命是一种解脱”“自己活在世上是多余的人”，使自杀意图发展成自杀行为，这是抑郁症最危险的症状，应提高警惕。

### 5. 创伤后应激障碍

即俗称的“创伤后遗症”。创伤后应激障碍是指个体遭遇重大创伤性事件，感受到不寻常的威胁性或灾难性心理创伤导致的长期持续的精神障碍。这类事件包括战争、洪水、地震、严重事故、暴力袭击等，使得个体的生命遭到威胁，受到严重物理性伤害，受到身体或心灵上的胁迫。创伤后应激障碍一般会在创伤后数日或数月后才发生，可能表现出睡眠障碍、抑郁、感情冷漠或麻木、易受惊等症状，可能变得易怒，比之前更富有攻击性，甚至有暴力行为，对于曾经喜爱的活动也逐渐兴趣减退，并难以与人亲近，还可能运用一些异常或极端的心理行为应对方式，滥用成瘾物质、自伤或自杀行为等。

创伤后应激障碍的主要症状为：

（1）创伤性再体验症状。闯入性的创伤性体验重现，即与创伤有关的情境或内容在思维与记忆中反复地、不由自主地涌现，并反复出现在梦境中。出现严重的触景生情反应，看到能勾起那次回忆的事物后，会感到异常痛苦，并尽量回避类似的场所和情境。有时甚至会出现“重演”性发作，感觉创伤性事件好像再次发生一样，持续时间可从几秒钟到几天不等。

（2）回避倾向。长期或持续性地极力回避与创伤经历有关的事件、人物或情境，拒绝参加有关的活动。有些患者甚至出现对创伤性经历的选择性遗忘，不能回忆起与创伤有关的事件细节。

（3）持续的警觉性增高。主要表现为过度警觉、惊跳反应增强，可伴有注意力不集中、激惹性增高及焦虑情绪。

### 6. 精神分裂症

精神分裂症是一种常见的重性精神病，主要以基本个性、思维、情感、行为的分裂，精神活动与环境的不协调为主要特征。精神分裂症的症状复杂多样，常表现为联想散漫、思维破碎、逻辑混乱、情绪反应迟钝、情感淡漠、意志减退、言行怪异、妄想、出现幻觉幻听等，丧失正常的言行、理智与行为反应；社会功能严重损失，不能正常处理人际关系，不能正常参与社会活动，甚至会给公众社会生活造成危害；对自己的状况缺乏自知力，不能理解和认识自身现状，不承认自己有病。

精神分裂症的病因和发病机理尚不清楚，通常认为与人体的特征、遗传、母体的损伤、年龄、素质、环境因素有关。治疗一般以药物治疗为主，辅助以心理治疗。病程一般迁延，呈反复发作、加重甚至恶化，部分患者会出现衰退和精神残疾，但有的患者经过治疗后可保持痊愈或基本痊愈状态。

## 二、大学生心理健康问题形成的原因

心理问题产生的原因是复杂的和多方面的，既有生理因素，又有心理、社会和环境因素。大学生的心理问题主要源自各种心理冲突，有个人的原因，也有家庭、社会和学校教育的原因，还可能是遗传因素和突发性事件所导致。

### （一）个体心理发展及心理素质

处于青年期的大学生，心理发展属于试图巩固自我心理结构的一个不稳定时期。由于心理发展不成熟，情绪不稳定，心理冲突时有发生，很容易产生适应不良，从而出现各种心理问题。大学生在大学期间面临着各项对人生具备重要意义的发展事件，如自我接纳、社会适应、人际关系、异性交往、社会责任、职业规划等，需要在自我经历过程中不断地获取经验，调整与塑造自我思想和行为，探索完成自身的成长过程，最终发展出独立完整的人格体系。因此，大学生的心理问题多数是发展性问题，如新环境适应问题、学习策略方法问题、人际关系问题、情绪管理问题、自我接纳问题、异性交往问题、性心理问题等。假如问题处理不当，就会出现一系列心理风险。

另一方面，大学生自身心理素质的不足也直接导致各种心理问题的产生，如自我认识偏差，情感脆弱、情绪冲动、不稳定，意志薄弱，怯懦、虚荣、冷漠、固执，受挫力差，缺乏心理调节的技巧，缺乏正确的人生观和积极的人生态度等。所以，大学生应该丰富心理知识，增强心理健康意识，学习心理调节的基本技能并力求训练和提高自身心理素质。

### （二）学校教育

长期以来，我国实施的应试教育给个体发展带来一定的制约和负面影响。个体在中学时期应解决的身心发展问题延缓，心理素质未达到应有的水平。这无形中又增加了他们在大学的成长负担，主要表现为自我管理能力差，过于单纯和幼稚，人际沟通能力差，情绪不稳定，性格懦弱，意志比较薄弱，挫折承受力低等。

进入大学后，由于不能很快适应大学生活、专业选择不当、学习负担过重、业余生活单调等因素，加上大学又是一个竞争激烈的环境，使得大学生面临着很大的心理压力。还有一部分大学生在经过多年中学学习的苦熬进入大学后，卸下了沉重的包袱，思想上极易产生懈怠的情绪，没有确立明确的奋斗目标，缺乏动力，产生无意义感、荒废学业等不良情况。学校的教育需要时间，产生教育效果也需要一个过程，这就使得部分学生的心理健康问题比较凸显。

### （三）家庭原因

我国处于发展中，国民的素质有待提高，多数家庭中父母自身的素质更有待提高，这就导致多数家庭在教育子女的问题上存在着形形色色的问题。家庭环境包括家庭人际关系、父母教育方式、父母人格特征等。现代心理学的研究证明，家庭环境对人的一生都会产生重大影响，特别是早年形成的人格结构对以后的心理发展影响更是深远，在大学生的各种典型心理问题和心理疾病中常常可以看到家庭的影响。

### （四）社会因素

目前我国正处在社会转型期，社会发生了巨大变化。人们的生活方式和价值观念都发生了重大变化，群体的心理活动较之以前更复杂、更激烈。大量的社会刺激对人们的心理健康威胁越来越大，从而导致心理障碍发生率逐年增多。

随着我国国际地位的提高以及融入国际主流社会步伐的加快，东西方文化发生着从未有过的碰撞与冲突。面对不同的文化背景和多种价值取向，大学生常常感到茫然、疑虑、混乱，使他们陷入了空虚、混乱、压抑、紧张状态，在人生道路的选择上处于两难或多难的境地。长时间的心理失调必然带来心理上的冲突，从而出现适应不良的种种反应。

当今社会最突出的表现就是社会网络化，网络已成为人们日常生活和工作中越来越重要的交往手段和通信媒介。网络与人们的生活息息相关，并深刻地改变着人类社会的生产、生活和交往方式，同时更加深刻地改变着人们的思想、观念和精神世界。大学生具有创造性强、接受新鲜事物快等特点，但由于涉世不深、追求刺激、喜欢娱乐、自我控制力较弱，这些特点不但使他们成为信息网络技术的极大受益者，也容易使他们沉迷于网络，在心理健康方面受到很大的负面影响。可以说，互联网对大学生来说是一把双刃剑。

## 探索应用

### 预防大学生心理健康问题的策略

### 一、自我心理素质提升

#### 1. 树立正确的世界观与积极的人生观

人具有独有的、丰富的、极其复杂的主观内心世界，而它的核心部分即是一个人的世界观和人生观。如果有了正确的人生观，个体就能对社会、人生、世界上的事物有正确的认识和了解，并能采取适当的态度和行为反应，就能使人站得高、看得远，并正确地体察和分析客观事物，做到冷静而稳妥地处理事情；如果持有积极的人生态度，个体也能心胸开阔，保持乐观主义的态度，采用积极的方式面对阻碍，主动提高自己对心理冲突和挫折的耐受能力，从而防止心理障碍问题的发生，有利于保持心理健康。

#### 2. 不要过分苛求自己

把奋斗目标确定在自己能力所及的范围以内，一个人的能力是由先天遗传和后天发展共同决定的。虽然大多数人的能力基本相当，但是应该客观认识到，每个人的能力都有一定限度，都具有优势和劣势。“世界上没有十全十美的人”，过分苛求自己非但不利于能力的发展，还可能让自己陷于心理压力，导致心理问题。

一个心理健康的人应当能够对自己的能力做出客观的评价，并以此付诸社会实践。做到这一点对于保护个体少受挫折及充分发挥个人才能是非常重要的。只有当个体充分了解自己的能力及其特点时，才能确定出适合自己的恰当追求目标，并能通过艰苦努力最终实现这一预定目标。在获得成功的过程中，个人的需求得以满足，个人的价值得以体现，个人的信心得以巩固和增强，并能使自己的心理功能处于良好的运作状态。在此过程中，个人的能力也得到了锻炼和培养，为追求下一个奋斗目标打下了坚实的基础。

假如一个人不能客观估量自己的能力范围，仅凭良好的愿望和热情盲目地制定宏伟目标，结果往往是目标落空，个人心理蒙受打击，产生挫折体验。这样，不仅白白耗费了精力和时光，也给自信和心境造成不良影响，而且还会影响到今后的发展。所以，每个大学生都应该认真对待这一问题，使自己能够脚踏实地地顺利发展，而且有利于维护心理健康。

### 3. 培养自我心理调节能力

生活中，人们难免会遇到不良刺激而出现情绪反应，继而影响心理功能。剧烈的情绪，尤其是强烈的愤怒会降低人的理智水平。一旦有丧失理智的冲动发生，就会做出过激行为，甚至会带来难以弥补的诸多不良后果，还可能产生内心不安和后悔。学会情绪的自我调控，排除愤怒情绪，能正确释放自己的压力，控制自己的情绪也是解决压力的有效途径。排除愤怒情绪的具体方法有：及时告诫和提醒自己制怒；及时脱离现场，接受他人的劝解；试着让自己换个思考问题的角度和解决问题的途径等。

要正确对待挫折，面对困境要积极寻求解决办法并收获教训，做到豁达大度、遇事冷静、身心放松；能理智地对待自己的各种需要，提高自身的抗压力。应该明白学习和生活上的不愉快虽然时有发生，但应自觉地化消极因素为积极因素，积极面对；对周围事物有客观的认识，不逃避学习、生活中遇到的困难。既能够提高自己的抗压能力，又能够加强自我心理调节能力。

### 4. 向朋友倾诉、疏泄消极情绪

人们难免会遇到令人不愉快和烦闷的事情，有时还可能因此造成有害于心理健康的长期压抑情绪。针对这类情况，若能找机会与好朋友、同学、亲友等谈心，将自己的苦闷倾吐出来，使不良情绪得以发泄，压抑的心境就可能得到缓解或减轻，失去平衡的心理也可以逐步恢复正常。在倾诉的过程中还可以获得更多的情感支持和理解，获得认识和解决问题的新思路，增强克服困难的信心等。在消除压抑心境、恢复心理平衡方面获得非常有益的帮助。

### 5. 发展良好的兴趣爱好，适度娱乐

有那么一些人，工作起来干劲十足，积极奋进，但闲下来就无所事事，郁郁寡欢；还有些人，遇到烦恼便蒙头卧床或是苦思冥想。这些都会对其身心健康造成有害影响。而若能积极开展自我娱乐活动，就能振奋精神、消除烦恼、保持愉快的心境。所以，每个学生在大学阶段都有必要依据自己的性格特点，注意培养和发展一些业余兴趣和爱好，学会自我娱乐，这将对维护自己的心理健康十分有益。

### 6. 调整适度的期望值

每个人都不是完美无缺的，在人格、价值观念、行为习惯和情绪情感模式等各个方面都可能会有优点或不足之处。人们在生活、学习和工作中常需要相互关心和帮助，但一个人也不可能凡事都期望或依赖他人，也不应该用自己的想法观点去要求他人，尤其不能有不切实

际的过高期望。在做各类事情时，首先应当立足自身，主要依靠自己的力量努力把事情办好，其次才考虑他人帮助的可能性。同时还应该考虑到每个人会有自身的局限性，还会有他们自己的各种干扰因素。否则，对他人期望过高，而又遇事解决不好，就会抱怨他人，备感失望，心理平衡受到干扰，对自己造成更大的不良影响。

#### 7. 适当扩大人际交往

人作为社会的一员，必须生活在社会群体之中。大学生集体也是社会群体之一，通过大学校园的“社会模拟环境”，大学生学习日后更好地适应社会生活。

通过社会交往活动，一个人就能与群体中其他成员或其他社会群体进行交往和联系，特别是与志趣相投的伙伴、朋友、同学在一起，进行思想的沟通和情感的交流，从中得到启发、疏导和帮助，获得更多的社会支持，减少消极心理与心理危机。这是人们维护和保持心理健康的基本、重要的因素之一。

#### 8. 避免盲目地与人竞争

目前，我国正在社会生活的各个领域逐步引进竞争机制，竞争意识对人们的影响越来越大。由于每个人的精力有限，又各自具有不同的优势，假如你事事处处都要与他人竞争，就有可能在某些方面以自己的劣势与他人的优势进行竞争，因而招致失败，并给自己带来挫折和打击；同时，事事竞争还会给自己造成过度紧张，心理上承受过大压力而对身心健康产生不良的影响。所以，人们在与他人竞争时，应该有所选择和侧重。有所选择是指要注意发挥个人的优势方面；有所侧重是指在竞争中应把主要精力放在对自己有较大意义的方面，避免分散精力和进行无谓的竞争。这样，一方面有利于充分发挥自己的优势，顺利地取得成果，达到所追求的目标；另一方面，也有助于维护自身的心理健康。

### 二、良好校园氛围的营造

#### 1. 校园各类活动的开展

学校经常开展各种类型的活动，增强学生参与集体活动的意识和热情。譬如学校开展运动会可以强壮学生体魄，增强凝聚力，加强合作意识。体育锻炼是一个极好的提高学生身体素质，培养学生抗压能力、团结协作等优秀品质的过程，运用适当的体育课堂教学方法引导学生主动地学习和锻炼，激发学生参加体育活动的热情，培养学生参加体育活动的兴趣，调动学生的积极性，发展学生的智力。举办晚会给学生展现才艺的舞台，以及各色主题活动拓展学生的视野及兴趣，给予学生认识自我能力与发展自我能力的机会。

#### 2. 建立有效的干预机制

最通常的是设立心理咨询机构或场所，专业心理咨询者通过与被咨询者交谈，达到缓解其心理紧张、解决心理困扰和精神苦恼的效果。其主要内容是：宣泄、疏导被咨询者的情感以缓解其情绪压力；协助被咨询者改善认知结构，以正常经验取代旧的不正常的经验，树立对人、对己、对周围环境和事物的正确观念，让被咨询者在日常生活中重新建立与人相处的和谐关系，提高生活适应能力和培养良好的行为习惯。

设立心理危机干预机制，包括专业心理咨询老师、辅导员、班主任、心理委员及其他相关人员。建立及时反馈联动机制，对有心理危机风险的事件或个体能及时发现并加以适当的干预。

## 三、通过心理咨询或心理辅导解决心理困扰

心理咨询是预防与解决大学生心理健康问题的主要策略之一，是心理健康教育的特殊组成部分，它只针对个体的或较小群体的问题进行指导或服务，适合于解决一般性心理健康教育不能解决的较复杂、个体化的心理问题。但需要注意的是，学校提供的心理辅导与心理咨询服务是有局限性的，只适合处理一般心理困扰及心理问题。对于严重的心理障碍或精神疾病尚需求助专业医生来解决。

［案例］小玉，女，20岁，大二学生，父母均为农民。由于家庭贫困，常担心因缴不起学费而辍学。小玉觉得自己学习成绩不太好，没什么优点，不讨别人喜欢，总不相信别人，不愿理会别人，对人冷漠、缺乏热情。她感到大学生活非常灰暗，没有任何快乐，多次想退学。连续几天晚上做相同的噩梦，梦见父亲去世了，从梦中哭醒，一直很伤心，情绪很低落，无法学习。

［案例分析］这是典型的自我意识混乱案例。所谓自我意识，是指个体对自身心理和行为的意识，包含自我概念、自我评价和自我理想等几个方面。当个体无法形成正确的自我概念和适宜的自我评价，不能达到自我同一性的确立而获得安定、平衡的心理状态时，则会出现自我意识混乱。

从小玉的自述中，心理咨询师分析她是由于家庭贫困带来了一定的压力，自己觉得很无助，因而产生自卑心理；由自卑心理又引发出许多不合理的观点，认为自己一无是处，从而更加孤独，陷入了自卑、孤独、抑郁的沼泽中而不能自拔。咨询师在咨访过程中通过对她原本的观念形成冲突，从而让她反思自己的不合理信念，逐渐对自己的不合理信念产生动摇；同时，有意识地引导她的思维方向，使其重新认识自我，通过激励促其健康成长。

## 体验拓展

### 心理资料：抑郁自救指南

这份指南希望可以让更多的人可以正确地认识抑郁症，了解自己的情况是抑郁情绪还是抑郁症，可以如何帮助自己走出抑郁的困扰。

### 1. 我是不是得抑郁症了

在心理咨询中，会遇到很多人来问自己是不是得了抑郁症。其实，有些只是出现了抑郁的症状或者是抑郁的情绪，还远远没有达到抑郁症的程度。

抑郁情绪是遇到压力的正常反应。在我们的生活中，不可避免会遇到很多困难，让我们感到压力。比如考试成绩不如预期；是专升本还是选择工作；工作做不完，第二天会被老板批评；这些压力事件会让我们感到悲伤、紧张、担忧、疲倦，情绪低落，但只要我们做出一些调整，例如和信任的人倾诉一下烦恼，看部开心的电影，几天或者一周的时间，我们低落的情绪就能有所缓解，恢复正常的生活与工作。

低落情绪如果一直没有减轻，反而有越来越严重的倾向，时间持续2周以上，就有可能是抑郁症，说明我们情绪调控的能力出现了问题。这个时候，我们就要考虑寻求专业的心理咨询师或者精神科医生的建议与帮助。

我们可以通过以下9个方面来简单识别有关抑郁症的信号：

①忧郁情绪的时间是几乎整天，近乎每天，由个人主观报告或他人观察（如觉得悲伤、空虚、绝望）；

②对所有或几乎所有活动失去兴趣或乐趣减少，几乎整天，近乎每天（自己的陈述，或是他人观察）；

③非因节食体重明显下降（一个月内体重改变5%），每天整天的食欲增加或减少；

④失眠或嗜睡，几乎每天；

⑤迟滞或精神运动性激动，几乎每天（可由他人观察得到，不只是主观的报告）；

⑥疲累或失去活力，几乎每天；

⑦无价值感，或过分不适当的罪恶感（并非只是对生病自责与罪恶感），几乎每天；

⑧思考能力或专注能力减退，或无决断力（自陈或他人观察），几乎每天；

⑨重复地想到死亡，重复产生自杀意念，有自杀尝试，或自杀计划。

出现以上症状并且持续时间2周以上，当这些症状越多，越表示需要找咨询师或其他专业人员。

### 2. 导致抑郁症的因素有哪些

抑郁是一个很复杂的问题，说它复杂，是因为它是很多种因素共同影响的结果，包括生理、心理、社会环境等。一万种人有一万种抑郁的方式，也有一万种组合搭配的治疗方法，所以只有认识到它背后各方面的因素，然后一个个击破，才能真正走出抑郁的阴影。

（1）生理因素。有时候感到抑郁，是因为身体发生了细微的异常改变，主要是神经递质发生了微妙的变化。这些神经递质，包括五羟色胺、去甲肾上腺素、多巴胺等，我们可以把它们比喻为快乐的激素，因为它们会给我们带来愉快的感觉。当我们身体产生的快乐激素不足时，我们就容易感觉到失落。

（2）心理因素。不知道你有没有这样的困惑？为什么有时候大家遇到的困难都差不多，处境也差不多，但是有的人还好好的，你却已经难受得不行了，其实这就是心理因素。心理因素至少有两个层面，在表层是存在着负面的认知和想法，在深层是我们的人格倾向。

表层的负面认知，是指对事物消极的、扭曲的认知。比较常见的负面认知有：过分概括化，就是指以偏概全、全或无的思维，指看待事物非黑即白。这会导致我们容易走极端，遇到压力和困难的时候会往最糟糕的结果想。还有的人将负性事件更多地归因于自己的过失，而不是客观分析问题。比如，聚会时，有人因为身体不太舒服而兴致不高，他们就会觉得是不是自己哪里没有做好，因为自己的原因让朋友不高兴了。

深层的心理因素，还涉及一个概念：抑郁症易感人格，也就是通常所称的“抑郁气质”，是指某种体质（包含性格个性）比其他群体更容易产生抑郁情绪和罹患抑郁症。这好比说，体弱的人更容易感冒，骨质疏松的人更容易骨折。抑郁易感人格所共有的性格特质有：追求完美，争强好胜；自我价值感低，过于敏感。别人无意中的一个眼神，一句话语，肢体语言，他们会反复揣测，并且往往从负面的方面考虑。这种性格特质受到家庭养育模式、成长经历的影响，更容易用负性的思维方式来看待身边发生的事情，用消极的心态来应对生活中发生的困难和压力。

（3）社会环境因素。现代社会生活充满了各种压力，我们每个人从小到大都要面对学习、工作、家庭等各方面的不如意。除此之外，像亲人离世、自然灾害、交通意外等突发事件，更会造成我们严重的心理创伤。压力是我们没办法避免的，但是我们可以决定用什么心态来面对压力。

### 3. 感觉抑郁该怎么办

下面介绍一些简单的改善抑郁情绪的方法。

首先是食物。有很多人心情不好的时候就会特别想吃甜食，自己也不知道为什么。其实这有一定道理，因为甜食能提供能量，抑郁的时候我们能量不足，补充一些能量，可以提供动力，有抗抑郁的作用。不过要注意量，不然会越吃越胖。

第二个方法是运动。运动是一个很好的调节方法，它可以提高我们血液里的去甲肾上腺素和多巴胺的水平。用科学的方式运动，这里有几个需要注意的地方：

①有氧运动，这样不至于透支你的体力；

②强度适中，不要过于剧烈，以微微出汗为标准；

③频率可以少量多次，这样最有利于你坚持。

第三个是晒太阳。你可能会觉得这是一个太普通的方法。但很多人抑郁的时候，就是不想出门，不想见阳光。实际上，晒太阳可以刺激我们的松果体分泌褪黑素，也就是会让我们感到开心的快乐激素，有一定的抗抑郁作用。

第四个是快乐日记。记录下今天发生的1～2件让你感觉到快乐的事情，内容可以包含：发生的时间+具体的事件+当时的感受与想法。睡觉前可以翻开看看，让我们的心情可以愉快些。

当尝试了上述方法后，一周内仍然没有很好的改善，可以寻求心理咨询师的帮助，心理咨询师会与你一起发现导致你抑郁的原因，给出适合你的咨询计划与方案。若经过心理咨询2周后依旧没有改善，建议在精神科医生的指导下进行药物治疗并且配合心理咨询。

### 4. 身边人抑郁了该怎么办

他需要接受心理咨询，也可能需要药物治疗，以及运用自己的意志力去面对抑郁症。你能为他做的最好的事情是：让他觉得和你在一起的时候，他可以被允许抑郁，不用强颜欢笑。

下面的4个方法你可以尝试一下：

①允许相处时的沉默，而你仅仅是陪在他的身边。

②当他向你表达他感到痛苦的时候，你所能做的就是安静地倾听。

③回应他的感受，如果你不知道该如何回应可以重复他所说的话（比如“告诉我那种感觉是怎么样的”或者“听起来你正在经受着悲伤”）。

④带他去人少的户外晒晒太阳，散散步。

抑郁的人经历着常人难以想象的孤独感和隔离感。一个他信任且不会随意评判他的朋友，仅仅是这些特质就能帮助到他。

## 拓展资源

| | |
|---|---|
| **书籍《走出抑郁》**<br>本书作者Richard O’Connor不仅是一位经验丰富的心理治疗师，也曾是一个抑郁症患者。因此，他对于抑郁症有着超乎常人的深刻理解与感悟。这本书就像是抑郁症的百科全书一般，详细介绍了抑郁症的症状、病因（包括生物、心理、社会）以及如何从思维、行为等方面入手，摆脱抑郁的习惯。 | <br> |
| **书籍《理智胜过情感》**<br>作者Dennis Greenberger博士和Christine A. Padesky博士都是临床心理学家，也是认知行为疗法的专家。<br>这是一本极其结构化和可操作性的书。在阅读这本书的时候，就像对面坐着一位咨询师一般，循循善诱地引导自己：<br>•带自己理解自己的问题；<br>•讲解认知行为疗法的理论；<br>•评估情绪；<br>•识别不合理思维；<br>•替代或平衡思维；<br>•识别和处理核心信念。 | <br> |

**电影《阿甘正传》**

阿甘是个智商只有75的患有智力障碍的孩子。在学校里为了躲避别的孩子的欺侮，听从一个朋友珍妮的话而开始“跑”。在中学时，他为了躲避别人而跑进了一所学校的橄榄球场，被大学破格录取，并成了橄榄球巨星，受到了肯尼迪总统的接见。

阿甘的智商并不高，但他的身上却具有这个社会非常需要的诚实、守信、勇敢、真诚等美德。影片的开始，我们或许会被阿甘的木讷所逗乐，在他面前，我们充满着优越感，但在影片结束时，我们却不得不被他的真诚所感动。

# 主题2　心灵守护站——大学生心理咨询

## 知识素养

### 一、心理咨询

#### （一）心理咨询的概念

心理咨询是指由受过专门训练的专业人员运用心理学的方法，帮助寻求解决心理适应问题或障碍的来访者提供心理学援助的过程。虽然日常的聊天倾诉及良好人际关系的扶持也能给予遇到心理困扰的人帮助，但与心理咨询有着明显的区别。

心理咨询过程中包含了许多技巧和技术性问题，专业的咨询者通过倾听、询问与商讨了解来访者的问题，找出引起心理问题的原因，分析问题的症结。在咨询者的支持和帮助下，来访者恢复心理平衡，寻求摆脱困境解决问题的条件和对策，逐渐改变与外界格格不入的思维、情感和反应方式。心理咨询可以提供一种新的学习经验，促使人们从一个不同的角度看待自己和社会，用新的方式去体验和表达他们的思想情感，并产生出全新的思维方式，增进身心健康。

#### （二）心理咨询是适合学校的专业模式

心理咨询最一般、最主要的对象是健康人群或存在心理问题的人群。这部分人群整体心理状态是健康的，只是因为遇到了一些心理困扰或心理社会刺激而体验了情绪、思维或行为的困扰，暂时处于“心理失衡”的状态，需要进行及时调整以免出现恶化而产生疾病。

另外，随着对自身认识与关注的加深，许多心理问题来源于人们对自身的更高要求，希望自我得到更好的发展，调整内心世界，提高生活质量，比如提高学习和工作能力、保持最佳学习工作状态、协调各种人际关系、成就动机与自我实现性问题，这些属于发展性问题。作为心理发展从青少年阶段向成人阶段前进的大学生来说，发展性问题是大学生常关注的问题。而发展性心理咨询，可以帮助大学生纠正自我认识出现偏差，挖掘心理潜力，提高自我认识的能力。

心理咨询遵循的是教育模式，目标在于促进来访者心理健康发展，促进来访者成长，帮助来访者摆脱心理困扰，增强适应能力；强调发展模式，提高发展水平，充分开发来访者潜能，为正常健康发展减少消除障碍，重点在于预防。

### （三）心理咨询的基本原则

#### 1. 保密原则

对来访者所有咨询内容均应保密，不得泄露。有很多大学生在进行心理咨询前或者进行心理咨询的过程中会有这样的担心：心理咨询师会为我的问题保密吗？我的问题会不会被辅导员知道？答案就是一个合格的心理咨询师会为你所讲的内容保密的，保密原则是心理咨询中最基本的一个原则。

一般情况下，来访者的问题不会被别人知道，但是如果来访者有自我伤害或伤害他人的紧急危害或涉及法律案件时，咨询中心将突破保密原则，采取相应措施，但也会将信息暴露程度限制在最低范围内。

#### 2. 自愿原则

到心理咨询室求询的来访者必须出于完全自愿，这是确立咨访关系的先决条件。

#### 3. 理解信任原则

咨询师对来访者的语言、行动和情绪等要充分理解，对来访者应持非道德性评价的原则，帮助来访者分析原因并寻找出路。良好的咨询关系应建立在信任的基础上，只有相互信任，才能更好沟通，这也是达到互相理解、实现咨询目标与意图所必需的。

#### 4. 尊重原则

尊重来访者的需求和选择权利，允许来访者选择继续或中止咨询。对于需要了解的情况，应尽量坦诚、客观地说明原因，寻求理解与合作，不得以咨询师的主观想法强求来访者；热情、耐心、尊重、信任地接待来访者，营造亲切、自然的咨询气氛。

#### 5. 平等原则

心理咨询的效果如何，不仅取决于咨询师专业水平的高低，更重要的是取决于他与来访者之间的咨询关系，对来访者要诚恳、耐心、热情、平等相待。对所有的来访者应一视同仁，不应主观偏颇，并依先后顺序予以接待。但对问题情况较重如发生较急的心理危机，在对当前来访者予以解释后，优先接待。

#### 6. 非指导性原则

心理咨询不同于一般的问题咨询，不需要对心理问题予以更多的具体的直接的指导，应予以间接的非指导性的启发、引导、帮助与辅导，使来访者自己领悟，思索寻找解决问题的办法。帮助来访者自己解决问题，而不是代替来访者解决问题。

### （四）心理咨询的作用

心理咨询能够让人们从新的角度看待自我与环境，获得新的人生经验和体验。在心理咨询的帮助下，陷入心理困扰的人，可以逐渐改变不适应外界的思维、情感和行为模式，提高工作效率，改善生活品质；而对心理适应属于正常范围的人来说，心理咨询可以帮助他们更好地认识自己与社会，处理各种关系，发挥自我的内在潜力，实现自我价值。

1. 倾诉心声

每个人都有倾诉心声的心理需要，尤其是当遇到难题无法解决的时候，希望能有人指点迷津。这些都需要通过诉说，释放心头的压力。朋友、同学、亲人都可以成为倾听心声的人，但也有不方便、不适宜的时候。咨询师可以给你专业的、保密的倾听，用专业知识给你支持。

2. 理清问题

人的心理问题有各种类型和性质，不同的问题应当用不同的方法来解决。人的许多心理问题并非心理疾病，它们是在纷繁复杂的社会生活中引发的。就青少年学生来说，有些是与学习有关的心理问题，如学习动机、厌学情绪、考试焦虑等；有些是与自我观念有关的心理问题，如自卑、自恋、自傲、自闭等；有些是人际交往中产生的心理问题，如交往焦虑、回避交往、对人敌意、过分依赖等。诸如此类的问题，都不是心理疾病，但如不及时解决，就会使人情绪低落，影响学习和工作，甚至引发身心疾病，因此应当通过心理咨询及时调整。

3. 商量对策

在倾诉心声、理清问题的基础上，咨询师可以与你共同分析问题，商讨解决问题的对策。当一个人处于生活旋涡之中，在精神压力的重负下，思路常常会被堵塞。而咨询师处于旁观者的角色，他的头脑冷静，思路较为开阔，能帮你打开思路，共同分析问题的原因，从而帮助你正确认识你面临的问题，帮助你学会如何进行明智的选择。当你学会了如何进行明智选择的时候，你的人格也就得到了一次发展和完善的机会，也锻炼了你解决问题的能力。

4. 平衡情绪

学校心理咨询的性质属于发展性咨询，它主要帮助来访者解决在成长过程中产生的各种心理问题，而不是治疗精神疾病。帮助来访者平衡情绪是心理咨询的重要功能之一。心理咨询通过上述几个作用给你宣泄压抑情绪的机会，帮你辨明自己问题的性质并且商量解决问题的对策，这些环节都能使你紧绷的情绪得到缓解，心态也随之得到平衡。

5. 促进成长

心理咨询还有一个重要作用就是助人成长。心理咨询不仅能帮你处理好当前的问题，而且能通过处理当前的问题提高你的认知水平，矫正你的错误思路，帮你正确对待自己，增强自信，也能帮你正确对待他人，学会处理好人际关系。

大学生正处于身体发育和人格发展的关键时期，这一时期心理比较敏感，认识也不够成熟，产生这样那样的心理问题是必然的。通过一次或数次心理咨询使大学生的认识得到提高，人格得到发展，这些对于促进大学生的成熟、成长都是十分有益的。

### （五）客观地看待心理咨询

目前大部分高校都建立了大学生心理咨询机构，面向大学生提供心理咨询服务。但是实际调查表明，大学生对心理咨询服务的利用不尽如人意，不少大学生对心理咨询仍然存在着认同上的偏差，甚至抗拒与排斥心理咨询。实际上，心理上的问题和身体上的疾病一样，我们不可能自己调整解决身体上的所有问题，如不及时治疗，常常会使问题加剧。因此，被心理问题困扰时，及时寻求心理咨询的帮助是非常有必要的。

### 1. 端正对心理咨询的认识

一些不愿意去心理咨询的大学生错误地认为去心理咨询的都是有严重精神问题的，害怕别人认为自己不正常。心理咨询所遵循的是教育模式，所接待的来访者是正常人，而不是病人或患者；所进行的是疏解人们日常生活学习中的心理困扰。每个人在人生中都或多或少会遇到一些困惑，产生心理问题。当问题超过自身的调节能力时，就需要借助一定的外力。为了解决自己的苦恼，让自己的心理更加健康，去心理咨询是一种有效的方式。

### 2. 心理咨询具备保密性

很多不愿走近心理咨询的人担心将自身的心理问题告诉他人，别人说出去会给自己带来风险。对于来访者个人的隐私，心理咨询师会保密，保密原则是心理咨询的首要原则，是心理咨询从业者的基本素质之一。因此，不必要担心心理咨询师将来访者的相关信息外泄，对于自己的问题不必有太多的顾虑，不要羞于开口或含糊其辞。

### 3. 不要“急于求成”

有的人希望通过一两次心理咨询就能解决自己的心理困扰甚至实际问题，希望心理咨询师能帮自己拿主意、给出立即可行的方法建议，这其实是很不符合心理咨询的目的的。心理咨询过程是帮助来访者澄清事实、疏导不良情绪、分析利弊、开阔和转变思路、树立正确的观念。实际问题的最终解决需要依靠来访者自己去面对，自己去解决。正是这样，心理咨询是一个帮助来访者逐步学习面对人生困扰，学习面对自我，得到成长的过程。

## 探索应用

### 什么情况下你需要做心理咨询?

1. 当你在某些时候觉得孤独或者想找人说说话，你或许可以寻找心理咨询。

2. 当你的工作、生活、情感压力过大，例如失恋、工作挑战太大、同事相处不良、生意伙伴失信等，而使你觉得有点胸闷难受、焦虑不安、容易发火、心情忧郁、失眠，你需要心理咨询。

3. 当你的恋爱，家庭关系出现问题，如与父母闹矛盾、恋爱失败等，这时候你显然也需要心理咨询。

4. 当你与自己孩子的亲子沟通无法顺利进行，小孩学习成绩下降，与你产生对抗等，你或许要带着孩子一起去参加心理咨询。

5. 或许你没有任何困扰，你丰衣足食、家庭富裕，你的生活已经有了一定质量，但你觉得需要一些精神层面的成长或回顾，你或许可以参加心理咨询。

6. 不管什么原因，如果你觉得自己被某种不良心情压抑超过2周时间，并且这一情况还在持续，那时候你就需要参加心理咨询。

7. 当你对于某些特定的物体和行为，例如与人交往困难，怕猫狗，或者当你面对一些社会场景，例如广场、商场，或者没有特定对象场景的情况下，你都觉得焦虑不安，甚至呼吸困难、心跳加速，你或许需要参加心理咨询。

8. 当你的某些行为，例如洗手、关煤气，表现出10次以上的反复，或者当你对于某一事物的思维反复顽固地出现而无法摆脱，这样的情况已经持续了一段时间，你需要心理咨询。

9. 当你被一些性问题困扰，例如青春期手淫问题，暴露性器官，获取异性衣服等情况，建议你参加心理咨询。

10. 物质依赖也可以是一个参加心理咨询的原因，例如吸烟、酗酒等。

11. 对于食物的障碍，例如出现暴食然后呕吐、厌食等，显然积极参加心理咨询是明智的选择。

12. 遇到丧偶、被非礼、人质危机、离婚、自然灾害、威胁等突发事件之后一个月，你如果继续经常被这些事件的记忆干扰，甚至经常发生噩梦、哭泣等情况，那可能是创伤后应激障碍，也建议你最好去参加心理咨询。

13. 如果你因为以上这些原因，正在医院接受药物治疗，但你很少获得谈话式的心理咨询，建议你在进行药物治疗的同时，去接受谈话式的心理咨询，这样你会更快更巩固地好转。

14. 当你的人际关系一直遭遇挫折，觉得自己的性格有点格格不入，这让你迷惑或痛苦，或你觉得情绪经常没有原因地泛滥成灾而影响你的生活时，你或许需要接受长期的心理咨询。

总的来说，除了治疗心理疾病外，心理咨询更大的作用是帮助我们更好地了解自己，了解自己的需要、渴望和恐惧等，获得倾听和陪伴的同时更好地自我成长。

需不需要心理咨询，最终还是取决于每个人的想法，但是作为一个专业的倾听者，心理咨询一定是一个最安全的树洞，让你的心灵得到释放，洒进阳光，用爱陪伴并与你一同成长。

[案例] 小伟，大二学生，在临近实习前期来到心理咨询中心预约咨询。在咨询开始前，他自诉其实因为与父母的家庭矛盾问题，从进入大学就想来心理咨询中心咨询。但是同学们则说，去心理辅导的人都是心理有毛病的甚至心理变态，听到这些他就不敢来咨询了，怕身边的同学和朋友用异样的眼光看他。关于父母的家庭矛盾问题困扰了他几年，直至马上要离开学校，觉得同学们都忙于找工作不会关注他，才来心理咨询中心。

通过50分钟的咨询，他唯一的感触就是没有刚进大学的时候就来进行咨询，很后悔直至实习才踏进心理咨询中心，没有早点通过咨询师的帮助解开自己的心结，被这些问题整整困扰了两年多时间。

[案例分析] 相信小伟刚入学时的困惑是很多同学的困惑，认为“去心理辅导就是有毛病”。这样的说法明显是错误的，心理辅导的对象主要是在日常生活中遇到困难或挫折而产生心理困扰的正常人群。心理障碍患者是心理咨询的一小部分，发病期的精神病人不属于心理咨询的范畴。

我们每个人在成长的不同阶段及生活工作的不同方面，都有可能遇到各种心理问题，就这些问题求助于心理辅导并不意味着不正常或心理变态。心理辅导不是看病，它面向的是正常人。当你觉得心里不舒服，情绪不好的时候，你就可以去找心理咨询师聊一聊。心理辅导是现代人的一种精神享受，它能让你活得更轻松、更快乐、更自信。

## 心理咨询中常见问题与解答

### 1. 心理咨询和聊天的区别是什么?

心理咨询是具有专业资质的心理咨询师运用心理学理论和技术，针对来访者的问题进行评估、理解，在咨询中解决心理问题的过程，可以说咨询师说的话是有意图和目的的，和日常生活中朋友、家人之间随意的对话有很大的不同。心理咨询有严格的设置，比如固定的时间、固定的地点等，和在咖啡厅聊天是完全不同的。

### 2. 心理咨询有哪些形式?

面对面咨询、视频咨询、电话咨询。

### 3. 我可以随时结束心理咨询吗?

通常，心理咨询是开放的结尾，也就是你可以随时提出结束心理咨询，但建议和咨询师讨论想要结束的想法，再最终决定是否要结束咨询。

### 4. 做心理咨询时我需要和家人一起吗?

如果需要解决的主要是个人问题，就不需要家人参与，如果是因家庭关系导致的心理问题，则建议家人参与到咨询中来。如果担心咨询过后可能会产生身体不适等感觉，需要家人照顾，也可以让家人陪同。通常情况下不用过度担心，心理咨询是轻松的谈话，咨询师会根据情况把握谈话的深度和强度，保护你的心理不会受到强烈的压力或不安。

### 5. 看心理学的书可以自己治疗自己吗?

学习心理学知识确实对缓解困扰很有帮助，但看书的方式并不一定适合所有人，甚至很多时候会有“道理我都懂，但就是做不到呀!”“懂得所有的道理，还是过不好这一生。”的感受，这是因为，人们的困扰大多是困于“情绪和感受”而不是困于知识和道理，而情绪和感受通常是在人和人之间发生的，所以需要另外一个“人”和你一起解决问题，只有感情在人与人之间流动，才能真正发生疗愈修通的效果。在处理心理感受这些事上，很多时候自己是自己的“敌人”，会越陷越深。

6. 咨询时我需要注意什么、说些什么?

除了遵守按时到达、提前取消需告知外，在咨询中，你可以放松地去表达，说任何你想说的内容，讨论你需要讨论的主题，问你想问的问题，表达对咨询的感受等，如果没有什么想说的，沉默也是咨询中正常的一部分，你也可以试着自由联想，就像坐在火车里看风景，脑海里浮现什么就试着把它说出来等。当然，对咨询要说的内容有任何疑惑，你也可以提出来和咨询师讨论。

7. 心理咨询多久才会有效果?

事实研究证明，专业的心理咨询可以达到良好的咨询效果，至少75%以上的人能够改善症状、解决问题、获得成长。但是咨询并非1次见效，通常咨询的前1～4次，咨询师需要先了解来访者问题的背景、成长经历，之后才逐渐地展开咨询，通常咨询20～30次，会有一个比较好的初步改善。根据问题严重程度、时间长短，每个人需要的时间不一样。当然，有效的咨询每次都会有不同的感受和收获。但是，通常愿意接受心理咨询，而且希望从中获得帮助，解决问题和改变自己的动机高，能够充分表达和反思自己经历的人，在咨询中颇为合作，与咨询师坦诚交流，这些人最可能获益，而且也确实获益最多。

8. 我应该选择线上咨询还是面对面咨询?

通常，如果情况允许，面对面咨询是最理想的，但是，如果时间安排不够充裕，那么与咨询师线上咨询也是很好的方式。线上咨询和面对面咨询一样，同样可以解决心理问题，并且，来访者同样可以从线上咨询中获得满意的答案。

## 体验拓展

### 拓展阅读：关于心理咨询的误区

#### 误区一：我没有心理疾病，不需要心理咨询

事实上，心理咨询并不等于治病。对于那些由于心理问题而遇到麻烦的人，可以在心理咨询的帮助下，逐渐改变与外界格格不入的思维、情感和反应方式，并学会与外界相适应的方法，提高工作效率，改善生活品质。而对于那些心理适应属于正常范围的人来说，咨询所提供的全新环境可以帮助他们认识自己与社会，处理各种关系，以便更好地发挥内在潜力，实现自我价值。

#### 误区二：我有自己的好亲友，不需要跟外人说

也许你的家庭关系和人际关系都非常好，可是有时候，渴望得到关注和安慰的你，并不能总是得到如期的回应。也许你需要一个更好的倾听者，这个倾听者在这个当下只关注你的

感受和存在。而且你还不用担心把真实的感受说给亲友团听后，他们会怎么想你，以后关系怎么处理。心理咨询与聊天的最大不同就是可以给予这样的一种安全感。

**误区三：担心私事会被心理咨询师说出去**

专业的心理咨询师都要接受相关的包括如何为求助者保守秘密的培训。遵守保密原则既是职业道德的要求，也是心理咨询本身的职业性质决定的。在没有征得求助者同意的情况下，心理咨询师是不得随意透露信息的，更不得随意打探求助者与咨询无关的个人隐私。换句话说：我不想透露给咨询师的信息，我有权利不说。我透露给咨询师的信息，他也没有权利告诉别人。

**误区四：我自己的问题自己可以解决**

我们的生活中往往遇到这样那样的事情，我们的内心不免会产生困惑。有一部分我们可以很快就自己解决，还有些则持续深远地影响着我们自己。也就是说，重大具有人生意义，持续影响的困惑往往需要更加专业细致的处理。另外，还有就是突如其来，剧烈冲击我们内心的莫名阶段，需要专业咨询。

## 拓展资源

<table>
<tr>
<td>

**书籍《身体从未忘记：心理创伤疗愈中的大脑、心智和身体》**

每个人都可能遭受大大小小的心灵创伤，这可能会将我们变成另外一个人：经常感到焦虑、麻木和狂怒，无法集中注意力、记忆力下降，难以建立相互信任的人际关系……

这是因为，虽然你很想遗忘，但大脑和身体从未忘记事件发生时的恐惧，即使时隔已久，还是会因为微小的危险信号，诱发过于剧烈的负面反应，扰乱我们的正常生活。

本文作者巴塞尔·范德考克在心理创伤这个领域已有超过30年的前沿研究和临床实践经验，治疗过几千个受过创伤的儿童和成年人。他亲自使用过书里介绍的所有治疗方式，这使本书更加具有可信性和实操性。

</td>
<td>

</td>
</tr>
<tr>
<td>

**电影《美丽心灵》**

英俊而又十分古怪的数学家小约翰·纳什念研究生时便发明了著名的博弈理论，短短26页的论文在经济、军事等领域产生了深远的影响，他开始享有国际声誉。但纳什出众的直觉受到了精神分裂症的困扰，使他向学术上最高层次进军的辉煌历程发生了巨大改变。

面对这个曾经击毁了许多人的挑战，纳什在深爱着他的妻子艾丽西亚的相助下，与被认为是只能好转、无法治愈的疾病做斗争。经过十几年的不懈努力，完全通过意志的力量，他一如既往地坚持工作，并于1994年获得诺贝尔经济学奖，他在博弈论方面颇具前瞻性的工作也成为20世纪最具影响力的理论。

</td>
<td>

</td>
</tr>
</table>

| | |
|---|---|
| **书籍《少有人走的路：心智成熟的旅程》**<br>本书处处透露出沟通与理解的意味，它跨越时代限制，帮助我们探索爱的本质，引导我们过上崭新、宁静而丰富的生活；它帮助我们学习爱，也学习独立；它教诲我们成为更称职的、更有理解心的父母。归根到底，它告诉我们怎样找到真正的自我。<br>正如本书开篇所言：人生苦难重重。作者M.斯科特·派克让我们更加清楚：人生是一场艰辛之旅，心智成熟的旅程相当漫长。但是，它没有让我们感到恐惧，相反，它带领我们去经历一系列艰难乃至痛苦的转变，最终达到自我认知的更高境界。 |  |

# 专题八

# 直面风雨　跨越障碍——心理危机预防及应对

小林是一名大二的学生，学习成绩优异，担任学校学生干部，待人处事均受到同学与老师的好评。假期回来后，老师、同学和朋友们都被小林选择结束自己生命的消息震惊了。据悉，小林之前收到了某网络的“中奖信息”，被告之奖金高达四万元，因为家里经济情况不是很好，小林认为这是帮助自己改善状况的一个幸运机会。但是对方要求先缴纳一定的保证金才能领取奖金，保证金在领取到奖金后会全额返还。小林拿出自己的生活费，并向周围同学朋友们借钱，东拼西凑了近两万元，作为保证金汇到指定账户。后来，小林发现这是“网络诈骗”，钱全都打水漂了。两万元对于学生来说的确不是个小数目，想到家里辛辛苦苦凑给自己的生活费，想到欠了同学朋友的钱，小林最终做了令人心痛惋惜的决定。

悲痛万分的家人表示，钱没了家里人再辛苦也能熬过去，再多的钱也换不了生命，再多的钱也没有生命重要。同学朋友们讶异于小林没有向他人提到被骗的遭遇与难处，也没有察觉到小林有异常的表现，纷纷遗憾于没有能给他提供帮助，没能劝阻他，对他因此放弃生命也表示不理解。

也许社会上还有许多像小林这样的案例，在人生中遇到了挫败，如经济压力、人际问题、情感受挫、疾病侵袭、重大打击等，一小部分人选择了无法回头的一步，让人唏嘘不已。每个人的人生都是个不确定数，都可能会起伏不定，也许会遇到坎坷不平，也许会碰上惊涛骇浪。

你有面对挫折的准备吗？

当某一天你遇到它们时，你会以什么样的心态帮助自己渡过人生的难关？

当你的亲朋好友陷入人生困局中，你能察觉到端倪并给他们提供及时合适的帮助吗？

## 主题1　人生有风雨——心理危机

### 知识素养

#### 一、危机与心理危机

日常生活中，每个人都有着自己的一套应对生活事件、适应个人改变、情绪行为调整、抵抗压力的策略，使得心理状态在一定范围内保持平衡，并能如常地继续生活下去。当人们遭遇到重大的或异常的事件，而又无法像平常一样有效地解决与处理时，就可能会出现心理失衡的状态，并可能会导致一系列极为负面的影响，表现在认知、情感、行为等方面的心理功能失调。心理危机，一般指的是个体或群体面临重要生活事件，既无法回避，又不能运用个人通常的资源与应付机制得以解决的身心状态。

通常而言，心理危机是由危机事件引起的。危机事件包括突发的重大事件，如地震、空难、疾病暴发、恐怖袭击、战争等，以及个体遭受重大问题或难以解决、难以把握的变化。这些危机事件是人们重要生活目标的挫折，给人们带来了很大的精神压力，使得其生活发生了明显变化。个体会感觉到自身原有的平衡稳定被破坏，正常的生活受到干扰，内心引起混乱、不安，继而出现无所适从甚至思维和行为的紊乱，进入一种失衡状态，这就是危机状态。

## 二、心理危机的表现与变化

心理危机产生后，个体会表现出痛苦不安、紧张焦虑、害怕恐惧，常伴有沮丧绝望、麻木不仁等状态。具体反应在生理、认知、情绪、行为等几个方面。

生理方面：肌肉紧张、心跳加速、呼吸短促、冒汗、眩晕头痛、胸闷心痛、睡眠紊乱、食欲不振。

认知方面：不能集中注意力，反应力减慢，记忆力下降，思考、推理、判断问题能力降低，缺乏自信，逃避现实，不愿承认事情的发生，无法控制地将想法集中在危机事件上。

情绪方面：情绪低落或不稳定，愤怒、自责、羞耻，震惊畏惧，极度的焦虑抑郁、敏感多疑，无助感、情感淡漠。

行为方面：暴力倾向，做出伤害他人的行为或自我伤害行为，如酗酒、依赖药物、自杀等；退缩行为，放弃以前的兴趣，沉默少语、不愿与人交谈，回避社交活动，躲避他人；假装适应行为：表面看上去调适良好，成功处理创伤及压力，但难以与周围建立谐调统一的关系，不能与人建立真挚信任的关系，并且脆弱敏感，容易再次崩溃；强迫观念及强迫行为。

从过程来看，个体在危机发生后可能在不同阶段出现一系列的反应变化：

冲击期：危机事件发生时或发生后不久，表现出震惊、恐慌、不知所措，极端不安，精神恍惚。

防御期：在危机产生后一定时期内，个体为恢复心理平衡状态会调动心理资源努力调整，控制焦虑和情绪紊乱，恢复受到损害的认识功能，但无法迅速解决，会出现否认、合理化等。

解决期：积极采取各种方法接受现实，寻求各种资源摆脱困境。适当的方式能帮助个体焦虑减轻，自信增加，社会功能恢复。不当的处理方式会导致危机加深。

## 三、心理危机的分类

按照临床上的症状可分为以下几类。

### 1. 急性应激障碍

以急剧、严重的精神打击作为直接原因。在灾害事件发生或受刺激后立刻（1小时之内）出现有强烈恐惧体验的精神运动性兴奋，如极度悲哀、痛哭流涕，进而出现呼吸急促，甚至短暂的意识丧失。初期为“茫然”阶段，以茫然、注意狭窄、意识清晰度下降、定向困难、不能理会外界的刺激等表现为特点。随后，幸存者可以出现变化多端、形式丰富的症状，包括对周围环境的茫然、激越、愤怒、恐惧性焦虑、抑郁、绝望，以及自主神经系统亢奋症状，如心动过速、震颤、出汗、面色潮红等。这种异常的心理反应，就是急性应激障碍。如果应激源被消除，症状往往历时短暂。

### 2. 创伤后应激障碍

创伤后应激障碍即PTSD，由异乎寻常的威胁性或灾难性心理创伤，导致延迟出现（几周到几个月）和长期持续的精神障碍，也称为创伤后遗症。受创伤者以各种形式重新体验创伤性事件，反复发生闯入性的创伤性回忆，反复出现创伤性梦境或噩梦，反复重现创伤性体验；面临接触与创伤事件相关联或类似的事件情景或其他线索时如事件发生的周年纪念日、相近的天气及各种相似场景因素都可能促发当事人的心理与生理反应。通常出现强烈的心理痛苦和生理反应，心理上持续性焦虑和警觉水平增高，如入睡困难，难以睡得安稳，极易受惊吓，无法专心工作处理事情等，并常有自主神经症状如心慌气短等情况。

创伤事件后经历创伤者还会出现持续的回避，回避包括具体的场景，与情境有关的想法、感受及话题等，对创伤性事件的选择性遗忘也属于回避的表现之一。回避的同时还表现在行为状态上，受创者表现出对任何事情都没有兴趣，对过去热衷的活动同样兴趣索然，对周围环境无任何反应，似乎对什么都无动于衷；感到与外界疏远隔离甚至格格不入，不与他人接触；难以表达与感受各种细腻的情感。严重时万念俱灰，以致发生消极念头，有自杀企图。

### 3. 适应障碍

个人对生活改变或应激性事件（如人际关系恶化、就业、退休等）不能适应，长期存在应激源或持续处于困难情境，产生以烦恼、抑郁等情感障碍为主，同时有适应不良的行为障碍或生理功能障碍，并使社会功能受损。

对于同样的应激源许多人都能顺利处置无任何异常反应，但部分人会出现本障碍，说明个人的易感性对适应障碍的发生有重要作用。另外，个人特点及风格也会对适应障碍的形成造成影响。一般而言，社会适应能力欠佳、应付方式单调生硬、个体遭受应激时的生理状况处于相对较弱的状态，会较易产生适应障碍。

## 四、心理危机的挑战与转机

心理危机有着危险性、难以预料与控制、症状复杂化等特点，但也能给个人带来挑战与转机。正如“危机”一词，有“危”——危险，还有“机”——机遇，危机状态下蕴含着新的可能性和机会。

当危机事件对个体冲击损害非常大时，会让当事人陷入混乱乃至崩溃的状态，会出现各种心理失衡状态甚至精神疾病的症状。假如当事人承受不了巨大打击，没法获得任何有效的调整，对未来失望，严重的会产生自伤、自杀倾向或行为。

但是，假如把危机看作机会，处于“心理危机”的个体实际也是处于变化与成长的边缘。危机事件后，当事人可以通过自我调节，或者相应的帮助——亲友的安慰陪伴、专业的咨询与援助，减缓负面状态的恶化，阻止严重心理问题的出现，并使得心理失衡状态逐渐恢复到危机事件发生之前的水平，危机得以度过。从危机过程中，个体可以学到新的危机应对技巧和方法，获得新的成长与领悟，治愈创伤与面对危机的心理健康能力得以提升。因此，不要轻视危机带来的转机及隐含的发展潜力。

## 探索应用

### 心理危机的应用理论

心理学家布拉默（Brammer）认为危机是个体在实际生活中应对重要生活目标遭受挫折，或应对压力挫折的方法都无法起到作用时，所形成的困境状态。因此，他从人生发展及生活实践的角度，提出了三种心理危机。

### 一、发展性危机

发展性危机又称为内部危机，属于可以预期、可能存在生命发展的各个时期的。在个体正常的成长和发展的人生过程中，可能会遇到一些对个人具有重大意义的改变，这些人生转变容易给个人带来异常反应。例如，大学毕业、踏入职场、结婚成家、小孩出生、中年生活改变或退休等都可能导致发展性危机。按照人的心理发展规律，人生由一系列连续的发展阶段组成，每个阶段都有特定的身心发展内容，当人生转入新的发展阶段时，每个人都需要调整自己并适应新的变化，如获得有关信息，学习新技能，承担新角色。而个人缺乏适应性调整的能力与方式，又无法培养出新的行为和应对方式，那么发展性危机会给他带来严重的冲击和心理损害。特别是阶段变化较急剧或压力源多重复杂时，个人可能会感受到全面崩溃的状态。如青年时期面临就业选择、寻求经济独立、结婚成家等问题，典型的“中年危机”则是因为生理健康、事业发展、经济状况、婚姻家庭等各种关卡而面临危机。

### 二、情境性危机

情境性危机也称为外部危机或环境性危机，是指由异乎寻常的外部事件引发的心理危机。通常人们对这些事件无法预测和控制，例如：失业、失恋、突发疾病、死亡、家庭创伤、天灾、战争等，往往对个体或群体的心理造成巨大冲击。情境性危机以突发、随机、震撼、强烈、灾难、多样为特点，特别是突发性、强烈性及灾难性事件，影响面广，影响程度深，影响时间长，如“汶川大地震”“新冠肺炎疫情”给民众造成的严重的心理冲击，需要进行及时有效的干预。

## 三、存在性危机

存在性危机是由重大的人生问题，如人生目标、责任、独立、自由和承诺等而产生的个人内部冲突及焦虑，它可以是基于现实的，如感觉生活缺乏意义、人生迷茫；也可以是基于后悔的，如没有承担应尽的责任或遵守某种人生承诺；还可能会带来压倒性的持续空虚感、生活无意义感。

大学生正处于青年期，同时面临着社会角色的转变，是人生发展的重要阶段。大学生渴望探索人生、探索自我发展、探索自己存在的意义和价值，但由于社会格局变化、成长的背景、心理素质、行为能力、个人际遇等，容易陷入对未来的不安，对自身命运的迷茫，对人生困惑等“存在性危机”的境况，严重的甚至会出现伤人、自伤、自杀等生命危机。

［案例］小孟最近常常因为一些小事甚至无理由地发脾气、摔砸东西、吵架，引发了室友及周围同学的不满与对执。而好友则发现小孟除了暴躁外，私底下还表现得非常消沉、沮丧。在好友及辅导员的劝解下，小孟向心理咨询老师倾吐了自己的感受、情绪等心理状态。

小孟从大一入学后，认为自己因为高考失利，学校及所学专业均不理想，加上专业学习的不顺利，对学校生活抱有一定的抵触感。一方面觉得在学校是“浪费时间”，不如复读或者直接踏入社会就业；另一方面又担心复读无法考回同等水平，直接就业会因学历能力问题发展前景不好。最近又因为实习的缘故，让小孟产生了毕业就业的紧迫感，觉得“专业没有前途”“自己没学到什么”“找不到好工作”“浪费了大学时间”“现在努力也没有意义了”。压力、迷茫、焦虑、自责等让小孟陷入混乱的状态，产生了一系列负面情绪与行为。

［案例分析］从中学转入大学这个发展阶段时，小孟并没有调整好适应新的学习生活环境，在面对不如意与挫折时，也未能采取较好的应对方式。实际上，小孟已经出现了发展性危机或者适应障碍，而新的阶段任务——毕业就业的来临则带来更大的心理冲击。小孟未能从上一发展阶段顺利过渡，又在对自我角色定位、人生的发展与意义的“存在”议题探索中陷入困惑与迷茫，脆弱的心理平衡状态被破坏，产生了不小的心理危机。

## 体验拓展

### 心理体验：人生的意义

1. 你自己对人生的看法是如何的？

2. 你觉得什么样的生活最有意义？你现在没法达到这种生活是因为有哪些阻碍？

3. 你对死亡有何看法？

4. 当别人认为活着没有意思，不如死了算了时，你是怎么看的？

以上的问题假如你以前没有想过，现在认真地考虑一下。如果愿意的话，跟你周围的同学分享一下你的想法。

## 探索活动：人生路上的“危机四伏”

请回忆你所经历的一些重要事件，也请设想一下未来人生路上可能遇到的“坎”。写下你所遭遇的“危机”状况、你的应对方式、事件对你的影响。最终对你并未造成很大冲击的事件经历也请写下来，并想想是什么原因降低了“危机”的伤害。

可以作为自我探索，也可以当作小组活动，与成员一起讨论分享。对具体“危机”事件的探讨不限于自己，可参照周围人的经历或社会事件。以下三个方面供参考。

### 1. 人生各个阶段中的“危机”

例：进入大学，离家求学、以前没有经历过集体生活、人际环境陌生、学习模式不同、学习目标不清晰等，感觉生活适应有困难，人际关系出现问题，学习效率比以前差，不清楚专业前途等，让我产生了焦虑、不安、迷茫。慢慢地调整了生活方式，结交了新的朋友，向同学老师请教学习方法，自己找资料了解与学习专业知识等，心态逐步平衡。

小学升中学：________________

青春期：________________

高考：________________

进入大学：______________

求职就业：________________

结婚生子：________________

中年生活改变：________________

孩子成长离巢：________________

退休：________________

……

### 2. 个人的境遇与经历

例：某朋友失恋了，整个人低沉、沮丧，情绪起伏不定，既抱怨指责，也对自己的处理方式后悔。一想起以往或者接触到相关的情景，就心情不好甚至异常低落，变得“封闭”，不愿意主动与别人谈话，不愿意参加活动，失眠、食欲下降，精神状态都不好。在身边朋友的关心与陪伴下，自己也意识到“糟糕”的状态，与好友倾诉、转变心态、积极行动，慢慢走出低谷。

友谊破裂：________________

家庭矛盾：________________

个人或家庭经济问题：________________

婚恋挫折：________________

身心疾病：________________

意外事故：________________

家庭矛盾：________________

亲友丧亡：________________

……

### 3. 环境格局的改变及角色定位

突发社会事件（如新冠肺炎疫情的发生）：________________

经济转型：________________

行业发展变化：______________

职场转变（岗位调整、单位或公司改组）：____________

定位人生角色（家庭角色、职场角色、自我价值）：____________

……

## 拓展资源

**书籍《活出生命的意义》**

作者弗兰克尔是20世纪著名的心理学家，纳粹时期，作为犹太人，他的全家都被关进了奥斯威辛集中营，他的父母、妻子、哥哥全都死于毒气室中，只有他和妹妹幸存。弗兰克尔不但超脱了这炼狱般的痛苦，更将自己的经验与学术结合，开创了意义疗法，替人们找到绝处再生的意义，也留下了人性史上富有光彩的见证。

这本书是一个人面对巨大的苦难时，用来拯救自己的内在世界，同时也是一个关于每个人存在的价值和能者多劳生存的社会所应担负职责的思考。

“如果说生命有意义，那么遭受苦难也有意义。苦难、厄运和死亡是生活不可剥离的组成部分。没有苦难和死亡，人的生命就不完整。”

“即使在遭遇痛苦时，人们也有可能找到意义——假如痛苦是不可避免的话。如果痛苦是可以避免的，那么有意义的事就是去消除痛苦的根源，不论这种原因是心理的、生理的或政治的。”

**电影《唐山大地震》**

1976年，唐山爆发7.8级强烈地震。父亲在营救被困的女主角方登与其弟弟时不幸罹难，母亲在情急之下选择了救弟弟，放弃了方登。幸运的方登被解放军所救并抚养成人。32年后的汶川大地震现场中，这家人终于重逢相认。

大灾难面前，人显得很脆弱。能生存下来是一种幸运，而要面对灾难后的生存与生活，需要个人与群体更多的勇气与努力。灾难还会给人们带来心理后遗症，并可能是伴随终身的心理问题。影片从一个家庭的角度，关注了灾后心理，以及心灵创伤的修复及心灵枷锁的解脱。

# 主题2　拨雾见光——心理危机的预防与干预

## 知识素养

### 一、大学生心理危机的预防

时代的发展，社会及经济等各方面的迅速变化给现代的大学生带来了各种压力，压力越大，大学生越容易出现心理方面的问题，产生心理危机，给生活和人生带来很大的负面影响。除了意识到心理危机的危害性，及时有效地处理危机状况外，还应该意识到“预防胜于治疗”，最有效消除危机的方法是增进身心健康，避免、消除由各种矛盾引发的心理压力，从而减少和预防心身疾病、心理障碍、心理危机的产生。

#### （一）提高心理健康与心理危机的认识

##### 1. 掌握心理健康的基本知识

随着社会的进步和医学科学的发展，人们对“健康”的理解也有所改变，大众普遍都认为健康是生理健康与心理健康的统一。但是仍有部分人对心理问题有所“忌讳”，不愿意承认自我存在心理问题，回避心理障碍的调适，导致不能及时地回复平衡的心理状态，甚至因为长时间得不到解决引发心理疾病。

大学生成长发展中可能遇到不少心理困惑与问题，如环境适应不良、人际交往的困惑、学业压力、生活压力、恋爱与性方面的困惑、就业择业困惑、网络依赖问题等。如今许多高校都非常重视心理健康教育，积极帮助大学生疏导、调节、解决心理健康问题。通过心理健康教育课的开设、相关心理讲座的举办、心理健康知识的宣传、心理教育与咨询机构的建立、心理活动的开展等多渠道多形式的心理健康教育，使学生改变对心理健康教育的忽视或不正确认识，充分认识心理健康教育对身心发展的重要意义，增长心理健康方面的知识。

大学生自身也应意识到除了接受学校心理健康教育，了解有关的基本知识，也可以有意识地学习获取科学的心理健康知识。了解有关心理健康、心理困惑、各种心理障碍等知识，掌握心理保健、自我调节及提高心理素质的方法和技巧。

##### 2. 提高对心理危机的认识

（1）正确对待心理危机。假如对心理危机一味回避、不愿承认，可能会给处于心理危机中的人带来额外的压力，也不利于危机的有效处理。高校应做好心理危机预防和干预的宣传教育，使广大师生能认识到心理危机的危害，重视心理危机，提高辨别心理危机的能力，了解有效应对心理危机的方法，增强心理危机干预的意识，以更加宽容的心态面对心理危机者，使得心理危机者能够得到更多的理解、支持与协助，走出困境、渡过难关。

（2）有效自助。从心理学上来说，对事物的认知偏差，除了本身带来的困扰及难题，还可能会形成回避、压抑、恐惧等负面心理，对正面心理功能的有效发挥造成阻碍，不利于问题的解决。因此，“预防胜于治疗”的其中一项重要的预防手段是使得个体能对心理危机有正确的认知，避免或者消除危机产生。每个人都有机会遭遇心理危机，心理危机可能会带来困扰、失落、悲伤、痛苦，但并不是不可解决的，不能因此而完全否定个人价值，正面迎击心理危机有利于摆脱困境。

大学生应当自觉地运用心理健康知识，通过正确的自我认识，掌握方法与技巧对自我进行心理调节。不要回避否认自身出现的负面状态，及时梳理以减低心理危机的风险，把负面情绪视为一种动力，了解并接受它，从中寻找与挖掘自身的正面资源，获得成长。

假如觉得依靠个人的力量难以走出困局，应及时主动地求助，求助是有效地帮助自己摆脱困局的方式之一，而不应该被视为“丢脸”“耻辱”的行为。可以向信任的亲朋好友倾诉与谈论自己的烦恼与难处，或者寻求专业的帮助。大多数高校都设置了面向大学生免费开放的心理辅导机构，遇到心理方面的问题可以找心理辅导老师倾诉自己的苦闷，排解抑郁、焦虑、恐惧等心理问题。如今社会对待心理健康、心理问题看法整体氛围比较正面，不少医院都开设了心理咨询或心理治疗科，社会上也有许多心理咨询机构。大学生假如仍然担心自己的心理问题被发现，或者觉得校内的心理辅导不适合自己，也可以向校外心理咨询人员寻求帮助。

有时候当遇到的负面事件重大，所受挫折与打击非常强烈时，个体会感觉异常痛苦，甚至会做出一些不同寻常的行为。应当意识到的是，有时候强烈的痛苦会使人难以做出合理理智的决定，应避免冲动行事，采取消极的方式来解决问题，如用酒精与药物来麻痹自己、回避面对现实；采取极端激烈的方式，如自伤、自杀以试图从问题中解脱出来。自杀行为绝大多数是基于某种混乱的思考和极其矛盾的心理，并不是有效的选择。

（3）协助他人。心理危机者是非常需要他人的支持与协助的，这是一种重要的心理资源，能帮助心理危机者缓解负面情绪、调整自我、寻找正面力量。陪伴在心理危机者身边的亲朋好友是最重要的支持系统，他们比专业咨询或危机干预人员反应更为主动与及时，同时他们也是专业心理危机干预的重要补充。一方面，我们应当积极地建立良好的心理支持系统，在遇到心理危机时积极地寻求旁人的支持帮助调整；另一方面，作为心理危机者身边的一员，我们应该掌握一定的心理健康知识，特别是心理危机知识、心理危机干预的方法，及时发现心理危机者的状态，给心理危机者提供支持系统，帮助降低危机风险系数，帮助心理危机者走出困境，也可以在协助他人的同时获得自我成长。

### （二）提高心理素质能力、适应水平

个人的心理素质能力，一方面包括意志品质、心理承受能力、自控能力、情绪调节能力，对良好地处理与面对“心理危机”有着重要的影响；另一方面，包括掌握多种能力以提高适应环境的水平，如学习能力、逻辑推理能力、综合分析能力、社会交往能力、组织管理的能力等。这样在激烈复杂的社会竞争和变革面前，在种种人际关系的冲突、困难和挫折面前，才不至于严重心理失衡，丧失基本的生存适应能力。

#### 1. 提升自我认知能力

大学生成长过程中，现实生活会有许多地方与其本身的认识、价值观念、情感态度、行

为方式、利益要求相冲突，他们可能会产生一定的心理困扰，而这些心理困扰反过来又会给他们的判断和认识带来影响，甚至会否定自我。认识自我，实事求是地评价自己，是自我调节和人格完善的重要前提。如果一个人不能正确地认识自我，看不到自我的优点，觉得处处不如别人，就会产生自卑，丧失信心，做事畏缩不前……相反，如果一个人过高地估计自己，也会骄傲自大、盲目乐观，导致工作的失误。因此，恰当地认知自己能够克服不切实际的想法，还能够全面地认识自己，在生活中寻找到适合自己的方面。因此应当在客观准确地认识自我、评价自我的基础上，认识自身不良的认知，学会对认知进行调整，挖掘个人应对困难的正面力量。这有利于激发自信心，促进潜能的充分发展，完善自我。

2. 提高情绪调节能力

情绪是心理困扰或心理危机最直接最容易体现的表现，同时对人的影响作用也非常强烈，这些影响体现在生理、心理及社会功能等各方面。某种程度上情绪是引发大学生心理问题的主要因素。

大学生要掌握基本的情绪心理，了解人情绪的正常值及自身情绪变化的特点。学会用有效的手段，科学地调节自己的情绪。当遇到不愉快的事情或者心情不好的时候，可以采取一些方法排解，如宣泄法、转移矛盾法、升华法等。经常保持良好的心境和乐观的情绪，形成适度的情绪反映能力和抗干扰能力，避免情绪的大起大落，避免产生情绪的极端变化波动。

3. 增强心理承受能力

心理承受能力是个体对逆境引起的心理压力和负性情绪的承受与调节的能力，主要是对逆境的适应力、容忍力、耐力、战胜力的强弱。在一定程度上，人总是抱有自我肯定的倾向，总是自然地以自己的标准作为衡量事物的依据。如果事物不以自己的标准来发展，就会产生否定、排斥的看法。如果一个人不能操纵适应不同于自己的事情，然后出现严重的社会不适应，也可以说他的心理承受力弱；相反，如果一个人以可变的、接纳的方式处理面对，他就能够适应社会，可以促其耐受力增强。在现实生活中，广义的心理承受力更有现实意义。

4. 提高社会交往能力

社会中的每一个人都生活在人际关系网中，每个人的成长和发展都依存于人际交往。人际关系的好坏、人际沟通的能力往往是一个人心理健康水平、社会适应能力的综合体现。良好的人际关系，是大学生心理正常发展、个性保持健康和具有安全感、归属感、幸福感的必然要求。培养良好的人际能力，不仅是大学生生活的需要，更是将来适应社会的需要。同时良好的人际关系网络有利于建立支持系统——应对心理危机的重要资源。然而，并不是每个大学生都能处理好人际关系的，认知、情绪及人格因素，都影响着人际关系的建立。一旦在这一过程中受挫，就可能表现为自我否定而陷入苦闷与焦虑之中，或因企图对抗而陷入困境，并由此产生心理问题。大学生应该把握人际关系基本知识、了解人际交往特点规律，通过训练掌握一定的人际交往技能技巧和人际交往艺术，学会与不同的交往角色——教师、同学、家长、朋友、异性等保持融洽的人际关系，懂得尊重他人，善于在群体中发挥自己的才干，自我实现。

### 5. 增强社会适应能力

社会适应是个体与各种环境因素连续而不断改变的相互作用过程。个体一生不断面临新的情境，每一个发展阶段都有特定的要求，比如人格发展、对父母的心理上的独立、职业选择、人际关系、婚姻、家庭、退休、死亡等。个体需要调整自我以取得与环境的关系，这个过程中产生的一系列心理和行为的变化体现了个人的社会适应。社会适应是一个毕生的过程，大多数个体能成功地适应变化着的情境。成功的社会适应使个体在社会中以及在工作和维持家庭和社会人际关系中不断发挥作用并体验到舒适和满足感，但是某些个体面对新情境会出现不适应性，表现出伴有压力和生理及心理上的功能障碍。

作为社会中的一员，大学生应树立不断调整适应变化的观念。积极适应自身、环境、社会的种种变化，学会客观分析外部环境与内部自我的平衡状态，通过认知的调整、知识技能的把握、综合能力的提高，增强社会适应能力，包括学校环境、学习、生活、交往、恋爱、竞争、择业等多方面的内容。有意识地加强自身多方面能力的训练与培养，如分析能力、处理能力、人际交往能力、组织能力、社会工作能力、解决问题的能力等。

## 二、大学生心理危机的干预

心理危机干预是对处于心理危机状态下的个体或群体采取措施，使得危机状况得以缓解改善，并最终渡过危机，恢复平衡状态。一般来说，危机干预是一种紧急、短程的应对过程，是给予陷于危机状态的人及时的帮助方式，防止产生自我伤害及伤害他人的情况，同时恢复心理平衡与动力，并获得新的应对技能，以预防将来心理危机的发生。

### （一）学校心理危机干预的三级机制

大多数高校都建立有基本的心理危机干预机制，以帮助大学生正确对待各种心理危机，防范心理危机的发生，并对危机的产生做出快速及时的反应。一般来说，心理危机干预机制分为三个层次：校级、院系级、班级或寝室。

#### 1. 发挥班级心理委员或寝室心理委员的作用

作为班里的一员，班级或寝室心理委员在日常生活中更容易了解周围同学的心理状态，从而辨别可能存在的心理危机状况，及时向负责老师报告，使得危机干预能更有主动性。同时也可以利用所掌握的心理知识缓和处于心理危机者的状态，为心理危机干预争取更多的时间。作为心理委员，应该有良好的心理健康状况，乐于帮助他人解决困难，以及通过学习培训等掌握一定的心理学健康知识。

#### 2. 二级院系的关心辅导

班主任、辅导员及教师通过与学生的接触，建立师生间的信任与沟通，关爱学生，关注学生的心理状况，帮助学生解决心理困惑。对出现心理问题迅速恶化的现象，或新发现有严重心理问题的学生，立即向危机干预的有关部门报告，并在专业指导下及时为学生提供帮助，实施危机干预。

### 3. 校级心理危机干预中心

一般以心理健康中心或心理咨询中心为核心，整合各方资源，积极开展心理危机预防和干预的宣传教育，及时组织开展大学生心理健康测评，为全校学生建立心理健康档案，及时排查有心理问题学生的情况并及时关注，重点掌握心理危机干预的高危个体以及心理危机干预重点对象的相关情况。对大学生中出现的心理危机事件进行及时处理、疏导和危机干预。

## （二）危机干预的方法与技巧

在日常生活中，人们可能会发现周围有亲朋好友陷入心理危机中，从心态上非常想要帮助对方，但可能觉得束手无策或者“帮助”起不到作用，甚至会产生“害怕卷入”的想法，认为心理危机干预只能由专业人士进行处理，其他人无法对心理危机者进行有效干预与帮助。

实际上，在对心理危机干预的调查及社会研究中发现，心理危机者周围的亲朋好友起的作用很重大。对于个体来说，因为亲密关系、相似背景等原因，亲朋好友是极其重要的心理支持资源。尽管目前心理辅导及咨询较以往为更多人接受，但是处于心理困扰的人们要寻求外在的安慰、支持与帮助时，首要的仍然是自己周围所熟悉的人，而非专业人士。中国青少年研究中心的一份调查报告显示，当大学生出现心理问题时，选择向心理辅导或心理咨询师倾诉的仅占大概3%，其余的都是朋友、同学、父母、恋人、同龄亲属等。

尽管大多数人不是专业的心理危机干预人士，没经过系统的危机干预的培训，但是了解危机干预的知识，掌握一些危机干预的方法与技巧，是能给处于心理危机中的人提供必要帮助，并在关键时刻起到“救急”作用的。

### 1. 危机干预者的作用

1976年，美国临床心理学家Butcher和Madanl提出了应对心理危机的一般预案：①给予当事人精神支持；②给当事人提供心理宣泄的机会；③给予希望和传递乐观精神；④保持兴趣，并积极参与其中；⑤有选择地倾听；⑥理解当事人的情感；⑦探讨未来的后果；⑧劝告或直接提出建议；⑨正视当事人。

危机干预方案没有固定的模式，危机干预者应该根据实际情况及不同的心理危机做出有针对性的干预措施，以帮助当事人正视危机、正视可能的应对方式、鼓励与引导当事人接受帮助和治疗。

### 2. 常见的危机干预误区

遇到周围亲朋好友陷于烦恼、心理困境中时，我们或多或少都有些经验以对他们提供帮助、缓解他们的困扰，从而达到“干预”的作用。不少经验是非常宝贵的，但也有一些非但不能很好地帮助当事人，还可能会起到反效果，甚至会让自己产生困扰。大学生可以通过学习培训提高人际沟通能力，改善助人的心理品质和帮助技巧，增加心理咨询的有效性，避免僵硬地使用“经验”导致进入危机干预的误区，产生负面作用。以下是几种日常“干预”中常出现的应避免的误区。

（1）说教及责备。在面对心理困扰者或心理危机者时，我们会发现有相当一部分困扰与危机的产生是由于个人的认知、观念、选择等方面的偏差所导致的。大多数人认为只要指出这些偏差，令对方“醒悟”并改正就能解决问题，所以常使用的干预方法就是批评与说教，如“你这样做本身就不好”“假如你能……就好了”。

然而，对处于心理低潮的人进行批评或说教并不适当，指责实际上等于给事件或对方快速地下了一个定论，某种程度也给对方心理上带来不适与抵触，这会阻碍有效的交流，无法了解对方的具体情况及潜在情感，从而进行有针对性的干预。另一方面，处于心理危机状态的当事人大多数持有消极自我评价，身边的人给予他这些“负面评价”，让他进一步地否定自我，也会产生“无人能理解我”“大家都不支持我”的“无助感”，难以从危机状态中走出来。

（2）否认或放松警惕。心理困扰者或心理危机者倾诉负面情绪或困扰时，我们可能会觉得对方夸大了他的负面感受，常常会对他说“很多人都经历过”“没什么大不了的”；劝说他“不要这样想”“不值得你伤心/难过”，认为他不会做出伤害自己或他人的行为。实际上，心理感受存在着主观性与独特性，每个人在面对类似的事件时的反应及体验是有差异的，我们不应当只从自己的主观经验判定对方，低估对方的情感体验。假如求助者向你倾诉，要相信他所说的话，接受他所有的抱怨和情感，并加以重视。

要值得注意的是，某些情况下，求助者可能会告诉周围的朋友自己已经将危机问题处理好，或者表面看上去处于平静的状态。不要轻易地放松警惕，觉得危机已彻底解决。假如遇到虚假适应的情况，或者求助者放弃寻求帮助，危机仍然存在并且有爆发的可能。特别是对求助者的危机评估风险较高，如曾经提过自杀念头的，要保持一段时间的追踪观察，不要轻易地让其单独留下，与求助者减少联系，以便做出及时反应。

（3）对自己求全责备。有的热心帮助解决心理危机的人，会发现自己被对方的负面情绪影响，也陷入了对方的负面情绪中。一方面觉得自己的状态很难受，另一方面也觉得没能有效地帮助对方，很是自责，甚至产生了心理压力。我们有必要给自我能力做出界定，大多数人只是普通人，并未受过专业的培训，而且有效地帮助当事人走出危机不是一件容易的事。

假如觉得自己对当事人的帮助有限，或者觉得自己承受不住、感到厌烦，应该平和地告诉当事人自己的状态，并寻找专业人员的协助与支持。另一方面，也要对自己的付出给予肯定与放松，毕竟能选择陪伴当事人渡过难关，已说明你的关心、耐心与坚持了。同时要给自己放松的机会，允许自己暂时离开他、暂时离开那个情境，照顾与调整自己，喘口气才能再有力量陪伴他渡过难关。

### 3. 如何帮助处于心理危机中的人

（1）倾听是首要。有些处于心理困扰状态的人表示，找人倾诉更多的是“希望有个人能听我诉诉苦，发发牢骚”“找个能理解我的人”，诉说过程中“对方不需要说太多”“其实我都明白，就是想找人聊聊发泄一下”，倾诉过后“跟朋友吐完苦水感觉好多了”“慢慢我自己也调整过来，明白了”。

假如我们把许多伤心、受气、怨恨、害羞等消极负面的事藏在心里，一丁点儿都不敢告诉别人，长期下来会感觉很难受。一般来说，我们心里有什么烦闷的事，向周围亲密或值得信任的人谈一谈，就会松一口气，心理可以松弛下来。

倾诉本身有着很重要的心理功能，给当事人提供机会表露内心痛苦烦闷的事，减少心理负担。“多听，少说”是危机干预当中一个重要且有效的技巧。处于危机中的人非常想要解决缠绕内心的负面情绪状态，倾诉是其中一种很好的宣泄方法。倾听，能使得当事人有更多的时间说出内心的感受和担忧，也能更好地了解他迫切想要传达的信息。

倾听过程中要保持耐心，交流中可能会出现沉默的状态，不必觉得“冷场”或交谈不顺畅，有时重要的信息在沉默之后出现。有的人对交谈中对方突然爆发的情绪感到手足无措，如哭泣、暴怒、歇斯底里，不必过于担心，这是情感释放的一种表现，冷静并以关心的态度陪伴着他。默默地倾听给予对方支持，“倾听”但不评价，不要试图将自己的想法强加于有心理危机的人。

倾听环境也是值得注意的，一般来说，当事人在信任的人及放松的环境下才愿意倾吐内心的想法与情感。特别是当事人性格内向、谨慎、不随便表露感情的，或者有什么特殊理由而无法谈论有关自己的问题时，需要在特殊场合，创造宽松自由的环境，以便鼓励当事人吐露情感，并继而探讨如何处理和应付其心理问题和困境。

（2）表达关心信任与支持。“压根没有人明白我，我不知道该怎么继续下去”“没有人留意到我的痛苦，好像我是可有可无的”，处于危机状态时，人们最怕的是孤立无援，没人理解没人关心，仿佛已被人舍弃。假如他向外寻求解决的方式或帮助无果，会觉得没有希望，失去向前的动力与勇气，“连亲人、朋友都帮不了我，是不是大家都放弃我了”。而作为身边的人，如果能及时地留意到他的状态，并给予适当的关心与支持，可以帮助当事人慢慢地从困局中走出来。

首先要相信当事人具有自我改善的能力，相信他是有希望的，唯一能调整自我、改变想法、改变行为的正是当事人本人。但需要作为亲朋好友的你在他身边付出关心、支持与引导，使当事人感到温暖，不会感到孤单。

让对方感受到你真心的支持与信任，在与当事人相处时，你与当事人沟通交流时，可以通过语言、声调和身体语言向对方表达“我是很关心你”。要让当事人感受到你是真的关心“他这个人”，而不是他的表现、他的态度等的原因。应该以积极的、不偏不倚的态度来处理危机事件。不要评价求助者的经历与感受是否值得称赞，或是否是心甘情愿的，而是真正给予求助者以支持。接纳和肯定那些无人愿意接纳的人，表扬那些无人会表扬的人才能让求助者感到你的无条件支持。

与其他朋友合作，共同为当事人建立支持系统，营造健康、充满爱心的环境，让当事人可以放松心情，感到安心，感觉到大家都关心和支持他。也许有时当事人会因为害怕、自尊等原因不愿承认自己陷于困难，或拒绝关心与帮助，请不要放弃你对他的信任与支持。

（3）协助找寻正面力量。多数情况下，危机状态令当事人“身在迷局中”，处于思维僵化的状态，不能判断何种行为是有效的、适当的，甚至找不到支撑的力量，认为无路可走。而此时当事人的自尊与自信也处于较低值，多说说当事人所拥有的积极方面有助于提升当事人的自尊心。例如，“我真的欣赏你在如此困难的状态下，还能坚持完成任务。”注意，应用肯定、温和的语气清楚、直接地表达出来。

帮助引导当事人探索可以利用的应付方法，寻求可以获得的环境支持，找到可以用以战胜目前危机的资源。

（4）及时求助。如果觉得以自己的力量不足以帮助当事人度过心理危机，应当及时地劝导当事人寻求专业的心理咨询机构或危机干预机构的帮助，同时应当向当事人解释并不是出于“不再关心”。

假如当事人危机风险系数很高，可能伤害自己或他人，甚至已经表现出迹象，应当及时求助，如向学校里的班主任、辅导员、心理咨询老师反映。

## 探索应用

### 自杀的干预

自杀是心理危机中极端的表现之一，也是对自身伤害最为严重的行为。自杀行为不但造成个人与家庭的损失，也给社会带来负面的影响，理应重视并对其进行干预。

世界卫生组织的调查结果显示，自杀死亡是青少年的前三项主要死亡原因之一，在中国则是15～34岁年轻人死亡的第一原因，其中大学生自杀尤为突出。“大学生自杀问题”已经从个案演变成社会较普遍的现象，近些年来我国大学生的自杀死亡人数呈现逐年上升的趋势，大学生自杀已成为在校大学生非正常死亡的一个重要原因，其危害与后果极为严重，该问题已引起社会广泛的关注。

#### 一、识别自杀行为的信号

自杀并不是无规律可循。有关调查发现，80%企图自杀者在自杀前会有一些行为征兆，可以看作是给周围亲朋好友一些直接或间接的信号暗示。若能对身边的人及时加以注意、理解、疏导，是可以预防自杀行为，拯救生命的。

##### （一）言语信号

通过话语或书面语言，如作文、书信、日志、网络交流等直接或委婉地表达想死的念头，如“我不想活了”“活着没意思”“我的人生毫无意义”“我要离开”；谈论与自杀有关的事或开自杀方面的玩笑；谈论自杀计划，甚至具体到自杀方法，日期和地点，这是一个极其危险的信号。

##### （二）行为信号

当自杀念头增强时，会在日常生活中表现出异常的行为改变：

（1）生理方面的突然变化：睡眠、饮食规律变得紊乱，失眠，食欲下降等。

（2）情绪的剧烈变化：流露出无助或无望的心情；抑郁的状态、焦虑不安、无故哭泣；情绪反常，突然从悲伤情绪转为平稳冷静，甚至很欢快的模样。

（3）社交行为的异常：退缩，回避社交活动，减少与人的接触或者不与人来往，明显减少与其生活中的重要人物的交流；对生活失去兴趣，学业成绩骤然下降，对平时感兴趣的事情表现漠然，甚至连个人卫生习惯也无法保持。

（4）突然增加饮酒量、吸烟量，甚至滥用药物。

（5）“告别”行为：突然将有价值、有纪念性的物品进行整理或者转赠；无故给周围的亲朋好友道谢、致歉、送礼物甚至告别；安排好各类事情等。这是非常典型也是非常危险的自杀信号。

（6）考虑自杀的方法，有意识地接触这方面的信息，并寻求相关的自杀手段及工具。

（7）自伤或自残的行为。

［案例］小黄的室友兼好友小李前一段时间与男朋友分手了，加上一些家庭的问题，整个人显得非常低落、消沉，与朋友聊天的时候总是控制不住哭泣，言谈中常常流露出灰心丧气。小李身体原本不是非常好，最近也没什么胃口吃饭，睡眠质量也很差，整个人的精神状态似乎越来越差。小黄及其他朋友都非常担心，常常陪伴她，也试图劝说鼓励小李多参加一些集体活动，不要总是闷在宿舍里。但是小李要不然就拒绝参与，要不然就勉强地跟着大家，情绪仍然没有特别地好转。

某一天，小李表示身体不太舒服，请假不去上课待在宿舍里。小黄在与其他同学参加课后活动时，接到小李的电话，小李在电话里说道：“你真的帮了我非常多”“你是我遇到的最好的朋友了”“我会一直记得你的”。小黄感觉到小李的话语里有着“告别”的意味，马上与朋友们赶回宿舍。小李蔫蔫地躺着，小黄发现宿舍里有个空药瓶，与同学们马上送小李到医院并将情况报告给相关老师。医生证实小李服用了大量的安眠药，经过洗胃处理小李已无大碍了。

［案例分析］从案例中可以看出，小李因为负面事件的影响，自我调整没有及时起到有效的作用，出现了心理危机。表现在生理、情绪方面的变化，而且出现了退缩行为与消极的念头，心理风险相对比较高。作为身边朋友的小黄意识到小李的心理风险，与其他人一起作为小李的心理支持系统，对她关注、劝导、陪伴。最重要的是小黄通过小李的电话分辨出其话语中的“自杀风险信号”，没有轻视与疏忽，及时做出反应，避免酿成悲剧。

## 二、如何帮助有自杀念头的人

### 1. 耐心倾听，认可情感

当对方向你倾诉时，首先冷静下来耐心倾听、让对方充分表露情绪。不要试图说服对方改变感受，而是通过不评价、不给予意见建议表达对其支持及对其关心，让他感受到温暖。例如，“你怎么了”“我知道你很难过，有什么可以帮忙的吗”“我在这儿陪你”等。注意，有时候某些鼓励的话语可能会带来否定对方感受的负面效果，“还好，情况没那么糟”“你不应该这样想”“事情会变好的”“你太情绪化了”“你要坚强”，甚至会让当事人觉得你置身事外。

### 2. 给予对方支持

身边的人给予的各方面的支持，特别是心理感情的支持对于有自杀念头的人来说是非常重要的，能让其感受到获得帮助、温暖希望。即使是一个关心的眼神，默默的陪伴，也能抚慰心灵。

### 3. 警惕及确认自杀的迹象

表现出越多的自杀行为信号，意味着对方自杀的风险越高。不要对询问自杀讳莫如深，询问自杀不但不会引起自杀，还能及时发现并挽救生命。当对方提到要终结自己的生命，应当相信他的话并认真对待，不要答应对方绝对保密，挽救性命与保守秘密是两回事，必要时应当告诉可信任、可提供帮助的相关人员。

### 4. 紧急救助

假如你觉得他当时自杀的可能性很高时，不要让其独处，在保护自己安全的前提下，移走可能促使自杀的工具，并寻求相关资源的协助，如老师、心理咨询中心、心理服务机构等。

## 体验拓展

### 心理训练：可以做些什么帮助“心理危机者”

当你明显觉察到某位亲朋好友情绪、心理行为等不对劲，认为对方处于某种“危机”中时，你可试图安慰或者帮他从“糟糕状态”中走出来。

遇到以下的典型状况，你会是哪种状态，会怎么处理？请与同学分享与讨论，怎样做比较适当。

1. 发现某舍友最近情绪低落、沉默寡语（精神恍惚、睡不安稳、食欲下降……），你是？

- □ 觉得他/她需要一个人静静，不要打扰他
- □ 不知道怎么开口问他/她，怕他/她更心烦
- □ 问了他/她不愿意说，怎么办？太尴尬了
- □ 问问他/她“怎么了？发生了什么事？”
- □ ______________________________

2. 他/她告诉了你经历的“糟心”事件与自己的想法状态，你可能会？

☐ 告诉他/她“别想那么多，没事的”

☐ 鼓励他/她“坚强点，振作起来，你可以的”

☐ 把你所知道的一些解决方法告诉他/她

☐ 听他/她吐槽、宣泄情绪

☐ ______________________________

3. 谈心过程中，他/她表现出沉默，或者情绪突然爆发：哭泣、歇斯底里等，你会？

☐ 手足无措

☐ 尴尬，说点什么不要“冷场”

☐ 中断聊天

☐ 陪着他/她，耐心等情绪平复

☐ ______________________________

4. 你感觉到很难劝说他/她调整状态，自己也产生了负面状态，你会？

☐ 没法把对方“扔下”，继续帮助

☐ 回避对方，减少与对方的接触或谈话

☐ 调整自己的状态，求助别人

☐ 坦白自己的状态或不知道该如何劝说，并表示不是“放弃”对方

☐ ______________________________

5. 他/她有自伤或者流露出自杀的念头，你是？

☐ 他/她只是心情不好，说说而已，不会有事的

☐ 答应他/她，替其保密，谁也不说

☐ 不避讳他/她的想法或行为，告诉对方自己的担忧

☐ 寻求可靠的他人帮助，一起关注留意他/她的情绪行为

☐ ______________________________

## 我们可以做些什么

### 1. 给自己做好心理建设

在帮助的过程中，你可能会遇到对方的否认、抗拒，请不要认为那是针对你；你也可能会因对方的状态焦躁、产生无能为力感，请多一点耐心，不要轻言放弃。

帮助别人走出心理危机并不是一件容易的事，你能愿意为陷入困难中的人伸出手，甘愿付出，无论结果怎样，请给予自己肯定。

### 2. 相信关心关注的力量

心理危机者可能会采用回避行为隔绝外界的帮助，但适当的善意关心是让他打开心扉走出封闭的钥匙。留意他的状态与变化，询问他目前面临的困难以及困难的影响。鼓励他向你或其他值得信任的人谈心，让他相信别人是可以给予帮助的。

### 3. 多听少说

多倾听，是给予心理危机者宣泄情绪情感的机会，也表达出你的“关心关注”态度，显示出你给予的帮助支持力量。不要去评价他的经历和感受，不需要给出劝告或试图说服他改变自己内心的感受，也不要感到自己有责任找出解决办法。

### 4. 陪伴

可能你会觉得没有办法帮助对方解决问题，不知道该怎么安慰他，也许最佳的方法就是用语言或行为表示“这真的让人很难过，我也不知道怎么办，但我会陪着你”。陪着他聊天、沉默，陪着他吃饭、游戏、闲逛、运动，感受生活的点滴，给予对方安全、温暖、支持的力量，陪伴也能起到很好的心理疗愈作用。

### 5. 不要一个人扛

个人的力量是有限的，要让对方从“心理泥泞”中走出来，最好是依靠多方面的力量。不要感到有责任要单独解决他的所有问题，或者产生自责感，这样可能会令自己也产生“心理危机”。可以联合他周边的可靠力量，如其他朋友、老师、亲人、专业咨询治疗等，给予其帮助与支持。

## 拓展资源

| | |
|---|---|
| **《新型冠状病毒肺炎全民心理健康实例手册》**<br>新冠肺炎疫情的持续存在给我们带来了不少压力，或打破了个人的平衡和承受能力，或超越了个人的应对能力，在情绪、生理、思维和行为上产生“应激”表现。有的群体“应激”反应比较激烈，会演化为心理危机。<br>为了缓解人们的心理压力，增强人们对疫情下不良情绪反应的理解和调节能力，由中国健康教育中心会同国家卫生健康委疾病预防控制局、中国医师协会组织编写了《新型冠状病毒肺炎全民心理健康实例手册》，对疫情下的心理健康问题：常见情绪反应、产生的相关心因性精神障碍、心理调适技术，以及疫情中不同人群心理反应及干预方法以实例方式做出了详尽的阐述。 |  |
| **电影《从心开始》**<br>查理是一个“9·11恐怖袭击事件”的直接受害者，他的家人、妻子和三个女儿和爱狗，都在这场灾难中丧生。心灵巨大的创伤让他回归不了正常的生活，直到有一天，查理遇到了老同学艾伦，艾伦一有空就陪他喝酒、看电影、聊天，渐渐让他感受到生活的美好。在友情的温暖下，查理渐渐有了生活的信心。然而，痛苦的过去仍然在折磨着查理，回归正常的生活轨道还需要时间……<br>在电影里可以看到处于心理危机风暴中的人的痛苦及表现，告诉观影者受到生活重创的人以自己的方式，探索出一条走出困境的道路，在这个过程中，作为身边的人，不需要喊“快点加油”，不要催促他，陪伴、温暖和等待，就是赋予伤痛最好的药。 |  |

**书籍《共情的力量》**

共情，是一种理解他人的想法和感受的能力，是情商的核心能力。

作者借助自身经历及典型个案探索共情的力量，教导人们对他人经历感同身受，成为积极的共情式聆听者，并保护自己免受伤害；教导人们运用共情建立持久的亲密关系；更是一个教导人们如何帮助与陪伴爱的人度过悲伤、无助、迷茫和绝望的实用指南。

共情≠同情，而是用对方的心灵去感受他的感受；

共情≠比惨，而是把关注点放在对方身上去倾听；

共情≠说教，而是去觉察和接纳对方的情绪反应；

共情≠建议，而是最大限度理解对方的内心世界。

# 参考文献


[1] 黄希庭. 心理学与人生 [M]. 广州：暨南大学出版社，2005.
[2] 袁一平. 高职学生心理健康教育 [M]. 北京：教育科学出版社，2016.
[3] 马建青. 大学生心理健康教程：2版 [M]. 杭州：浙江大学出版社，2015.
[4] 李蕊. 心理健康教育 [M]. 北京：机械工业出版社，2019.
[5] 桑志芹. 大学生心理健康学 [M]. 北京：科学出版社，2007.
[6] 郑日昌. 大学生心理健康——自主与自助手册 [M]. 北京：高等教育出版社，2013.
[7] (美) B.E. Gilliand, R.K.James. 危机干预策略：7版 [M]. 肖水源, 等译. 北京：中国轻工业出版社，2000.
[8] (美) 克里斯托弗·彼得森. 打开积极心理学之门 [M]. 侯玉波，王非，等译. 北京：机械工业出版社，2016.
[9] 胡义秋，朱翠. 积极心理幸福生活：大学生幸福教育 [M]. 长沙：湖南师范大学出版社，2018.
[10] (美) C.R. 斯奈德，沙恩·洛佩斯. 积极心理学——探索人类优势的科学与实践 [M]. 王彦，席居哲，王艳梅，译. 北京：人民邮电出版社，2013.
[11] 段志光. 大学新生适应教育概论 [M]. 北京：中国科学技术出版社，2003.
[12] 金树人. 生涯咨询与辅导 [M]. 北京：高等教育出版社，2007.
[13] (美) Debra S.Osborn. 生涯测评结果分析与应用 [M]. 阴军莉，译. 北京：中国劳动社会保障出版社，2014.
[14] 王恪. 大学生网络成瘾的预防与戒除 [M]. 北京：北京航空航天大学出版社，2013.
[15] 闫宏微. 大学生网络游戏成瘾问题研究 [M]. 上海：上海人民出版社，2015.
[16] 中华医学会精神科分会. CCMD-3中国精神障碍分类与诊断标准 [M]. 3版. 济南：山东科学技术出版社，2001.
[17] 曾仕强. 情绪管理 [M]. 北京：北京大学出版社，2010.
[18] 唐华山. 受益一生的情绪控制课 [M]. 北京：人民邮电出版社，2011.
[19] 李娟娟. 心理学与情绪控制 [M]. 北京：中国法制出版社，2014.
[20] 陆世权. 大学生人际交往指导 [M]. 成都：西南交通大学出版社，2007.
[21] 刘建新. 大学生常见心理问题及疏导 [M]. 广州：暨南大学出版社，2005.
[22] 梁军. 危机干预与创伤治疗方案 [M]. 北京：中国轻工业出版社，2004.
[23] 王燮辞. 青少年心理危机干预概论 [M]. 成都：四川大学出版社，2011.
[24] 边玉芳. 钟惊雷，周燕，蒋赟. 青少年心理危机干预 [M]. 上海：华东师范大学出版社，2010.